本书获得
福建省社会科学基金项目《经济新常态下的民营企业研发投资效应研究》
（项目编号：FJ2015C170）、
福建省中青年教师教育科研项目《经济新常态影响民营企业研发投资的机制研究》
（项目编号：JAS150633）和
福建省社会科学研究基地财务与会计研究中心
资助

福建省社会科学研究基地财务与会计研究中心系列丛书
Series Books of Fujian Province Philosophy Social Science Research Base Finance and Accounting Research Center

民营企业政治联系下的过度投资治理效应研究

赵岩 / 著

THE RESEARCH ON THE GOVERNANCE EFFECT OF OVER-INVESTMENT UNDER THE POLITICAL CONNECTIONS OF **PRIVATE ENTERPRISES**

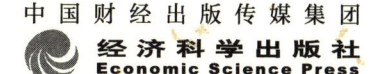

中国财经出版传媒集团
经济科学出版社
Economic Science Press

前言

中国的改革是一种深刻而又全面的制度变迁，这种制度变迁是一种渐进式改革，在这个渐进式改革过程中，中国市场转型是以旧市场体制的渐进退出和新市场体制的缓慢建立为特点的。在这个过程中，现有制度存在缺陷，许多制度还不到位，许多正式制度既缺乏稳定性又存在不确定性，商业活动和政府分开的机制尚未完全建立，弱市场和强政府高度融合成为当前市场体制的突出特征。政府职能还处于从计划经济时代转向市场经济时代的过渡阶段，政府掌握着绝大多数资源的配置权和规制的制定，政治制度缺乏有效的监督及制衡，政府经常越位与错位，政府决策在很多方面并不透明，法制环境也不完善，在生产要素配置、市场监管、参与市场竞争等诸多方面缺乏公平、公正和平等的环境，公共权力时常游离在法律规范的轨道边缘，缺乏制度约束的权力常常处在与权力授权人整体的意志和利益相矛盾的状态，寻租行为在这样的市场环境下普遍存在。在这样的制度背景和市场环境下，在财政分权激励与政治晋升激励的双重作用下，地方政府有充足的动机去促进地方经济增长，地方官员为了政治晋升也在经济上相互竞争。这种纵向和横向的激励机制，激发了地方政府积极整合其能够影响及控制的各种政治资源与经济资源来促进地方经济增长。而当民营经济在地方经济中的权重不断增强时，民营经济发展状况日益与地方经济社会发展紧密地联系在一起，地方政府需要民营企业为地方经济社会的发展做出贡献，但民营企业所有权上的独立性使得地方政府不能够像直接干预地方国有企业那样干预民营企业的决策和行为。这时，地方政府往往也希望与辖区内的民营企业建立政治联系，以使地方政府能够利用对稀缺资源的控制权、定价权和配置权间接地干预及影响地方民营企业的决策与行为。再加上地方政府官员出于晋升的政治目标个人效用目标，这些具有不同目标又相互交织的各级政府部门干预民营企业决策和行为导致了民营企业运营的复杂性与资源获得的难度。这种商业活动和政府职能没有完全分开的机制导致民营企业无法利用市场交易机制获得生存与发展的所有资源，民营企业经营所需的许多稀缺资源需要运用非市场化的方式获得，企业生存及发展在较大程度上受到政治因素的影响。民营企业为了维护和扩大自身的经济利益，常常会主动与地方政府建立政治联系，用政治联系这种非正式制度替代正式制度的不足，以避免和降低政府环境给企业带来的政策偏向性及不确定性等负面影响，从而适应现有制度不完善导致的复杂制度环境。民营企业在这种复杂制度环境下与地方政府及其官员建立政治联系后，能够提高与地方政府的交往能力，还能获得有利的法律法规环境、取得税收优惠、财政补贴、政府采购、临时性大额资金周转、产业基金扶持、政策支持、管制行业准入权等有形资源和无形资源，这些资源成为转型经济环境下民营企业发展壮大的强大动力。

因此，在我国市场经济转型过程中，政治和经济的胶着与深度纠缠、市场竞争与非市场竞争的共存、生产性努力与分配性努力的互济成为转型经济环境的根本特点，这决定了民营企业政治联系是一种十分复杂的交换行为，这个交换的前提是地方政府与民营企业之间的资源相互依赖，政治联系成为地方政府与民营企业双向寻租以求实现这个复杂交换过程的桥梁，寻租行为是现有制度不完善的一种外在表现。

对于民营企业与地方政府基于资源相互依赖和双向寻租所导致的过度投资行为，已有研究文献主要探讨了政治联系与过度投资是否相关，较少对政治联系引起的过度投资进行系统的理论分析，也极少探究基于二者双向寻租实现各自需求下的过度投资的治理效应问题。鉴于此，本书以民营企业和地方政府双向寻租为研究视角，同时从民营企业和地方政府两个方面对政治联系下的过度投资行为进行理论分析，并对政治联系下的过度投资治理效应进行剖析，探究民营企业和地方政府利用政治联系实施过度投资后，双方在完成资源交换及满足各自需求的过程中，民营企业内外部治理机制对政治联系下过度投资的治理特征。

本书立足于社会转型升级下的制度环境和市场环境，以寻租为研究视角，剖析民营企业政治联系下的过度投资行为的形成机理与治理效应。对此进行研究的理论和现实意义包括以下三方面。

第一，政治联系成为民营企业与地方政府之间实现政商联盟和政商合谋的桥梁，过度投资行为是资源相互依赖下的资源交换手段，过度投资的目的是满足双方各自需求及实现双方各自的利益最大化。这根源于市场在资源配置中所发挥的是基础性作用、政府有形之手的过多干预和权力寻租。本书的研究为如何让市场在转型升级过程中发挥决定性作用、减少政府有形之手过多干预和权力寻租方面的改革提供经验借鉴和理论参考。

第二，目前企业过度投资的主流研究都是委托代理问题和信息不对称问题，较少从寻租视角深入分析过度投资的形成机制及治理机制，本书从寻租视角系统地研究过度投资形成的机理及决策机制，探究了政治联系下民营企业与地方政府双向寻租所导致的过度投资的治理效应，深化和丰富了企业过度投资形成及其治理方面的理论研究。

第三，以我国渐进式改革背景为逻辑起点，探析中国特色市场环境下的大型民营企业为了满足政治上的投资需求而产生的过度投资行为及其治理效应，深化和拓展了中国特色的企业过度投资理论研究。

本书依据承上启下、逐步推进的思路逐层展开。首先，在分析政治联系与企业过度投资及其治理研究现状的基础上，研究转型制度背景下中国民营企业政治联系与过度投资产生的机理和政治联系下过度投资治理的机理。其次，从民营企业内部治理角度研究政治联系下过度投资的治理效应。再其次，从民营企业外部治理角度研究政治联系下过度投资的治理效应。最后，针对民营企业政治联系下过度投资治理效应被软化和弱化的现状，分别从地方政府及民营企业两个方面提出治理政治联系下过度投资的具体对策和建议。

本书遵循了理论与实践相结合、规范研究与实证研究相结合、定性研究与定量研究相结合的技术路线，采用寻租理论、委托代理理论、政治成本理论等理论，综合财务学、政治学的基本知识，对我国民营上市公司政治联系与过度投资行为及其治理进行了系统的论述。

在理论分析方面，采用归纳总结法和文献分析法对国内外有关政治联系与企业过度投资、企业过度投资治理的相关研究文献进行梳理并述评，采用演绎法分析民营企业政治联系与过度投资的形成机理；运用数学建模和数理分析方法阐释民营企业政治联系对投资决策行为的负面影响，采用数理分析法和博弈分析法探析民营企业政治联系下过度投资治理的机理。

在数据获取和加工方面，采用赋值法对样本公司的董事长、副董事长、总经理、副经理的行政级别分别赋值，然后采用主成分分析法和因子分析法建构政治联系综合指数，衡量政治联系强度。同时借鉴目前主流的公司治理综合水平指数和产品市场竞争综合评价指数的建构方法，采用主成分分析法分别建构公司治理质量指数和产品市场竞争综合评价指数，以此来检验公司治理和产品市场竞争对政治联系下过度投资的综合治理效应。

在实证分析方面，采用比较法分析具有政治联系样本组和无政治联系样本组的过度投资情况；建立计量经济学实证模型，采用面板数据分析中的个体时间固定效应作为主要的回归策略，并采用上一期的自变量与控制变量对本期的因变量分析策略消除实证研究中的内生性问题，以此检验民营企业政治联系下的过度投资效应及治理效应。

本书的研究内容主要包括四个方面。首先，深刻剖析中国经济转型过程中的制度背景和市场环境，揭示现有制度背景下民营企业建立政治联系的机理。在渐进式改革的进程中，财政分权和官员政绩考核机制驱使地方政府及其官员努力整合一切可以利用的资源来发展地方经济，而促进地方经济发展的主体则是地方的企业，地方政府及其官员对地方的企业具有依赖性；现有制度的不完善和缺失，政府具有资源控制权及配置权，再加上民营企业缺乏制度的庇护，民营企业难以直接从市场交易中获得发展所需要的各种资源，民营企业需要依赖政府及其官员获得发展所需要的各种稀缺资源；民营企业与地方政府及其官员具有资源相互依赖性和利益需求，促使民营企业与地方政府建立政治联系。其次，探析民营企业和地方政府及其官员以政治联系为中介，民营企业实施过度投资的机理。本书分别从资源依赖理论、制度分析理论、效率理论、交换理论、政治成本理论、寻租理论、委托代理理论解读政治联系引起过度投资的内在机理，阐释政治联系造成的过度投资行为在本质上是民营企业和地方政府基于资源相互依赖及利益诉求下的一种双向寻租与资源交换行为，这种行为是以双方合作博弈实现共赢为目的。再其次，探究民营企业内外部治理机制对基于合作博弈实现共赢为目的过度投资的治理效应机理。民营企业大股东和高管建立政治联系的根本目的是为了实现经济利益最大化，民营企业在满足地方政府及其官员政治上投资需求而导致地过度投资过程中，民营企业内外部固有的治理机制难以有效约束政治联系下的过度投资行为。最后，以沪深A股上市的民营企业为研究样本，实证检验政治联系与过度投资的关系、政治联系下过度投资的治理效应。实证结果发现，政治联系能够导致民营企业过度投资，民营企业内外部治理机制对政治联系下过度投资的治理效应被弱化和软化。鉴于此，本书分别从民营企业和地方政府两个方面提出发挥民营企业内外部治理机制有效性的建议。

本书立足于中国特色的制度背景和市场环境，探究民营企业政治联系对过度投资的影响及其治理效应。与当前国内外类似研究相比较，本书的研究拓展了政治联系与企业过度投资的理论研究，丰富和深化了企业过度投资治理的理论研究。本书的研究创新主要体现在以下方面。

第一，研究视角创新。本书以资源交换和寻租为视角，同时从民营企业和地方政府两个方面探析政治联系引起企业过度投资的机理及其治理。将民营企业寻租、地方政府干预和政治联系同时作为一个整体纳入理论分析框架中，揭示政治联系下的民营企业过度投资行为本质上是民营企业和地方政府基于资源相互依赖及经济利益诉求下的一种双向寻租与资源交换的博弈共赢行为。

第二，深化和拓展了政治联系与企业过度投资的关系研究。本书既研究政治联系对企业过度投资的影响，也分析了企业过度投资对未来政治联系的影响，揭示二者是双向影响关系。

第三，丰富和深化了负债与企业过度投资的关系研究。本书在探讨了政治联系给民营企业带来融资便利性之后，从理论分析和实证检验两个方面探析负债对民营企业过度投资的治理效应。同时又进一步剖析了民营企业过度投资对未来负债来源和债务期限结构的影响，揭示负债与民营企业过度投资之间是双向影响的关系。

由于研究基础、资料掌握和理论基础等方面存在不足，本书还存在许多需要进一步完善的地方。

第一，本书只分析了静态政治联系下的民营企业过度投资治理效应，没有进一步剖析政治联系变化下的过度投资治理效应。

第二，本书是以民营上市公司为研究对象，考察政治联系与企业过度投资的关系，探究政治联系下的过度投资治理效应，没有进一步探讨中小企业政治联系下的过度投资治理效应。

第三，本书只分析了政治联系作为过度投资的动因后，企业内外部治理机制对过度投资的治理效应，没有进一步剖析其他动因造成企业过度投资后，企业内外部治理机制对过度投资的治理效应。

政治联系对民营企业投资决策和行为的影响是一个仍然需要继续推进的研究课题，未来研究政治联系对民营企业投资决策和行为的影响可以从以下几个方面展开。

第一，政治联系在引起大型民营企业和广大中小民营企业过度投资过程中有什么共同特征和差异；政治联系引起民营企业过度投资与委托代理问题、信息不对称问题、管理者认知偏差等因素导致的过度投资的形成机理和治理机制有什么差异及联系；如何将不同动因造成的过度投资分离出来进行差异研究，探究每一种动因引起过度投资的机理，针对不同动因导致过度投资的机理制订有针对性的治理方案和措施。

第二，政治联系引起民营企业过度投资的根源是企业与政府之间存在资源相互依赖和需求，在中国即将开展的市场在资源配置中发挥决定性作用的改革过程中，资源配置不再由政府部门及其官员配置之后，政治联系怎么转变，作为逐利性的民营企业如何面对政治联系转型；政治联系转型之后，民营企业投资行为及其过度投资决策会发生什么变化；针对政治联系转型后的政治联系导致的过度投资行为又将如何有效治理。

第三，在中国政府职能转变和市场化改革进一步深入的环境下，民营企业如何有效利用政治联系，实现有效率的投资决策和行为。

希望本书的出版能够引起会计学者与实务人士对非制度环境影响民营企业投资行为问题的广泛关注，并激起他们对这一领域的研究兴趣。

目录

Contents

第1章 导论 / 1

  1.1 研究背景 / 1
  1.2 研究问题与研究意义 / 3
    1.2.1 研究问题 / 3
    1.2.2 研究意义 / 4
  1.3 有关概念和范围的界定 / 4
    1.3.1 民营企业的界定 / 4
    1.3.2 政治联系的界定和度量 / 5
    1.3.3 企业过度投资的界定与度量 / 11
  1.4 研究思路、研究内容与结构安排 / 12
    1.4.1 研究思路 / 12
    1.4.2 研究内容与结构安排 / 12
  1.5 研究方法与研究创新 / 14
    1.5.1 研究方法 / 14
    1.5.2 研究创新 / 15

第2章 文献综述 / 17

  2.1 政治联系与企业过度投资效应 / 17
    2.1.1 委托代理型过度投资 / 18
    2.1.2 信息不对称型过度投资 / 20
    2.1.3 管理者行为型过度投资 / 21
    2.1.4 行政干预型过度投资 / 22
    2.1.5 政治联系型过度投资 / 23

2.1.6 企业过度投资动因述评 / 32
2.2 企业过度投资的内部治理效应 / 33
  2.2.1 董事会治理与过度投资 / 33
  2.2.2 股权治理与过度投资 / 35
  2.2.3 管理层激励与过度投资治理 / 41
  2.2.4 公司治理质量与过度投资 / 42
2.3 企业过度投资的外部治理效应 / 45
  2.3.1 企业过度投资的产品市场竞争治理效应 / 45
  2.3.2 企业过度投资的负债融资治理效应 / 56
2.4 文献述评 / 66

第3章 政治联系与过度投资关系及其治理的理论分析 / 68

3.1 民营企业政治联系下过度投资形成的理论基础 / 68
  3.1.1 寻租理论 / 68
  3.1.2 政治成本理论 / 79
  3.1.3 效率理论 / 80
  3.1.4 制度分析理论 / 81
  3.1.5 资源依赖理论 / 82
  3.1.6 交换理论 / 86
  3.1.7 委托代理理论 / 87
3.2 民营企业政治联系下过度投资形成的机理 / 88
3.3 民营企业政治联系下的投资决策模型 / 92
  3.3.1 民营企业政治联系下的最优化决策模型 / 94
  3.3.2 民营企业寻租与资本投入 / 95
  3.3.3 政治干预对最优化决策水平下的资本投入和劳动投入的影响 / 96
  3.3.4 政治干预与政治联系的关系 / 97
  3.3.5 政治联系对最优资源投入的影响 / 98
3.4 民营企业政治联系下过度投资治理效应的理论分析 / 99
  3.4.1 政治联系下过度投资的公司治理效应机理 / 99
  3.4.2 政治联系下过度投资的产品市场竞争治理效应机理 / 105
  3.4.3 政治联系下过度投资的负债治理效应机理 / 111
3.5 本章小结 / 113

第4章　民营企业政治联系与过度投资关系的实证检验　/　115

4.1　研究假设　/　115
4.1.1　政治干预与民营企业过度投资　/　115
4.1.2　民营企业政治联系与过度投资　/　116
4.1.3　民营企业过度投资与政治联系　/　117

4.2　研究设计　/　117
4.2.1　政治联系度量　/　117
4.2.2　样本选择与数据来源　/　118
4.2.3　研究模型　/　119

4.3　实证结果与分析　/　121
4.3.1　描述性统计结果与分析　/　121
4.3.2　政治干预下的民营企业过度投资效应　/　122
4.3.3　民营企业政治联系下的过度投资效应　/　124
4.3.4　民营企业过度投资下的政治联系效应　/　126
4.3.5　稳健性检验　/　127

4.4　本章小结　/　129

第5章　政治联系下过度投资的内部治理效应实证检验　/　131

5.1　研究假设　/　131
5.1.1　民营企业过度投资与股权治理　/　131
5.1.2　民营企业过度投资与董事会治理　/　134
5.1.3　民营企业过度投资与管理层激励　/　137
5.1.4　民营企业过度投资与监事会治理　/　139
5.1.5　民营企业过度投资与公司治理质量　/　139

5.2　研究设计　/　141
5.2.1　样本选择与数据来源　/　141
5.2.2　公司治理机制度量　/　142
5.2.3　公司治理质量指数设计与度量　/　143
5.2.4　研究模型　/　145

5.3　实证结果与分析　/　150
5.3.1　描述性统计结果与分析　/　150
5.3.2　民营企业政治联系下过度投资的股权治理效应　/　152
5.3.3　民营企业政治联系下过度投资的董事会治理效应　/　155

5.3.4　民营企业政治联系下过度投资的管理层激励治理效应　/　157
　　5.3.5　民营企业政治联系下过度投资的监事会治理效应　/　158
　　5.3.6　市场化水平、公司治理质量与民营企业过度投资治理效应　/　159
　　5.3.7　稳健性检验　/　163
5.4　本章小结　/　166

第6章　政治联系下过度投资的外部治理效应实证检验　/　**169**

6.1　政治联系下过度投资的产品市场竞争治理效应实证检验　/　169
　　6.1.1　研究假设　/　169
　　6.1.2　研究设计　/　171
　　6.1.3　实证结果与分析　/　175
6.2　民营企业政治联系下过度投资的负债治理效应实证检验　/　183
　　6.2.1　研究假设　/　183
　　6.2.2　研究设计　/　186
　　6.2.3　实证研究结果及其分析　/　188
6.3　本章小结　/　196

第7章　政治联系下过度投资治理效应的比较分析　/　**198**

7.1　政治联系下过度投资的内外部治理效应比较　/　198
　　7.1.1　政治联系下过度投资的综合治理效应比较　/　198
　　7.1.2　政治联系下过度投资治理的激励效应比较　/　201
　　7.1.3　政治联系下过度投资治理效应的分类比较　/　204
7.2　民营企业治理机制对过度投资治理发挥功效的政策建议　/　207
7.3　本章小结　/　213

第8章　研究结论与展望　/　**214**

8.1　研究结论　/　214
8.2　研究局限与不足　/　216
8.3　研究展望　/　217

参考文献　/　**218**
后　　记　/　**243**

第1章

导　论

本章主要从三个方面展开论述：首先，从我国转型阶段的制度背景和市场环境出发提出研究问题，进而介绍本书的理论价值与现实意义；其次，对本书涉及的相关关键概念进行界定，概括介绍本书的主要研究内容和研究框架；最后，指出本书的研究方法和研究贡献。

1.1　研究背景

中国的改革是一种深刻而又全面的制度变迁，这种制度变迁是一种渐进式改革，在这个渐进式改革过程中，中国市场转型是以旧市场体制的渐进退出和新市场体制的缓慢建立为特点的。在这个过程中，现有制度存在缺陷，许多制度还不到位，许多正式制度既缺乏稳定性又存在不确定性，商业活动和政府职能分开的机制还尚未完全建立，弱市场和强政府高度融合成为当前市场体制的突出特征。政府职能还处于从计划经济时代转向市场经济时代的过渡阶段，政府掌握着绝大多数资源的配置权和规制的制定，政治制度缺乏有效的监督及制衡，政府经常越位与错位，政府决策在很多方面并不透明，法制环境也不完善，在市场运行中出现了生产要素配置、市场监管、参与市场竞争等诸多方面缺乏公平、公正和平等的环境，公共权力时常游离在法律规范的轨道边缘，缺乏制度约束的权力常常处在与权力授权人整体的意志和利益相矛盾的状态，寻租行为在这样的市场环境下普遍存在。

在这样的制度背景和市场环境下，地方政府在财政分权激励与政治晋升激励的双重作用下，有充足的动机去促进地方经济增长，并且地方官员为了政治晋升而在经济上又相互竞争，这种纵向和横向的激励机制激发了地方政府积极整合其能够影响和控制的各种政治资源及经济资源促进地方经济增长。而当民营经济在地方经济中的权重不断增强时，民营经济发展状况日益与地方经济社会发展紧密地联系在一起，地方政府需要民营企业为地方经济社会的发展做出贡献，但民营企业所有权上的独立性使得地方政府不能够像直接干预地方国有企业那样干预民营企业的决策和行为。这时地方政府也往往希望与辖区内民营企业建立政治联系，使得地方政府能够利用对稀缺资源的控制权、定价权和配置权间接地干预及影响地方民营企业的决策与行为。再加上地方政府官员出于晋升的政治目标和个人效用目标，这些具有不同目标又相互交织的各级政府部门干预民营企业的决策与行为，导致了民营企业运营的复杂性及资源获得的难度，这种商业活动和政府职能没有完全分开的机制导致民营企业无法利用市场交易机制获得生存与发展的所有资源，民营企业经营所需的许多稀缺资源需要运用非市场化的方式获得，企业生存和发展在较大程度上会受到政治因素的影响。民营企业为了维护和扩大自身的经济利益必须适应这种环境规制，常常会积极主动地与地方政府建立政治联系，用政治联系这种非正式制度替代正式制度的不足来避免和降低政府环境给企业带来的政策偏向性及不确定性等负面影响，从而适应现有制度不完善导致的复杂制度环境。民营企业在这种复杂制度环境下与地方政府及其官员建立政治联系后，能够提高其与地方政府的交往能力，还能获得有利的法律法规环境、税收优惠、财政补贴、政府采购、临时性大额资金周转、产业基金扶持、政策支持、管制行业准入权等有形资源和无形资源，这些资源成为转型经济环境下民营企业发展壮大的强大动力。

因此，在我国市场经济转型过程中，政治和经济的胶着与深度纠缠、市场竞争与非市场竞争的共存、生产性努力与分配性努力的互济成为转型经济环境的根本特点。这决定了民营企业政治联系是一种十分复杂的交换行为，这个交换的前提是地方政府与民营企业之间的资源相互依赖，政治联系成为地方政府与民营企业双向寻租以求实现这个复杂交换过程的桥梁，寻租行为是现有制度不完善的一种外在表现。

1.2 研究问题与研究意义

1.2.1 研究问题

我国经济社会转型阶段的制度背景和市场环境直接驱使地方政府及其官员有强大的动力发展地方经济及取得晋升的政绩,地方政府需要依赖占地方经济比重较大的民营企业为地方经济社会发展做出贡献,地方政府在对民营企业没有所有权的条件下也需要与地方民营企业建立关系;在民营企业经营所需的稀缺资源被政府控制和配置的条件下,民营企业为了实现生存与发展的目标往往会主动与地方政府建立政治联系来适应当前的制度环境。民营企业与地方政府资源相互依赖和各自的需求促使了政治联系的建立,使得政治联系成为地方政府干预民营企业的通道,政治联系也成为民营企业向地方政府寻租并实现自身利益最大化的桥梁。为了向地方政府寻租获得最大化的经济利益,具有政治联系的民营企业往往会迎合地方政府及其官员的需要,满足地方政府及其官员政治上的投资需求,从而导致了民营企业过度投资。这种政治联系下的过度投资行为通常会给民营企业带来土地、信贷融资、垄断行业准入、取得税收优惠、财政补贴、政府采购、临时性大额资金周转、产业基金扶持、政策支持、管制行业准入权等有形资源和无形资源。

对于民营企业与地方政府基于资源相互依赖和双向寻租所导致的过度投资行为,已有研究文献主要探讨了政治联系与过度投资是否相关,较少对政治联系引起的过度投资进行系统的理论分析,也极少探究基于二者双向寻租实现各自需求下的过度投资的治理效应问题。鉴于此,本书以民营企业和地方政府双向寻租为研究视角,同时从民营企业和地方政府两个方面对政治联系下的过度投资行为进行理论分析,并对政治联系下的过度投资治理效应进行剖析,探究民营企业和地方政府利用政治联系实施过度投资后,双方在完成资源交换和满足各自需求的过程中民营企业内外部治理机制对政治联系下过度投资的治理特征。

1.2.2 研究意义

本书立足于社会转型升级下的制度环境和市场环境，以寻租为研究视角，剖析民营企业政治联系下的过度投资行为的形成机理和治理效应。对此进行研究的理论和现实意义有：

第一，政治联系成为民营企业与地方政府之间实现政商联盟和政商合谋的桥梁，过度投资行为是资源相互依赖下的资源交换手段，过度投资的目的是满足双方各自需求和实现双方各自的利益最大化。这根源于市场在资源配置中所发挥的是基础性作用、政府"有形之手"的过多干预和权力寻租。本书的研究为如何让市场在转型升级过程中发挥决定性作用、减少政府"有形之手"过多干预和权力寻租方面的改革提供经验借鉴和理论参考。

第二，目前企业过度投资的主流研究都是委托代理问题和信息不对称问题，较少从寻租视角深入分析过度投资的形成机制及治理机制，本书从寻租视角系统的研究过度投资形成的机理和决策机制，探究了政治联系下民营企业与地方政府双向寻租所导致地过度投资的治理效应，深化并丰富了企业过度投资形成及其治理方面的理论研究。

第三，以我国渐进式改革背景为逻辑起点，探析中国特色市场环境下的大型民营企业为了满足政治上的投资需求而产生的过度投资行为及其治理效应，深化和拓展了中国特色的企业过度投资理论研究。

1.3 有关概念和范围的界定

1.3.1 民营企业的界定

民营企业是中国制度背景下特有的概念。在欧美等市场经济比较发达的国家，其经济制度的基础是财产的私人所有制，与财产的私人所有制相对应的是私有企业制度，私有企业涵盖了几乎整个国民经济，绝大多数的企业都是民间经营的，因而国外一般不提民营企业，只有经济学意义上的私有企业。在中国，民营企业是意识形态的产物，"民营"的本质含义是指"民间经营",非国家经营或官方经营,它是一种与"国营""官营"相对应的经济组织。①②

目前,民营企业的含义还未达成共识,国内经济学界给予民营企业的内涵也存在差异。总体上看,现有民营企业概念有广义和狭义之分,广义民营企业是指所有非公有制企业;狭义民营企业是指私有企业和以私营企业为主体的联营企业。基于上述分析,本书将第一大股东为非国有股权且最终实际控制人为"自然人"的企业界定为民营企业。

1.3.2 政治联系的界定和度量

政治联系是世界各国经济发展过程中的一种比较普遍的现象,但由于各国的制度背景和研究问题角度的差异,对于政治联系的内涵和界定目前还没有达成共识。

1. 国外文献综述

国外学者从 20 世纪 80 年代开始研究公司高管的政府背景对公司各个层面的影响,公司高管主动与政府官员或政府部门建立并保持良好的关系,可为企业带来巨大利益(Krueger,1974),公司的政治资源是能够用来影响政府决策或获得政府承诺用来实现公司竞争优势的各种资源要素的集合(Douglas,1995)。罗伯特(Roberts,1990)认为政治联系是指与参议员有利益关系。鑫和皮尔斯(Xin and Pearce,1996)设计了包括新创企业管理者在过去三年里花很多的精力建立和保持与政府官员和其他行为主体的个人关系、新创企业管理者在过去三年里与国有银行和其他政府机构官员保持良好的关系、新创企业管理者在过去三年里投入相当多的资源用于维系与政府官员的关系、新创企业管理者在过去三年里花费大笔资金用于建立与政府官员的关系四个方面度量公司的政治联系强度和政治联系网络。阿格拉沃尔和克内贝尔(Agrawal and Knoeber,2001)的研究结果显示,在那些以政府为主要客户的公司里,有政治经验的董事发挥了更加重要的作用,也占据了更加重要的地位。这些早期的政治资源研究或者政

---

① 张惠忠:《"民营企业"概念辨析》,载于《上海统计》2001 年第 3 期。
② 单成繁:《"民营经济"称谓将约定成俗》,载于《党史纵横》2005 年第 11 期。

府背景研究大都没有具体提出政治联系内涵，但是这些研究已经包含政治联系的内容。直到菲斯曼（Fisman，2001）在研究苏哈托家族与印度尼西亚企业的关系时首先提出政治联系的概念以后，国外学者对政治联系这个领域进行了大量研究。约翰逊和米尔顿（Johnson and Mitton，2003）认为，政治联系是指公司的高层或大股东与副首相、首相、财政部长具有密切联系。伯特兰等（Betrand et al.，2006、2007）认为法国公司的CEO如果毕业于精英学校并曾在政府部门任职则企业具有政治联系。法西奥（Faccio，2006）认为只要企业有一位高管或控股股东是政府部长、国会议员、州长或跟某位高官以及政党有密切的关系则都认为具有政治联系。赫瓦贾和米安（Khwaja and Mian，2005）认为公司对政治竞选中的候选人给予了捐款则具有政治联系。陈等（Chen et al.，2005、2011）把政治联系定义为企业聘请具有政府背景的人员到企业任职。李等（Li et al.，2008）定义政治联系为公司高管或控股股东在各级人大、政协及其工商联等政府机构担任过一定职务。克莱森斯、费延和莱文（Claessens，Feijen and Laeven，2008）定义政治联系为企业通过选举捐款而形成的与当选者的联系。范、黄和张（Fan、Wong and Zhang，2007）将CEO现在或曾经在中央政府、地方政府、军队任职定义为一种政治联系。弗格森和沃斯（Ferguson and Voth，2008）则将公司董事会成员或主管与执政党之间的密切联系定义为政治联系。高曼等（Goldman et al.，2009）运用具有政府背景的董事占董事会成员的比例来反映公司的政治联系强度。弗兰西斯、哈桑和孙（Francis，Hasan and Sun，2009）将董事会成员中前任或现任政府官员的数量、与保险商政治联系的强弱、股权性质定义为政治联系。钱尼等（Chaney et al.，2011）认为公司政治联系行为普遍存在于世界各个国家，尤其在产权保护比较弱的地区或者国家政治联系更加普遍。

　　通过对国外政治联系内涵与界定的研究文献的梳理可知，国外学者对于政治联系的内涵和界定还没有取得统一的结论，不过对于政治联系是一种合法的行为已经达成了共识。到目前为止，绝大多数学者比较认可法桥（Faccio，2006）的政治联系定义，这些学者普遍认为，公司政治联系主要是指公司内部的CEO、公司高管、大股东所具有的与政府官员直接的紧密联系，这种紧密联系常常表现为公司内部的CEO、公司高管、大股东与政府官员之间存在的密切的个人关系，或者公司与政府官员之间存在紧密的经济关系，也可能内部的 CEO、公司高管、大股东是政府部门的代表、议员等能够有机会参加政府机构的政治活动，但是这种政治联系不是腐败行为。

2. 国内文献综述

自从菲斯曼（2001）首次提出政治联系的概念后，国内学者也纷纷开始对政治联系进行了大量研究。陈冬华（2003）把董事会成员中具有政府背景的董事比例定义为政治联系。卫武、田志龙等（2004）认为公司为了谋取有利于自身的法规制定和实施、外部环境而影响政府政策的行为定义为公司政治行为。卫武（2004）认为企业政治策略包括政治联系。张建君等（2005）发现中国企业是通过聘请现任或者前任政府官员到企业任职而建立的一种政治关联。吴文峰等（2008，2009）定义政治联系为企业总经理或董事长曾经在中央政府或者地方各级政府、军队等部门任职。潘红波等（2008）把企业董事长或总经理是曾任或现任的各级政府官员、人大代表、政协委员定义为政治联系。罗党论等（2008，2009）把企业的大股东、企业的管理者通过其亲自参与政府部门的政策活动或议政的权利而具有的关系定义为政治联系。王利平等（2010）把董事长、CEO、董事、大股东具有政府部门任职经历或者通过公益事业及人际关系网络建立起与政府的密切关系等定义为政治联系。贾明等（2010）认为公司董事长或总经理曾任或者现任政府官员、人大代表或政协委员，则该公司具有政治联系。赵峰等（2011）认为企业的总经理、董事、高管、董事长是现任或者曾任中央政府、军队、地方政府，或者企业的总经理、董事、高管、董事长是政协委员、人大代表，则该公司具有政治联系。王永进等（2012）认为公司的董事会成员中有政府官员，或者总经理由政府任命或是党员，则该公司具有政治联系。

通过梳理国内该领域研究文献可知，国内学者对于政治联系的研究在以下方面基本达成了一致：第一，企业高管曾任或者现任政府机构官员、担任各级人大代表、担任各级政协委员则企业具有政治联系，即国内学者普遍采用陈等（2005）、范等（2007）的政治联系定义方法；第二，政治联系在法律层面是合法的，与政治贿赂和政治腐败不同。但国内学者对于企业董事、企业实际控制人曾任或者现任政府机构官员、担任各级人大代表、担任各级政协委员，则企业是否具有政治联系还未达成共识。

3. 综述

纵观国内外政治联系内涵与界定的研究文献可以看出，政治联系内涵与界定的研究是一个不断拓展、不断深入的研究过程。国内外学者基于不同的制度背景和研究问题的角度分别对政治联系内涵进行了界定，不过基本上对政治联系是通过企业高管与有政府背景的官员建立的一定联系或者公司高管自身参政议政所获得政府的支持，并对政府决策的一种隐性关系达成了共识。这种隐性关系既不同于政治贿赂也不同于政治干预，这种隐性关系是企业为了实现自身的预期目标而主动与政府官员建立联系，这种联系在法律层面是完全合法的。因此，政治联系本质上是公司的大股东或者高管人员与政府官员或者其他政治人物之间的密切联系，这种联系的表现形式在不同的政治体制下存在差异。对于中国转型经济环境下的民营企业政治联系，则是民营企业为了实现经济利益目标而主动向政府部门及其政府官员寻租而建立的一种隐性关系，这种隐性关系同时也为政府部门及其政府官员对民营企业实施政治干预提供了通道，民营企业和政府官员利用政治联系进行资源交换和双向寻租，实现各自的目标。

4. 政治联系度量方法文献综述

虽然政治联系是世界各国经济发展过程中的一种普遍现象，但是每个国家的文化背景、政治体制、经济体制、公司治理制度等方面存在比较大的差异，截至目前，难以选择一个相对统一的指标测量世界每个国家公司的政治联系程度。政治联系的衡量成为相关政治联系研究领域的一个基础性难题。

纵观过去 20 多年政治联系研究过程中的度量方法，主要有以下几种。

第一，虚拟变量法。虚拟变量法是国内外研究政治联系问题时度量政治联系的最主要方法。采用虚拟变量法度量政治联系的操作方法是：在界定了政治联系后，如果公司存在政治联系，则赋值为 1；如果公司不存在政治联系，则赋值为 0。尽管虚拟变量法能够明确区分企业是否具有政治联系，但是难以度量企业政治联系的强度，也无法体现不同的政治联系客体、不同的政治联系主体、不同的资本市场环境下的政治联系差异性，往往会导致相关政治联系研究结论的差异性。针对传统采用虚拟变量法度量政治联系的缺陷，我国一些学者对传统虚拟变量法进行了一些拓展，比较有代表性的有：

杜兴强等（2009）将政治联系划分为代表委员类、政府官员类两类政治联系，然后再运用虚拟变量法；吴文锋等（2008）、余明桂和潘红波（2008）、罗党论等（2008）将政治联系划分为地方层面政治联系和中央层面政治联系两类，然后再采用虚拟变量法。这些虚拟变量法度量政治联系的拓展使得虚拟变量相对可以反映不同政治联系客体和主体对企业的影响，使有关问题的研究更加客观、细致。

第二，赋值法。由于不同的行政级别能够给企业带来的资源也存在差异，而且不同的企业能够与不同行政级别的官员建立关系的人数也不同，从而导致了不同的企业政治联系的强度也会存在较大差异，但是虚拟变量法难以具体度量企业的这种政治联系强度。因此一些学者针对虚拟变量法无法度量政治联系的缺陷，采用赋值法拓展了政治联系强度的测量。因为赋值法能够反映公司的政治联系强度和实际影响力，使得赋值法也成为国内外政治联系度量的主流方法，但是赋值法也存在受主观性影响的缺陷。采用赋值法度量政治联系的代表性学者有：菲斯曼（2001）根据政治联系获利的程度差异和"苏哈托依赖指数"将政治联系划分为1~5个等级分别赋值；胡旭阳（2006）、邓建平和曾勇（2009）等根据具有政治联系的高管曾经或目前的不同行政级别分别赋予不同的分值后进行计算得出总分，以此来衡量公司的政治联系程度。

第三，指数法。指数法的思路是：首先对不同行政级别的政治联系高管进行分别赋值，然后采用主成分分析法建构公司政治联系指数，以此测量公司政治联系程度。比较有代表性的研究有王永进和盛丹（2012）、张多蕾和张盛勇（2013）等。指数法能够全面刻画企业的政治联系程度和实际影响力，但是指数法的主观性比较强，从而容易导致相关政治联系问题存在较大差异。

第四，比例法。比例法是针对虚拟变量法的发展和有益补充，可以在数量上衡量政治联系的强度，比例法在当前国内外实证研究中被广泛应用，不过各个国家的制度背景不同导致了研究对象也存在差异。陈冬华（2005）、罗党论等（2008）、邓建平等（2009）都运用企业董事会或高管中具有政治联系的高管比例作为政治联系强度的替代变量。但政治联系高管比例的高低在很多情形下也难以准确地衡量政治联系的强度，同时无法比较具有政治联系的各个高管自身具有政治联系强度的差异，更无法完全衡量政治联系高管级别的差异。

第五，捐赠法。捐赠法度量政治联系的思路是：以公司捐献金额占政治联系候选人所获得的捐献金额的比率作为政治联系强度的替代变量（克莱森斯等，2008），或者以公司在某一时期内的公益捐赠金额作为政治联系强度的替代变量（Bai et al.，2006）。这两种捐献法度量政治联系强度都存在主观片面性和不完全性等缺陷，捐献法只能够反映公司政治联系的一部分，而不能够衡量公司政治联系的更多层面，并且这种方法对于非选举制国家并不适合。

纵观目前政治联系度量的主流方法，虽然现有政治联系度量方法能够在某些方面衡量政治联系的存在和程度，但是这些政治联系度量的方法还存在以下缺陷：虚拟变量法仅刻画了公司政治联系是否存在，无法度量具有政治联系的企业政治联系强度的差异；采用赋值法时，由于许多高管的个人信息难以获得，导致赋值法的主观性比较强，并且赋值法忽略了政治联系的时效性和规模性特征；比例法及其改进后的比例法利用具有政治联系高管的人数占全部高管人数的比例来度量政治联系强度，但无法真实衡量公司政治联系的程度，比例法忽略了时效性和层级性；捐赠法虽然在度量政治联系时比较简单和客观，但是企业的许多捐赠并非是为了与政府部门及其官员建立政治联系，往往是为了承担某些社会责任，而且对于没有采用选举制的国家，这种方法的运用受到限制；作为一个内涵丰富的政治联系概念，所包含的测量指标非常多，但是政治联系研究过程中的量化委托因为受不可得的政治联系指标限制造成政治联系测量存在不全面和遗漏；现有政治联系度量的各种方法都没有重视政治联系随着制度环境的变化和时间的推移后，政治联系如何度量；现有政治联系方法都难以完全反映政治联系所具有的规模性、层级性、时效性等本质特征，虽然有学者构建了政治联系指数反映政治联系程度，但政治联系各个指标权重的赋值存在较强的主观性，导致政治联系指数的可靠性受到质疑，而且主要考虑了关键高管的政治联系，较少考虑其他非高管政治联系，这样会降低政治联系指数刻画政治联系的精确性。

不过，由于政治联系的复杂性和隐性，现实中也很难找到一种方法全面而又精确的测量政治联系。因此，未来政治联系度量过程中既需要融合现有的度量方法，还需要进一步拓展政治联系度量方法，克服现有度量方法的缺陷，设计相对精确的、令人信服的度量方法，从而为政治联系相关领域研究提供更加可靠的基础。

1.3.3 企业过度投资的界定与度量

理论上,过度投资是指企业投资于净现值为负的项目。对于过度投资的度量,不同的研究者给出了不同的评判标准,归纳起来主要有两种度量方法。

1. 比较投资规模与自由现金流

代表性的方法是沃格特(Vogt,1994)提出的非效率投资判别模型,如模型(1-1)所示。

$$\left(\frac{I}{K}\right)_{i,t} = \alpha_1\left(\frac{CF}{K}\right)_{i,t} + \alpha_2\left(\frac{DCASH}{K}\right)_{i,t} + \alpha_3\left(\frac{SALES}{K}\right)i,t + \alpha_4 Q_{i,t-1} + \alpha_5\left(\frac{CF}{K}\right)_{i,t-1} Q_{i,t-1} + \mu_i + \tau_i + \varepsilon_{i,t} \quad (1-1)$$

其中,I 定义为本期固定资产投资支出,K 定义为期初固定资产存量,CF 定义为本期发生的自由现金流,$DCASH$ 定义为现金股利,$SALES$ 定义为本期销售收入,Q 定义为投资机会。在该模型中,交乘项系数显著为负,表示过度投资,但这个模型不能衡量企业过度投资的程度。我国许多学者在运用沃格特模型时,许多学者都对该模型进行了改进(何金耿,2001;梅丹,2005;罗琦,2007)。

2. 比较实际投资额与理想投资额

代表性的方法是理查森(Richardson,2006)残差度量模型,如模型(1-2)所示。

$$I_{new,t} = \alpha_0 + \alpha_1 V/P_{t-1} + \alpha_2 Leverage_{t-1} + \alpha_3 Cash_{t-1} + \alpha_4 Age_{t-1} + \alpha_5 Size_{t-1} + \alpha_6 Returns_{t-1} + \alpha_7 I_{new,t-1} + \sum YearIndicator + \sum IndustryIndicator \quad (1-2)$$

其中,V/P 定义为投资机会,$Leverage$ 定义为资产负债率,$Cash$ 定义为现金存量,Age 定义为企业成立年数,$Size$ 定义为企业规模,$Returns$ 定义为股票收益率,$I_{new,t-1}$ 定义为上期新增 NPV 为正的项目投资,模型中正残差表示企业投资过度。

由于理查森残差度量模型能够衡量企业过度投资的程度，成为目前国内外过度投资研究的主流研究模型。不过理查森模型也存在一些不足之处，主要表现在两个方面：一是到目前为止如何合理地计量企业投资机会还没有得到有效解决；二是模型中通过估计股息、股利贴现率和异常盈余参数来计算企业价值，这种做法具有一定的主观性，会对企业增长机会产生一些负面的影响。因此，我国的许多学者在采用理查森模型时常常对该模型进行一定的改进。张栋（2008）等通过采用主营业务收入增长率代替股票收益率，同时删除了企业成立的年数和股票收益率方式改进理查森模型；王彦超（2009）用托宾Q替代了投资机会变量；罗党论等（2012）同时采用主营业务收入增长率和托宾Q表示投资机会。通过对理查森模型的改进，使其更加符合中国市场情景，能够相对更好地衡量中国市场下的企业过度投资水平。

1.4 研究思路、研究内容与结构安排

1.4.1 研究思路

本书依据承上启下、逐步推进的思路逐层展开。首先，在分析政治联系与企业过度投资及其治理研究现状的基础上，研究转型制度背景下中国民营企业政治联系与过度投资产生的机理和政治联系下过度投资治理的机理。其次，从民营企业内部治理角度研究政治联系下过度投资的治理效应。再其次，从民营企业外部治理角度研究政治联系下过度投资的治理效应。最后，针对民营企业政治联系下过度投资治理效应被软化和弱化的现状，分别从地方政府和民营企业两个方面提出治理政治联系下过度投资到具体对策和建议。

1.4.2 研究内容与结构安排

本书研究内容主要包括四个方面。首先，深刻剖析中国经济转型过程中的制度背景和市场环境，揭示现有制度背景下民营企业建立政治联系的机理。在渐进式改革的进程中，财政分权和官员政绩考核机制驱使地方政

府及其官员努力整合一切可以利用的资源来发展地方经济，而促进地方经济发展的主体则是地方的企业，地方政府及其官员对地方的企业具有依赖性；现有制度的不完善和缺失，政府具有资源控制权和配置权，再加上民营企业缺乏制度的庇护，民营企业难以直接从市场交易中获得发展所需要的各种资源，需要依赖政府及其官员获得发展所需要的各种稀缺资源；民营企业与地方政府及其官员具有资源相互依赖性和利益需求，促使民营企业与地方政府建立政治联系。其次，探析民营企业和地方政府及其官员以政治联系为中介，民营企业实施过度投资的机理。本书分别从资源依赖理论、制度分析理论、效率理论、交换理论、政治成本理论、寻租理论、委托代理理论解读政治联系引起过度投资的内在机理，阐释政治联系造成的过度投资行为在本质上是民营企业和地方政府基于资源相互依赖及利益诉求下的一种双向寻租和资源交换行为，这种行为是以双方合作博弈实现共赢为目的。再其次，探究民营企业内外部治理机制对基于合作博弈实现共赢为目的过度投资的治理效应机理。民营企业大股东和高管建立政治联系的根本目的是为了实现经济利益最大化，民营企业在满足地方政府及其官员政治上投资需求而导致地过度投资过程中，民营企业内外部固有的治理机制难以有效约束政治联系下的过度投资行为。最后，以沪深A股上市的民营企业为研究样本，实证检验政治联系与过度投资的关系、政治联系下过度投资的治理效应，实证结果发现政治联系能够导致民营企业过度投资，民营企业内外部治理机制对政治联系下过度投资的治理效应被弱化和软化。鉴于此，本书分别从民营企业和地方政府两个方面提出发挥民营企业内外部治理机制有效性的建议。

本书结构安排如下。

第1章介绍研究的背景，阐述研究内容与结构安排、研究方法和创新点。

第2章是文献综述。通过梳理政治联系与企业过度投资、企业过度投资治理方面的研究文献，在把握政治联系与企业过度投资及其治理研究领域的内在发展逻辑后，找出现有研究的不足和存在的缺陷，在此基础上提出问题并确定为本书研究的方向及主题。

第3章是民营企业政治联系与过度投资形成和治理的理论分析。在讨论政治联系与企业过度投资的相关理论基础后，着重探析了民营企业政治联系下过度投资形成的内在机理。然后将政府干预和民营企业寻租纳入一个统一的政治联系与企业投资决策的分析框架，采用数理分析方法考察政府干预对民营企业过度投资的影响、民营企业寻租对过度投资的影响，分析了在政府干预和民营企业寻租的双向作用下，政治联系成为民营企业过度投资的桥梁，导致了民营企业过度投资行为。最后采用数理分析方法和博弈分析法分析公司治理、产品市场竞争及负债融资对民营企业政治联系下过度投资治理的机理。

第 4 章是民营企业政治联系与过度投资关系的实证检验。首先，借鉴主流的企业过度投资度量模型验证政治干预与民营企业过度投资是显著的正相关关系，以此证实政治干预会造成民营企业过度投资；其次，检验民营企业政治联系与过度投资正相关，以此检验政治联系会引起民营企业过度投资；最后，检验过度投资对未来政治联系的影响，揭示政治联系与过度投资是双向影响的关系。

第 5 章分析在民营企业政治联系造成过度投资后，公司治理机制和治理水平是否能够对政治联系下的过度投资行为具有治理效应。从实证结果剖析政治联系强化了民营企业与政府部门之间的利益联系，造成公司治理和董事会失去独立性，最后导致公司治理对政治联系下过度投资的治理效应被弱化和软化。

第 6 章考察作为民营企业外部最重要的治理机制的产品市场竞争和负债融资对政治联系下过度投资的治理效应。从实证检验结果探析政治联系下的双向寻租和资源交换弱化了产品市场竞争和负债融资对过度投资的治理效应。

第 7 章针对民营企业政治联系引起过度投资后，民营企业内外部关键治理机制对政治联系下过度投资的治理效应被弱化和软化，分别从政府角度及民营企业角度提出了治理政治联系下过度投资的具体政策建议。

1.5　研究方法与研究创新

1.5.1　研究方法

本书遵循了理论与实践相结合、规范研究与实证研究相结合、定性研究与定量研究相结合的技术路线，采用寻租理论、委托代理理论、政治成本理论等，综合财务学、政治学的基本知识，对我国民营上市公司政治联系与过度投资行为及其治理进行系统的论述。

在理论分析方面，首先采用归纳总结方法和文献分析法对国内外有关政治联系与企业过度投资、企业过度投资治理的相关研究文献进行梳理并述评，采用演绎法分析民营企业政治联系与过度投资的形成机理，运用数学建模和数理分析方法阐释民营企业政治联系对投资决策行为的负面影响。采用数理分析法和博弈分析法探析民营企业政治联系下过度投资治理到机理。

在数据获取和加工方面，采用赋值法对样本公司的董事长、副董事长、总经理、副经理的行政级别分别赋值，然后采用主成分分析法和因子分析法建构政治联系综合指数衡量政治联系强度。同时也借鉴目前主流的公司治理综合水平指数和产品市场竞争综合评价指数的建构方法，采用主成分分析法分别建构了公司治理质量指数和产品市场竞争综合评价指数，以此来检验公司治理和产品市场竞争对政治联系下过度投资的综合治理效应。

在实证分析方面，采用比较法分析具有政治联系样本组和无政治联系样本组的过度投资情况；建立计量经济学实证模型，采用面板数据分析中的个体时间固定效应作为主要的回归策略，并采用上一期的自变量和控制变量对本期的因变量分析策略消除实证研究中的内生性问题，以此检验民营企业政治联系下的过度投资效应和治理效应。

本书采用的研究方法和技术路线如图1-1所示。

1.5.2 研究创新

本书立足于中国特色的制度背景和市场环境，探究民营企业政治联系对过度投资的影响及其治理效应。与当前国内外类似研究相比较，本书的研究创新主要体现在以下方面。

（1）剖析了政治联系下过度投资是民营企业和地方政府基于资源相互依赖及经济利益诉求下的一种双向寻租与资源交换行为，政治联系下过度投资行为促使双方合作博弈共赢。

（2）探究了民营企业政治联系与过度投资是双向影响关系、负债与过度投资是双向影响关系。政治联系与过度投资不是单向关系，在政治联系引

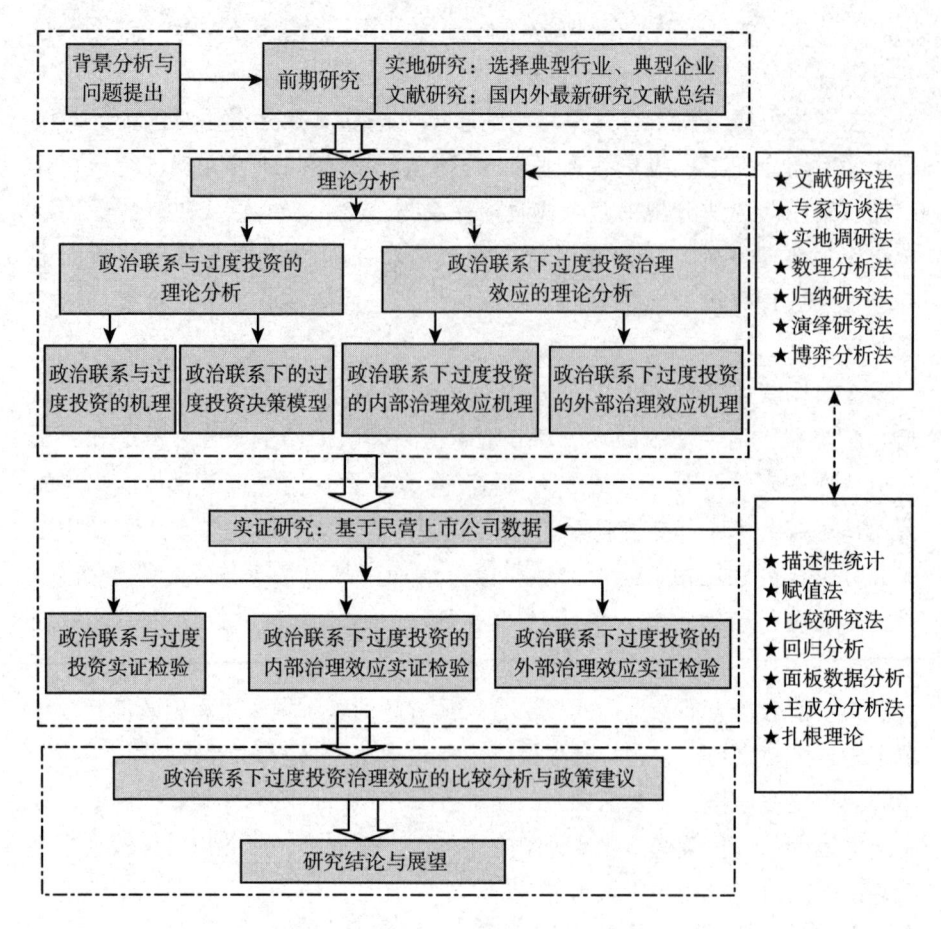

图 1-1 技术路线

起过度投资后，已有的过度投资行为反而巩固和提升了民营企业未来的政治联系强度及规模，民营企业政治联系与过度投资是相互影响与相互促进的关系。在政治联系给民营企业带来经济利益的过程中，负债和过度投资之间是双向影响关系，而不是单向影响关系。

（3）揭示民营企业政治联系下的过度投资行为本质上是一种资源交换和利益相互输送的行为，民营企业内外部治理机制对政治联系下过度投资的治理缺乏有效性。

第 2 章

文献综述

本章根据全书研究主题的需要,主要从政治联系与企业过度投资、政治干预与企业过度投资、企业过度投资的内部治理机制、企业过度投资的外部治理机制四个方面,分别对国内外的相关研究文献进行了梳理,并对国内外相关研究文献进行评述,归纳出国内和国外相关研究文献存在的局限性及问题,为本书研究指明方向,为民营企业政治联系下的过度投资治理研究做好坚实的铺垫。

2.1 政治联系与企业过度投资效应

在19世纪70年代初至20世纪50年代末,西方一些经济理论流派推动和形成了早期投资理论。比较著名的投资理论有:凯恩斯(1936)的利率决定投资水平理论;以克拉克(Clarke,1917)为代表的朴素加速器理论;乔根森(1963、1967、1971)的最优资本函数理论,托宾Q理论;K. 维克塞尔(K. Wicksell,1896)、奈特(F. Knight,1921)、费舍尔(I. Fisher,1933)等为代表的新古典主义的资本理论;马歇尔(A. Marshall,1920)为代表的新古典主义的企业厂商理论,后经过切纳里(Chenery,1952)、科伊克(Koyck,1954)等发展而形成了西方最早的投资决策理论。这些早期的投资理论都是基于古典经济学分析框架和一系列严格假设条件(如完全理性、完全信息对称、完全市场竞争等),利用总量分析方法在宏观层面上静态的分析消费、储蓄、投资等宏观经济变量如何相互作用、相互影响、寻求经济总投入与总产出之间的关系等，都没有考虑交易费用、不确定性、融资约束等制度性的因素对投资的影响。这导致早期形成的古典经济学投资理论把投资行为基于完全理性、市场的完全竞争、完全信息对称下，完全是一种理想主义的投资理论，这种投资理论难以解释现实中的投资行为和经济现象，也与现实经济活动及投资活动相背离，使古典经济学投资理论陷入困境，面临巨大挑战。

自20世纪70年代开始，随着西方学者对不确定性、交易费用、信息经济学研究的兴起，学者们开始研究契约理论、委托代理理论、公司治理结构理论、信息不对称理论、交易费用、不确定性、融资约束等诸多因素对公司投资行为的影响，发展了投资理论，形成了新制度经济学投资理论。新制度经济学投资理论不但克服了古典经济学理论与现实背离的缺陷，而且也为企业过度投资行为研究提供了强大的理论支撑。

理论界对美国以及西方企业、亚洲企业的过度投资问题高度重视，分别采用不同的理论对不同动因形成的过度投资问题进行解释，从而形成了委托代理类型的过度投资、信息不对称类型的过度投资、管理者认知偏差类型的过度投资、政府干预类型的过度投资、政治联系类型的过度投资等。

2.1.1 委托代理型过度投资

委托代理型过度投资一直是企业过度投资分析的主流范式，国内外许多学者采用委托代理理论分析了企业产生过度投资的动因。延森和梅克林（Jensen and Meckling，1976）提出当公司的股东与债权人发生利益冲突后往往会产生过度投资行为。延森（Jensen，1986）提出当公司具有大量自由现金流会驱使经理人为了扩大企业规模把自由现金流投资到低效益或净现值为负的项目上，导致了过度投资。理查德森（Richardson，2006）等学者进行实证检验，结果也证实了延森提出的观点。郎格与利兹博格（Lang and Lizenberger，1989、1991）从股利政策角度检验了过度投资假设，其他条件不变的情况下股利增加能够降低企业未来过度投资水平。斯特朗和迈耶（Strong and Meyer，1990）证明了经理—外部股东的代理问题会造成过度投资行为。斯坦（Stein，1993）通过建立模型实证检验了经理人对建构企业帝国的偏好不一定会导致过度投资，也可能会导致投资不足。别布丘克（Bebchuk，1993）认为经理人的投资偏离方向取决于市场对信息内容的偏好和认知能力，当市场普遍偏好于某一项目或行业时，经理人为了提高自己在市场上的声誉，显示自己的才能，通常会投资于这一行业，从而造成盲目的过度投资。沃格特（Vogt，1994）认为经理的机会主义能够解释那些规模较大和股利水平不高的公司中存在的过度投资问题。克洛克和蒂斯（Klock and Thies，1995）在将现金流分为预期与未预期两部分后，研究发现经理常常用未预期部分投资到 NPV 为负的项目。维什尼（Vishny，1998）实证检验了过度投资在一定程度上成为控股股东对股权侵害的推手。克恩和墨菲（Conyon and Murphy，2000）研究发现，经理私人收益是公司规模的增函数，目标的偏离促使经理用尽企业自由现金流实施过度投资来追求企业规模增大并使私人利益最大化。阿尔蒂（Alti，2001）在新古典经济学框架下构建了现金流与企业价值模型，发现平均托宾Q值越低的企业越有可能投资净现值为负的项目上，表明了经理—外部股东代理问题越严重的公司越容易过度投资。西恩和克姆（Shin and Kim，2002）使用企业规模、现金持有量、多元化程度为代理成本的替代变量，验证了企业过度投资与代理成本之间的关系，实证显示了代理成本会导致过度投资。刘朝辉（2002）实证显示了上市公司可能会出现过度投资现象。刘怀珍等（2004）、袁春生等（2006）从理论角度分析发现谋求私人利益是经理人进行过度投资的主要动因。王曦（2005）通过建构异质产权的企业目标函数，发现国有企业存在投资过度，民营企业存在投资不足。辛清泉等（2007）在理查德森（Richardson，2006）的过度投资模型基础上实证检验了过低经理报酬会导致过度投资。唐雪松等（2007）实证发现经理机会主义会导致企业过度投资。郝颖等（2007）认为内部人控制和国有股权虚置会导致国有代理人过度投资行为。孟一琳等（2010）实证检验了自由现金流会导致过度投资行为。

通过梳理国内外委托代理理论对过度投资的影响的研究文献可知，国外学者基于完善和成熟的市场制度背景分析委托代理理论与过度投资基本达成了共识，即委托代理带来的代理成本是产生企业过度投资的根本原因之一。而国内学者对于过度投资与经理人的代理问题的研究结论还未取得一致，这可能源于中国转型经济环境的特殊性和制度的特殊性，委托代理理论并不能够完全解释中国制度背景下的过度投资本质及其机理。

2.1.2 信息不对称型过度投资

国内外许多学者从信息不对称方面分析企业过度投资行为。梅尔斯和迈基里夫（Myers and Majluf, 1984）利用不对称信息理论分析企业投资行为，当投资者对企业实施投资项目而发行的融资证券的估值存在偏差时，这个偏差表现为高估后往往会造成企业过度投资行为。纳拉亚南（Narayanan, 1988）认为外部人一个信息不对称的世界里没有企业内部人信息灵通，公司可能会选择 NPV 小于零的项目而导致过度投资。斯图斯（Stulz, 1990）认为过度投资是信息不对称时经理人与投资者之间的委托代理问题引发的代理成本。别布丘克和斯托（Bebchuk and Stole, 1999）认为信息不完全、经理人的短期目标容易导致过度投资行为。莱恩斯克和施特肯（Lensink and Sterken, 2001）创造性地将不对称信息用于银行信贷市场并与等待期权结合分析过度投资的动因。实证表明了贷款偿还额小于项目的无风险回报会发生过度投资行为。施特罗布尔（Strobl, 2003）认为股东对基于股票的经理人报酬契约的有效性的关心会导致公司的过度投资。威尔第（Verdi, 2006）采用 1980~2003 年共计 49 543 个企业为研究样本，实证分析了提高信息披露质量能够制约企业过度投资行为。张纯、吕伟（2009）以我国上市公司的经验数据，分析了信息中介、信息披露与企业过度投资的关系，实证结果显示了通过提高信息披露水平和发展信息中介在减轻信息不对称程度的同时也约束了过度投资行为。袁建国等（2009）利用 2004~2006 年上市的制造业公司数据为研究样本，实证分析了会计信息质量对过度投资的影响。实证结果显示，会计信息质量与过度投资是负相关关系，会计信息质量的提高能够约束过度投资行为，会计信息质量在自由现金流量较多的上市公司中对过度投资的抑制效应更加显著。曹亚勇等（2012）发现上市公司社会责任信息披露与企业投资过度是显著负相关的关系。胡国柳等（2013）实证发现，会计稳健性在约束国有企业的管理者过度投资行为方面显著地弱于民营企业。通过梳理国内外关于信息不对称理论与企业过度投资的研究文献可知，基本上学者们对信息不对称能够抑制企业过度投资达成了共识，信息不对称造成的融资约束是导致企业过度投资的根本原因之一。

2.1.3 管理者行为型过度投资

随着国内外学者认识到完全理性在现实中是不存在的，基于理性经济人假设下的委托代理理论和信息不对称理论并不能够完全解释企业过度投资行为，于是学者们逐渐用行为金融学①拓展过度投资行为研究，利用社会学、心理学、人类学等其他学科的研究范式研究过度投资行为问题。茨维伯（Zwiebel, 1995）认为经理的从众行为是出于对声誉的顾虑而采取了次优决策。爱利克和克劳兹（Alicke and Klotz, 1995）实验研究发现当企业具有可支配的内部资金时，过度自信的管理层会高估投资项目的质量而导致过度投资，在得知投资项目有问题后，过度投资自信的管理层依然进行投资（Shefrin, 2001）。希顿等（Heaton et al., 2002）研究发现，即使没有理性代理成本或者信息不对称的存在，管理者过分自信也可能进行过度投资。周齐武等（2000）通过调查不同行业的管理人员，证实了国外的有关研究结论对中国企业现实中发生的恶性增资现象也有相当解释能力。所谓恶性增资，是指当项目出现亏损迹象或其他负面信息时，投资者个人或组织仍然对项目继续增加投入的现象。郝颖等（2005）从行为金融视角分析我国上市公司治理结构和特有的股权安排下，高管人员过度自信更加有可能实施配置效率低下的过度投资。汪德华和周晓艳（2007）基于行为经济学基础建构了一个管理者过度自信与企业非效率投资的模型，利用行为金融学解释企业投资扭曲现象。张敏和于富生（2008）研究管理者心理与企业的投资问题的关系发现，管理者太过于乐观容易导致过度投资行为。王霞等（2008）实证分析了过度自信的管理者会导致过度投资，反之则导致投资不足。樊彭涛（2010）认为认知偏差产生非理性行为，非理性行为导致企业决策偏差，决策偏差则带来了非理性投资问题。马润平等（2012）采用2002~2009年在A股上市的公司为研究样本，实证分析了管理者过度自信与公司过度投资行为之间是正相关的关系。张敏、张胜等（2010）研究发现，政企关系更有利于企业获得长期贷款，但是企业获得贷款后更容易过度投资，贷款对企业价值有负面影响。这表明政治关联对信贷资源配置效率的影响显著为负。胡

---

① 一般认为，行为金融学起源于20世纪80年代，它将行为科学的理论融入金融学，研究和预测个体心理决策程序对资本市场的影响以及如何运用心理学和经济学原理来改善决策行为。

国柳和李少华（2013）采用 2006~2010 年在 A 股上市公司数据为研究样本，实证分析了管理者过度自信会导致企业过度投资。张兆国等（2013）采用 2007~2011 年的上市公司为研究样本，在委托代理理论框架下采用心理契约理论和高层梯队理论分析管理者背景特征和晋升如何影响过度投资。实证结果显示，学历越高和任期越长的管理者对晋升的敏感性越大，从而使晋升对过度投资的作用也越大。纵观行为金融学与过度投资研究文献可以看出，利用行为金融学分析企业过度投资行为有利于更加全面分析产生过度投资的动因和采取什么样的治理措施，拓展了企业过度投资理论研究，但是现有较少将经济理性人和非经济理性人结合起来研究过度投资行为，也较少将委托代理理论、信息不对称理论、行为金融理论结合起来研究企业过度投资问题，更少结合不同的制度背景和市场环境分析管理者行为对企业过度投资的影响极其差异。

2.1.4 行政干预型过度投资

企业过度投资的形成原因不同其特点也不同。在中国转型经济环境下，众多企业都难以脱离政府的影响，中国当前的制度环境和市场环境导致政府干预引起企业过度投资行为。

林毅夫（2004）认为政策性负担、信息不对称、激励不相容会带来预算软约束，严重扭曲了投资效率和经营效率。程仲鸣和夏银桂（2008）的实证研究发现，地方政府干预行为扭曲了公司投资行为，减弱了控股股东治理过度投资的效应。杨华军等（2007）发现地方政府控制和地方政府干预显著地提高了自由现金流的过度投资。杨兴全等（2010）发现市场化进程越高、政府干预越少、法治水平越高的地区，过度投资程度越低。梅丹（2005，2008）实证研究发现，内部控制人控制和直接的政府干预所产生的预算软约束是造成国有上市公司过度投资的直接原因。唐雪松等（2010）利用 2000~2006 年上市的公司为研究样本，实证分析了地方政府为了实现当地 GDP 增长，干预造成了地方国有企业过度投资行为。向杨（2012）将过度投资划分为代理型过度投资、竞争型过度投资、关联型过度投资、认知偏差型过度投资和干预型过度投资五类，并分析了政府干预下的企业过度投资形成机理，即在不同干预动机的驱动下，地方政府在某一合适的干预时机通过向不同特质的目标企业有目的地分配所控制的各种资源，实施差异化投资干预行为，最终导致企业过度投资行为的发生，从而帮助地方政府实现预定的政绩目标。刘兴云和王金飞（2013）利用2009~2011年在A股上市的国有企业为研究样本，实证分析了政府干预程度越高则国有上市公司过度投资越严重。通过梳理政府干预与企业过度投资的研究文献可以看出，学者从政府干预角度研究企业过度投资是对过度投资理论研究的深化和丰富，当前主要从实证角度研究政府干预与企业过度投资的关系，研究结论基本上认为政府干预与企业过度投资是正相关关系。除陈向杨（2012）等对政府干预下的企业过度投资形成机理进行系统分析外，目前为止还较少有文献深入分析政府干预是如何影响企业过度投资的。尽管陈向杨对政府干预下的企业过度投资形成机理进行了分析，进一步完善了政府干预与企业过度投资的理论研究，但是没有分析政府干预与企业过度投资之间的内生性关系。因此，未来在政府干预与企业过度投资的内容、理论方面还需要进一步深入研究。

2.1.5 政治联系型过度投资

正如熊彼特（Schumpeter，1939）指出："关于投资机会的任何理论如果不考虑政治因素将是不切实际的"[①]。因此，近年来国内外学者普遍重视政治联系对企业投资行为的影响，已经从经验角度对政治联系影响企业投资行为进行研究，尽管取得了丰硕的研究成果，但仍然存在着不少的缺陷。鉴于此，对政治联系影响企业投资行为的已有研究文献进行梳理并评述，探究政治联系与企业投资行为的未来研究方向，这有助于深化和丰富政治联系对企业投资行为的影响研究。

关于政治联系与企业投资的研究，主要集中在政治联系与企业多元化投资、政治联系与企业研发投资、政治联系与企业并购、政治联系与跨区域投资、政治联系与企业过度投资等领域。

1. 政治联系与企业多元化投资研究

企业多元化投资在许多国家经济发展中广泛存在，企业多元化投资通常与政治联系有密切关系。肯纳和帕利普（Khanna and Palepu，2000）认为，

---

① Schumpeter, J. A., "Business Cycles: A Theoretical, Statistical Analysis of the Capitalist Process", Mc Company, inc, 1939 – 1095.

新兴市场国家存在行业准入壁垒等制约因素，政企联系有助于民营企业获得由政府控制的各种资源，从而有利于民营企业多元化投资。巴特尔斯和布雷迪（Bartels and Brady，2003）研究发现，制度环境影响企业构建政治联系的动机，企业通常会主动与政府建立政治联系，其目的是为了克服市场制度缺陷对企业发展带来的影响，企业通过政治联系能够优先获得投资所需要的各种经济资源，政治联系为企业提供的资源优势能够使得企业把握有利可图的投资机会和投资一些政府管制的行业。钟（Chung，2004）认为民营企业的政治资源帮助民营企业获得了由政府控制的资源，这些资源有助于民营企业实施多元化；并且政企联系与民营企业多元化相互影响，政企联系影响企业多元化程度，企业多元化程度又影响企业获得政治资源的可能性。罗党论、唐清泉（2009）的实证研究结果表明，政治关联有助于企业从政府手中获得更多的优惠政策以及投资项目等方面的支持，从而促进企业有更多的投资机会及更强的投资能力。巫景飞等（2008）以沪市210家上市公司为样本，通过对2004~2006年的面板数据分析来研究公司高层管理者政治网络与多元化战略之间的关系，结果显示企业高层管理者政治网络对企业业务和多元化都具有积极的促进作用；其他高层管理者政治网络对企业业务和地域多元化受到企业规模的调节；企业所在地和所有制的差异会影响企业高管政治网络与企业多元化之间的关系。胡旭阳、史晋川（2008）以全国工商联颁布的2004年"500强"民营企业为研究样本，实证研究发现民营企业具有的政治资源与民营企业多元化程度显著正相关，与进入政府管制行业实施多元化可能正相关，与民营企业相关多元化可能负相关。张敏、黄继承（2009）研究发现，政企联系有助于企业获得更多的多元化资源，具有政企联系的企业比没有政企联系的企业拥有更显著的多样化程度，并且有政企联系的企业比没有政企联系的企业面临的多元化风险低。蔡地、万迪昉（2009）以2004~2007年中国民营上市公司为样本，研究了政企联系对企业多元化的影响，研究结果表明具有政企联系的企业更倾向于进行多元化经营。邓新明（2011）以2002~2005年在A股市场上市的民营企业为样本，研究政企联系是否具有多元化效应，结果表明，具有政企联系的企业更可能实施多元化。在进行国际化发展时，有政企业联系的企业倾向通过非相关多元化战略进行扩张，没有政企联系的企业倾向通过专业化战略拓展海外市场。李莉等（2011）以2004~2009年间发生高管变更的公司为样本，分析了高管变更对公司政治联系的影响，然后分析了不同类型的政治联系对民营企业进入高壁垒行业的影响。结果显示，高管变更能够增强政治联系，高管变更公司的直接政治联系、间接政治联系和总政治联系对企业进入高壁垒行业并增强在高壁垒行业的经营发挥着促进作用。

从现有研究文献可以看出，学者们运用数据实证检验了政治联系与企业多元化投资的关系，到目前为止对政治联系与多元化投资显著正相关达成了共识。但在这个领域还存在以下研究缺陷：第一，较少有学者深入研究政治联系影响企业多元化投资的机理与路径；第二，较少细致地分析在政治联系的影响下，企业多元化投资后的经济后果；第三，极少有学者全面分析政治联系在差异化市场化进程中和差异化宏观经济环境下企业多元化投资的差异。

2. 政治联系与企业研发投资研究

创新引领地域经济发展已经达成了共识，各地政府部门都积极鼓励企业创新。在这样的背景下，政治联系如何影响研发投资成为研究的新领域。阿罗（Arrow，1962）认为有政企联系的企业比没有政企联系的企业能够获得更多的研发补贴，这些补贴能够降低因为研发失败导致的巨额亏损风险。瓦尔斯滕（Wallsten，2000）等采用美国数据实证研究后发现，政府补贴对企业研发投资具有替代效应。王俊（2010）采用中国28个行业大中型企业的面板数据实证检验了财政补贴对企业R&D投入及自主创新的影响，研究结果发现，不管是在R&D决定方程的静态模型还是动态模型中，财政补贴对企业R&D投入都有显著的激励效应。朱云欢、张明喜（2010）研究发现，财政补贴能够在一定程度上补偿企业研发投资带来的成本与收益风险。姜宁、黄万（2010）通过对2003～2008年高技术产业五个细分行业的数据进行面板数据分析发现，财政补贴不一定促进企业增加研发投资水平，财政补贴对企业研发投资的影响存在滞后性。唐清泉等（2011）研究发现，政治联系总体上促进了企业研发投资，但是这种促进作用只在非国有控股企业中和市场化进程较快的地区显著。王立清（2011）用民营上市公司2004～2009年的数据为样本，实证检验了政治联系对民营上市公司研发投资的影响。结果表明，政治联系有助于民营企业提高研发投资强度，与地方政府有政治联系比与中央政府有政治联系对企业研发投资的促进作用更大；政治联系对民营企业研发投资的促进作用在制度环境较差的地区比制度环境较好的地区更大；政治联系以银行贷款和政府研发资助为途径来影响民营上市公司研发投资，银行贷款能有效缓冲债务对研发投资的抑制作用，政府研发资助促进了研发投资。江雅雯等（2011）利用世界银行在我国开展的投资环境调查数据为研究对象，在控制了一系列影响创新的因素后，研究了政治联系对企业创新活动的影响。结果显示，被动形成的政治联系程度能够弱化企业的创新动机，企业主动建立的政治联系与企业研发投资正相关。陈爽英等（2010，2012）采用TSLS回归方法实证研究发现，民营企业家的政治关系资本对研发投资倾向、研发投资强度有明显的消极影响。梁强等（2011）以175家民营上市公司2005~2007年的数据为样本，实证研究发现政治联系和商业协会的保护机制有助于非高新技术企业的创新投资。刘圻、杨德伟（2012）采用深市中小板101家公司在2007~2010年披露的研发支出数据为样本，分析政治联系对企业研发投资的影响，结果显示有政治联系的企业的研发投资比没有政治联系的企业的研发投资更少。杜兴强等（2012）通过手工搜集2004~2009年研发投资与关键高管政治联系的经验数据，实证分析了政治关联对研发投资的挤出效应。结果显示，具有政治关联的企业研发投资概率明显更小，研发投资强度明显更低，说明政治联系对研发投资具有明显的挤出效应；政治联系对国有上市公司和高科技上市公司的研发投资挤出效应比非国有上市公司与非高科技企业的研发投资挤出效应显著。逯东等（2012）以创业板高新技术企业为样本，分析了财政补贴、研发投资和市场价值三者之间的关系。结果表明，创业板的高新技术企业将政府给予的资源投入到技术研发上是无效的，政治关系虽然能够给企业带来更多的政府补助，但是削弱了企业的研发投资能力，也不能够提高公司的市场价值。刘虹等（2012）以我国上市公司2007~2009年的数据为样本，实证研究发现，政府研发投资补贴对企业研发投资产生激励效应和挤出效应，这两种效应的分布图呈现倒"U"型；政府补贴在开始阶段对企业研发投资具有促进作用，随着财政补贴力度的加大反而对研发投资的激励效应下降，当超过最优的财政补贴数值后，财政补贴对企业研发投资产生挤出效应。周建等（2012）以2007~2009年我国高科技上市企业为样本，分析了董事会社会资本对企业研发投资的影响，结果显示董事会的政治资源与企业研发投资正相关。连军（2013）研究发现，政治联系不一定促进企业研发投资，在市场化程度比较低的地区政治联系不利于企业研发投资，在市场化程度比较高的地区，政治联系对企业研发投资的促进作用比较有限，财政补贴对技术创新的影响不明显；但财政补贴对没有政治联系的民营企业研发投资具有促进作用。

通过对政治联系与研发投资现有研究文献的梳理发现，现有研究成果基于不同性质的企业为研究样本，选择了不同时间段的数据，然后实证检验了政治联系对研发投资起到激励效应还是挤出效应，但是研究结论没有达成共识，仅从不同的方面解释了政治联系与研发投资的关系。该领域现有研究存在的不足之处主要表现在以下几方面：（1）较少从理论层面探讨政治联系对研发投资是发挥激励效应还是挤出效应；（2）较少有学者深入研究在各地政府鼓励创新的背景下政治联系如何影响研发投资；（3）极少有学者全面细致地研究在差异化市场进程和差异化宏观经济环境下政治联系如何影响研发投资及其影响的经济后果。

3. 政治联系与并购研究

企业并购既涉及企业间的利益，也涉及政府的利益，因此，企业间的并购会受到政府的重大影响。白等（Bai et al.，2006）研究表明，由于民营企业的产权保护不足，政治联系能够作为产权保护的替代机制，从而减少地方政府对企业收购活动的干预和掠夺。潘红波等（2008）用 2001~2005 年期间发生的地方国有上市公司收购非上市公司的事件为样本，实证研究了政治联系对地方国有企业并购绩效的影响，研究发现政治联系与盈利的样本公司并购绩效正相关。李善民等（2009）采用 2001~2006 年间我国上市公司发生的 399 起多元化并购和 768 起相关并购事件为研究对象，用 Probit 模型进行分析，发现政治联系度越高的企业，更容易进行多元化并购进入与主业无关的、高利润的行业中。吴周利等（2011）用 2006 年 7 月至 2009 年 6 月期间发生的民营企业并购数据为样本，实证分析了并购时政治联系对股东财富效应的影响，结果显示，在多元化和跨区域并购中，政治联系对财富效应的作用更显著，但是对国有企业的并购中政治联系对财富效应的影响不显著。汪国银等（2012）以我国 627 家上市公司为样本，实证研究企业家社会资本与企业并购之间的关系，结果发现企业家与地方政府的政治关联正向影响企业的省内并购，企业家与中央政府的政治关联正向影响省外并购。

现有研究文献用经验数据检验了政治联系对并购产生正向影响，但是现有研究还存在一些研究缺陷：（1）很少有学者系统研究政治联系影响并购的机理和路径；（2）较少有学者研究在政治联系的影响下并购后的经济后果；（3）极少研究政治联系对并购的正向效应和负向效应；（4）极少研究在差异化市场进程和差异化宏观经济环境下政治联系如何影响并购及其特征。

4. 政治联系与跨区域投资研究

企业跨区域投资受到投资地的政治、经济、法律等方面因素影响，尤其是政治联系对企业跨区域投资影响最大。夏立军等（2011）采用我国上市公司数据研究政企纽带对企业异地投资的影响，研究发现，企业高管具有的政企纽带有助于企业到注册地以外的其他省份去开设下属企业，但这种影响需要具有较高的政企纽带级别，并且这种影响主要存在于地方政府控制的公司中。同时，对于非政府控制的公司，高管在中央政府部门的任职经历也有利于企业跨省投资，但是央企中的高管的政企纽带对异地投资没有显著影响。贺炎林、丁锐（2012）以通信行业为样本，分析了政治关系对企业国际化的广度和深度的影响，结果显示，政治联系作为企业的一项重要资源，对通信企业国际化投资的广度拓展具有抑制作用，但对企业国际化投资的深度没有显著影响。目前，政治联系对跨区域投资影响问题的研究比较少，在世界各地招商引资的大背景下，研究政治联系对跨区域投资有较强的理论意义和现实意义。

综合梳理国内外政治联系与企业投资行为的研究文献可知，现有文献已经分别从政治联系与多元化投资、资产投资、研发投资、并购和跨区域投资方面进行了初步的研究，主要应用经验数据实证分析了政治联系与各类投资行为的关系，取得了丰硕的成果。目前，政治联系与企业投资行为的研究还存在以下缺陷：（1）对政治联系影响企业投资行为的理论层面研究的深度和广度还不足；（2）较少对政治联系影响企业投资行为而产生的政治效益、经济效益和社会效益进行全面细致的研究；（3）较少横向比较在不同经济体和不同经济转型国家中政治联系影响企业投资行为的差异；（4）极少系统研究在差异化市场进程中和不同的宏观经济环境下政治联系对企业投资行为的影响及其经济后果；（5）很少探讨政治联系动态变化对企业投资行为的影响。

针对政治联系与企业投资行为的研究成果与研究缺陷，建议该领域未来研究可以从以下方面深入。（1）系统的研究政治联系影响各类投资行为的机理和具体路径，深化政治联系影响企业投资行为的理论研究，将政治联系影响企业投资行为的实证研究和理论研究充分结合起来，完善及丰富政治因素影响企业投资的理论研究。(2) 横向比较不同新兴经济体下的政治联系对企业投资行为的影响异同；纵向比较在不同的市场化进程中和不同的宏观经济背景下，政治联系影响企业投资行为的差异及其特征。(3) 深化政治联系动态变化对企业投资行为的影响及其经济后果。(4) 完善政治联系度量方法，最好能够整合现有各种政治联系度量方法的优点，全面测量企业政治联系，然后采用综合的政治联系度量结果研究对企业投资行为的影响，这样可以增加研究结论的普适性和可靠性。

5. 政治联系与企业过度投资研究

政治联系是世界各个国家经济发展中的一种普遍现象，政治联系也是导致企业过度投资的重要因素之一。国内外许多学者对政治联系影响过度投资进行了大量研究。

施莱费尔和维什尼（Shleifer and Vishny，1994）指出，政治家与企业家所追求的利益目标存在较大差异。政治家倾向通过增加就业、提高公共福利等社会目标实现赚取政治资本的目的，这会导致那些与政治家走得较近的公司承担一定的政治目标，促使企业进行更多的固定资产投资和多元化扩张，造成有政治关联的企业在经营行为方面可能偏离经济理性。克莱森斯、费延和拉维恩（Claessens，Feijen and Laeven，2008）以巴西的公司为样本，把曾经进行过政治捐赠的公司界定为有政治联系的公司，研究显示，有政治联系的公司尽管能够获得政府部门的帮助而具有较多的信贷资源，从而能够进行更大规模的投资，但是从整体上看，有政治关联的企业投资效率较差，表现为有政治联系的企业具有较低的公司价值和较差的经营业绩。博巴克里（Boubakri，2008）通过对41个国家不同企业进行比较后发现，具有政治关系的企业的绩效比没有政治关系的企业低，可能原因是有政治联系的公司由于高管盲目乐观等原因而使企业进入不熟悉的行业或过度投资。许年行等（2011）用2000~2007年的家族企业作为样本，研究了家族企业的政治关联与投资行为的关系。研究结果表明，信息不对称导致了投资不足，而不是自由现金流导致了过度投资，家族企业的政治关联能够缓解投资不足。梁莱歆、冯延超（2010）以2006~2009年在A股上市的民营企业为样本，实证分析了政治关联与过度投资的关系，研究结果表明，具有政企关系的企业比没有政企关系的企业有更显著的过度投资水平，并且政企关系越好，企业过度投资水平越高。冯延超（2011）认为，具有政企关系的企业比没有政企关系的企业有更显著的过度投资水平，具有越强的政治关联程度，过度投资水平也越严重。这主要是因为企业为了维护和提升其政治地位，需要持续扩大规模作为政治资本，导致具有政企关系的企业追求扩大投资规模，甚至对净现值为负的投资项目进行投资，从而导致过度投资。张兆国、曾牧、刘永丽（2011）以 2005~2009 年我国上市公司的经验数据为样本分析了政治关系对投资行为的影响，研究发现，有政治关系的企业更倾向过度投资，更易于在无形资产和长期股权投资方面过度投资，而没有对固定资产和研发投资的非效率投资产生实质影响；有政治关系的企业偏好于无形资产投资、长期股权投资、固定资产投资和研发投资的投资顺序。蔡卫星、赵峰、曾诚（2011）采用 2007~2008 年 A 股主板市场上的 586 家民营上市公司为样本，研究了政治关系对企业投资行为的影响。结果表明，拥有政治关系的民营上市公司比没有政治关系的民营上市公司投资支出更多；良好的经济增长能够弱化政治关系对投资行为的影响；政治关系对投资行为的影响在小公司表现得更加显著。杜兴强、曾泉、杜颖洁（2011）通过手工搜集了国有上市公司 2004~2008 年期间关键高管的政治联系数据，采用多维的政治联系度量方法，研究了政治关系对企业过度投资行为和企业价值的影响。结果显示，政治关系明显增加了国有上市公司过度投资的概率，政治关联的强度越大，过度投资的概率也越高；地方政治关联比中央政治关联更显著地增加了国有上市公司过度投资的概率；过度投资明显降低了公司价值。孔东民、谭伟强（2011）研究发现，企业高管的政府背景显著影响企业投资决策，地方政府背景显著影响央企的投资，中央政府背景也显著影响地方国企的投资；由于政府背景能够带来更多投资，民营企业会更有效率地利用企业高管的政府背景。张功富（2011）以 2004~2009 年间 701 家上市公司为样本，通过研究政治联系对企业非效率投资行为的影响发现，政治联系与过度投资和投资不足都负相关，说明政治联系能够替代法律保护从而为企业谋求利益。胡国柳、周遂（2012）以 2006~2010 年上市公司管理者个人背景数据和投资数据为样本，对政治关系导致的过度投资自信心理同企业非效率投资之间的相关关系进行了实证研究。结果显示，在政治关系所引起的管理者过度自信心理的影响下，企业会加剧过度投资水平，从而缓解投资不足。唐洋、高佳旭、刘志远（2012）从投资能力角度构建了政治关系、信贷融资与恶性增资的结构方程，分析了三者之间的作用机理与传导路径，结果显示，政治关系、信贷融资对恶性增资拥有直接效应，政治关系越紧密的企业越容易导致恶性增资；政治关系通过信贷融资对恶性增资产生影响；政治关系越紧密的企业，信贷融资越容易导致恶性增资。黄新建、李晓辉（2012）以2007～2009年我国房地产行业上市公司为样本，分析了政治关系、过度自信与过度投资之间呈正相关关系。于文超、李任玉、何勤英（2012）以2004～2009年A股国有上市公司为样本，分析了高管参政议政对公司过度投资水平的影响，结果显示，高管参政议政在降低自由现金流的过度投资方面比较显著，但在制度环境较差的地区，高管参政议政与自由现金流过度投资呈现显著的负相关关系。吉余峰、郭双双（2013）以2008～2011年间在A股市场上的民营上市公司为样本，采用虚拟变量法和赋值法度量政治关联，通过建立Logit回归模型检验了政治关系对民营上市公司投资类型效率的影响。结果显示，政治关系没有显著影响民营上市公司的固定资产过度投资；政治关系对民营上市公司无形资产和长期股权过度投资有显著影响，政治关系越密切，无形资产和长期股权过度投资的概率也越大。李传宪、干胜道、何益闯（2013）以2008～2010年上市的民营企业为研究样本，实证分析了政治联系与企业过度投资的关系。实证结果显示，政治联系企业的过度投资程度比没有政治联系企业的过度投资程度更严重，并且政治联系程度越高则企业过度投资行为越严重。徐业坤、钱先航、李维安（2013）以2004～2011年上市的民营企业为研究样本，实证显示政治联系特别是具有人大代表、政协委员等政治身份的企业投资支出受到政治不确定性的影响程度往往会更大，但是在不确定性消除之后，企业投资支出水平会高于非政治联系企业。

通过对现有政治联系与企业过度投资方面的研究文献梳理可知，已有研究文献主要从实证角度检验政府干预和政治联系对过度投资的影响，学者们对政府干预会导致企业过度投资行为已经达成共识，而对于政治联系与企业过度投资行为之间的关系还未取得一致，主要有三种研究结论：正相关、不相关、负相关，从现有研究成果发现，大多数学者都实证验证了政治联系与过度投资正相关。目前，政治联系与过度投资研究存在的不足主要有四个方面：一是缺乏对政治联系与过度投资之间的理论分析，对政治联系引起过度投资的机理、政治联系影响企业决策的机理都缺乏深入分析；二是缺乏过度投资对未来政治联系的影响研究，政治联系造成了过度投资，那么过度投资之后企业政治联系是否会受到影响，关于这个问题极少有学者研究；三是缺乏同时从企业和政府两个角度分析政治联系对过度投资的影响，仅仅从企业角度或者政府角度研究过度投资虽然可以认识政治联系对过度投资的影响，但难以全面系统的认识政治联系对过度投资的影响，政治联系引起的过度投资涉及企业和政府两个层面，而且是二者相互作用的一种结果，只有同时从企业寻租和政府干预两个方面同时分析政治联系对过度投资的影响才有助于深刻认识政治联系与过度投资的内在机理和关系；四是缺乏比较不同社会制度背景和不同市场环境下的政治联系影响企业过度投资的差异。

2.1.6 企业过度投资动因述评

纵观企业过度投资的动因研究文献可知，国内外学者分别从委托代理问题、信息不对称、行为金融学、制度经济学等方面进行了大量研究。总体上看，企业过度投资的动因研究是一个逐渐深化的研究过程，但是到目前为止还未形成一个系统的分析框架。

最初是利用委托代理理论系统和深入地分析企业过度投资问题，在理论研究及构建模型方面的研究非常丰富。提出了委托代理问题下的过度投资的解决方法是建立完善的公司治理结构，这在市场制度完善的国家已经得到验证，也使得委托代理理论成为企业过度投资研究的主流范式，代理问题是企业过度投资形成的根源基本上达成了共识。但中国学者在借鉴国外的模型研究中国委托代理问题导致的过度投资时，得出了截然不同的结论，这可能是现有学者只是从过度投资产生的众多原因中寻找了个别因素进行研究，较少建构系统的、结合中国国情的模型研究中国的企业过度投资问题所致。在信息不对称与企业过度投资研究方面，国外学者能够基于国外完善的市场制度特点，分析信息不对称影响过度投资的机理并提出了治理过度投资的方法，研究结论也更加具有说服力。中国学者在中国市场信息不对称比较强的情况下，片面地利用临时公告数量、盈余质量等指标测量信息不对称，没有较好地反映出中国市场的信息不对称程度，影响到信息不对称与企业过度投资理论研究和实证分析，其结论的可靠性受到质疑。随着研究的进一步深入，越来越多的研究者发现，企业的过度投资行为并非都是由代理问题和信息不对称导致的，往往还受到企业管理者的非理性行为影响。由此许多学者开始深入分析行为学对企业过度投资的影响极其差异，利用行为学剖析企业过度投资产生机理，深化了企业过度动因的认识，但是对企业过度投资动因的本质剖析还显得不足，不过由此也形成了行为金融学的一个重要研究领域。虽然代理问题是造成企业过度投资的根源，但是越来越多的研究显示，政府干预、政治联系、恶性竞争等都会导致企业过度投资行为。

总之，现有文献不管是从委托代理问题还是从信息不对称、行为金融学、政府干预等方面研究企业过度投资形成的动因，基本上多数研究仍处于各说各话的境况，还没有找到过度投资发生的真正原因，因为不同外在表现形式的过度投资其形成原因可能不同，同一表现形成的过度投资也可能是多种因素共同作用的结果（向杨，2012）。今后需要系统分析不同因素影响过度投资的机理，这些不同影响因素引起过度投资的具体条件是什么，这些影响因素在什么情况下全面对企业过度投资有影响，或者在什么情形下单一因素对企业过度投资产生主要影响，只有将企业内外部因素影响企业过度投资的机理分析清楚，才有利于认识企业过度投资产生的真正原因。结合中国转型经济环境和渐进式的市场化改革，中国企业不但会受到代理问题、信息不对称和管理者非理性行为的影响而造成过度投资，而且更会受到制度环境及政治联系的影响导致企业过度投资，因为中国企业都无法脱离政府的影响。所以，系统和深入地分析中国转型经济环境下的政治联系与企业过度投资的形成机理和治理问题，对于深化及丰富企业过度投资的动因与治理理论研究都具有理论意义。

2.2 企业过度投资的内部治理效应

公司治理影响企业过度投资一直是国内外学者研究的一个热点。国内外学者基本上都是基于信息不对称理论和委托代理理论从微观层面对公司治理影响过度投资进行研究。

2.2.1 董事会治理与过度投资

董事会的主要职能是决策和监督，所以从理论上分析董事会可以抑制企业过度投资行为，国内外许多学者对董事会是否能够制约企业过度投资行为进行了大量研究。

在董事会职能与企业过度投资行为方面，汉斯·底格里斯（Hans Degryse, 2001）选择1993~1998年期间的132家荷兰的企业为研究样本，运用2SLS方法进行实证研究，结果表明，董事会结构能够显著对公司的过度投资行为产生影响。别布丘克和弗里德（Bebchuk and Fried，1993、2004）发现，许多公司董事会成员因为与管理层存在串谋行为或得到管理层的好处而难以履行其监督职能。因此，良好的董事会运行机制是治理非效率投资的关键。格林施泰因和托尔科夫斯基（Grinstein and Tolkowsky，2004）以世界500强企业为研究样本，实证发现，在董事会下设评估和批准公司投资计划委员会有利于减少企业过度投资行为。梅丹（2008）以2001~2005年间上市的特定行业的国有企业为研究样本，实证结果显示，股权制衡可以抑制过度投资行为，产品市场竞争对过度投资的治理效应不显著，董事会特征与过度投资行为没有显著的关系。张栋等（2008）以1999~2005年期间的上市公司为样本，实证结果显示了第一大股东持股比例与公司过度投资行为之间呈现"倒U型"关系，董事会治理与公司过度投资行为之间没有显著关系，产品市场竞争程度的提高有助于约束过度投资行为；同时，政府干预程度小、市场化水平高、金融市场化水平高、执法水平高的地区过度投资水平比较低。

在董事长与总经理两职分离与过度投资治理方面。郭胜等（2011）发现，总经理与董事长两职分离可以制约公司的非效率投资行为，相反能够促进公司的非效率投资行为。蒋明跃（2010）研究表明，董事长与总经理的两职兼任会导致公司过度投资行为。李珊珊（2011）研究发现，董事长与总经理两职分离难以约束公司的非效率投资行为。李云鹤等（2012）设计了新的企业生命周期的划分指标，从企业发展的动态层面考察管理者代理行为与企业过度投资行为之间的关系如何随着企业生命周期而演变，结果显示，在企业成长阶段，总经理和董事长两职兼任可以制约企业过度投资行为，相反独立董事在大股东衰退阶段和企业成熟阶段对过度投资没有起到监督效应；在企业成长阶段，企业监事会可以对代理行为造成的过度投资行为发挥监督作用，在企业成长阶段管理层持股、在企业成熟阶段独立董事和外部机构持股、企业衰退阶段中大股东都难以对企业过度投资行为发挥抑制效应。

在独立董事与过度投资治理方面。延森等（Jensen et al.，1986）研究发现，独立董事制约企业过度投资行为是通过监督经理人实现的。魏斯巴赫（Weisbach，1999）发现，独立董事可以对企业高管的非效率投资进行有效监督，尤其是独立董事比例越高，对高管的非效率投资的监督抑制效应越显著。比斯利（Beasley，1990）检验了独立董事与投资效率之间是否有显著关系后发现，独立董事比例越高，企业的非效率投资水平也越低。什图鲁

（Chtourou，2012）等实证发现，独立董事与公司非效率投资之间没有显著关系。冷恩等（Chung et al.，1994、2011）、古格勒等（Gugler et al.，2003、2004）都发现董事会中的独立董事能够在公司投资决策会议上发挥重要作用，独立董事可以运用其高度的责任感和专业特长约束公司高管人员的盲目投资行为。威廉森（Williamson，2008）认为，让经理到董事会中担任董事往往会让董事会变成经理层的一个工具，所以在董事会中引入独立董事能够保障董事会既可以监督经理层又能够制约企业的过度投资行为。戴敏霞（2010）实证发现，企业独立董事比例越高，就越能够制约非效率投资行为。理查森（Richardson，2006）实证发现，公司治理结构越完善，企业过度投资发生的概率就越小，越是独立董事比例低而企业规模又比较大的企业，往往越容易发生过度投资行为。唐雪松等（2007）实证分析后发现，负债能够有效抑制过度投资行为，公司治理机制基本上能够制约过度投资行为，但独立董事对过度投资的抑制效应并不显著。李鑫等（2007）发现，增加独立董事比例并未造成企业过度投资水平的下降，相反在董事会中设立专业委员会却能够对过度投资行为起到一定的抑制作用。覃家琦（2010）发现，过度投资水平与企业独立董事比例呈显著正相关关系，公司独立董事的规模越大，企业投资决策的偏离程度也越大。俞红海等（2010）发现，虽然独立董事可以在一定程度上制约过度投资行为，但是这种制约的效应并不显著。陈运森等（2011）发现，独立董事能够约束公司过度投资行为，独立董事能够提高公司的投资效率。

通过梳理董事会对过度投资治理的研究文献可以看出，到目前为止，关于董事会是否能够治理企业过度投资行为还没有达成共识，不同的学者选择了不同的数据和研究对象，得出了不同的结论，这些都有助于从不同的方面和角度认识董事会对企业过度投资的影响，但是作为公司的核心机构，董事会在什么条件下能够抑制企业过度投资行为，在什么条件下难以制约企业过度投资行为，还有待进一步研究。

2.2.2 股权治理与过度投资

股权结构对企业非效率投资的影响早已受到国内外学者的关注。许多学者分别从股权集中度、股权制衡、股权结构、股权属性等方面对过度投资进行了大量研究。

在股权集中度与企业过度投资研究方面。伯利和米恩斯（Berle and Means，1932）最早对股权集中度与非效率投资行为进行了研究，在股权极度分散和小股东有"搭便车"动机的公司治理结构下，公司内部监督被弱化，形成了管理者控制型的公司治理结构，代理人为了获得更多的权力、收入、地位等利益有强烈动机导致非效率投资行为。延森和梅克林（1976）认为，管理者通过扩大可以支配的资源导致的过度投资行为是代理行为之一。舍勒菲和维什尼（Shleife and Vishny，1986）认为，大股东能够减少经营管理者的机会主义行为，所以管理者的过度投资偏好能够被大股东抑制。格尔根和阿恩布格（Goergen and Renneboog，2001）检验了实业公司中股东的所有权比例越大，公司过度投资水平越高。皮恩达和托尔（Pindada and Torre，2002）实证发现，管理者与大股东利益一致及其大股东有效监督可以缓解股东与管理者之间的利益冲突，从而约束了企业过度投资行为；但是当管理者具有防御动机和为了个人利益而增加投资却往往导致了过度投资行为；控股股东为了控制权私利也往往会发生过度投资行为。袁玲和杨兴全（2008）发现，股权集中对于国有控股和一般社会法人控股下的过度投资均没有制约效应，但对于具有股权制衡结构的公司，其他大股东由于能够监督制衡第一大股东的行为而能够抑制过度投资行为。罗进辉等（2008）发现，大股东持股比例与公司过度投资水平呈现"倒 N 型"曲线关系。简建辉等（2010）采用 2001~2006 年间在沪深 A 股上市的非金融类公司为研究样本，实证研究发现，第一大股东持股比例与公司过度投资是正相关且呈"倒 U 型"关系，股权制衡对公司过度投资行为的制约效应不显著。郭胜等（2011）采用 2007~2009 年在沪深 A 股上市的公司为研究样本，实证结果显示，上市公司非效率投资现象严重，且整体上表现为投资不足；控股大股东与非效率投资之间不是线性关系；第二大股东能够制约过度投资，但也能够导致公司投资不足；股权集中度与非效率是正相关关系；经理人与董事长之间如果相互合谋则会导致非效率投资，如果两者相互监督则约束了过度投资。窦炜等（2011）采用 2000~2008 年在沪深 A 股上市的公司为研究样本，实证检验结果显示，大股东绝对控制下的企业的过度投资程度与控股大股东持股比例是负相关关系，而投资不足与控股大股东持股比例是正相关关系。在具有多个大股东共同控制的企业里，非效率投资随着大股东之间监督或共谋的不同而不同，如果多个大股东能够相互监督，则公司的非效率投资能够得到缓解，但投资不足明显；如果多个大股东共谋，过度投资得到加强，而投资不足得到缓解。谢军等（2011）以 2004~2008 年在我国 A 股上市的 2063 家公司为研究样本，实证结果表明，第一大股东与企业过度投资是"N 型"曲线关系，第一大股东能够对投资不足具有治理效应；第二大股东到第五大股东持股对企业过度投资的影响超过第一大股东持股；存在董事会制度缺陷的董事会随着其规模扩大和独立董事比例的提高，对制约企业非效率投资具有消极作用。赵卿（2012）采用 2003~2007 年间上市公司为研究样本，应用面板数据分析发现，股权集中与过度投资是"U 型"关系，股权制衡对过度投资具有抑制效应。

在股权结构与过度投资研究方面。文守逊等（2003）采用博弈方法分析上市公司股权结构与投资之间的关系，发现控股股东与其他股东之间的冲突会导致控股股东有强烈动机和能力实施过度投资。福广等（2005）采用计量经济学方法对上市公司股权结构与企业投资行为之间的关系进行了分析，国有控股的企业存在过度投资，非国有控股企业可以有效抑制过度投资。张翼和李辰（2005）把国有控股划分为地方国有企业和中央国有企业后，分析企业投资水平与股东性质的关系发现，随着地方政府控股的企业第一大股东持股比例的增加，其投资对现金流的敏感性在下降，支持了自由现金流假说与过度投资。欧阳凌等（2005）认为，在公司投资决策方面，经理人往往为了个人利益而导致企业投资不足和过度投资。崔萍（2006）发现，当管理者的持股比例上升后，管理者的利益会与股东的利益一致，这会制约公司非效率投资。李胜楠（2007）分析了公司治理特征对上市公司的非效率投资的影响，内部人控制和政府干预是上市公司内部治理突出的特征，大股东攫取控制权获得私人收益和政府为了政治目标往往会造成非效率投资。所以建构能够相互制衡的股权结构和减少行政干预是减少非效率投资行为的有效措施。李鑫（2007）认为，大股东持股比例增加和机构投资者持股比例的增加都会加剧企业过度投资。罗进辉等（2008）采用 2005~2006 年在 A 股上市的公司为研究样本，考察了大股东持股和股权结构特征对过度投资的治理效应。实证结果显示，大股东持股与过度投资是一种"倒 N 型"的曲线关系，也就是大股东对过度投资的监督存在防御效应和激励效应；非国有大股东能够更有力的监督过度投资行为。王治（2008）发现，适中的股权结构可以制约国有控股公司的过度投资行为，分散和过于集中的股权结构则促进了过度投资行为，但适中的股权结构难以约束非国有控股的公司过度投资。窦炜和刘星（2009）采用 1999~2006 年间在沪深 A 股上市的公司为研究样本,并建构了一个大股东控制条件下的公司投资行为决策模型,分析在所有权集中条件下的不同控制权配置形态和非效率投资之间的关系。实证结果显示,一个拥有绝对控制权的大股东,其持股比例的增加会不断缓解股东投资行为;在多个大股东共同控制的情况下,多个大股东相互监督能够缓解股东投资行为,多个大股东共谋加强了过度投资行为。汪平和孙士霞(2009)以2005~2007年在A股上市的公司为研究样本,实证结果表明,股权集中度和第一大股东持股比例可以在一定程度上抑制过度投资行为,然而负债难以约束过度投资行为。陈艳(2009)基于我国制度背景,利用国有企业上市公司的财务数据,实证检验了我国国有企业上市公司非效率投资行为的治理效应。研究表明,股权结构在国有企业非效率投资行为治理中起着重要作用,其中,国有股控股股东对国有企业的非效率投资行为治理效果不显著,国有法人股控股股东对非效率投资行为具有明显的治理作用。在股权高度集中和股权高度分散时,国有控股股东对企业非效率投资行为的治理效果较弱,相对控股股权结构对国有企业上市公司的非效率投资行为具有最优的治理效率。杨清香等(2010)以2006~2008年在A股上市的公司为研究样本,实证结果表明,控股股东持股比例与企业非效率投资是正相关的关系,外部大股东持股比例与企业非效率投资是负相关的关系;经营者持股比例与企业非效率投资之间的关系不显著,但在民营企业中,经营者持股比例与企业非效率投资之间的关系比较显著;终极控股股东的两权分离在国有企业中能够造成非效率投资行为,而在民营上市公司中导致了投资不足。因此,股权结构是导致不同产权性质的企业非效率投资存在差异的一个关键因素。吕峻(2012)利用2004~2010年沪深A股上市的国有企业为研究样本,运用面板数据分析考虑公司治理结构和政府干预对企业过度投资的影响。实证结果表明,政府干预程度与过度投资是正相关关系;股权制衡结构中有大股东可以减少过度投资;董事会独立性较高能够抑制过度投资行为;国有上市公司独立董事能够抑制过度投资行为;董事薪酬与过度投资是负相关关系;负债能够显著地制约过度投资行为。周伟贤(2010)采用2004~2008年上市的非金融类公司为研究样本,考察了股权结构与非效率投资之间的关系。实证结果显示,我国上市公司非效率投资现象比较普遍,投资不足比过度投资更加严重;企业规模、资产负债率和销售额增长率对非效率投资产生了不显著的影响;国有股比例与非效率投资是负相关关系,第一大股东持股比例与非效率投资是"U型"曲线关系。陆媛和康进军

(2012)以2008~2010年在A股上市的制造业企业为研究样本,考察企业内外部公司治理机制对公司非效率投资的制约作用。实证结果显示,第一大股东持股比例与过度投资是正相关关系,对投资不足的抑制作用不显著;股权制衡难以约束过度投资;独立董事无法制约公司非效率投资;管理层持股难以提高公司的投资效率,合理的高管薪酬可以激励管理层提高公司投资效率;独立审计难以抑制公司非效率投资;改善法制环境能够约束公司分析效率投资。翟胜宝和曹学勤(2013)认为,民营企业存在的委托代理成本使得股权激励诉求更加强烈,但民营企业股权激励存在一些问题造成了公司过度投资。韦琳和石华(2013)以制造业上市公司为研究样本,分析了股权结构对公司非效率投资的影响。实证结果显示,第一大股东如果是国有股东容易导致过度投资行为;提高法人持股比例可以制约过度投资行为,不过也容易导致投资不足;社会公众持股比例与过度投资是正相关关系;第一大股东持股比例越高,则过度投资水平也越高。叶松勤和徐经长(2013)发现,大股东持股比例与非效率投资是正相关关系,机构持股的变化与非效率投资是负相关关系。

在股权制衡与过度投资研究方面。国外通过实证分析股权制衡是否产生治理效应还未达成共识,从整体上看主要分为两种观点。一种观点是股权制衡能够产生积极的治理效应,比较有代表性的学者有沃尔平(Volpin,2002)、古铁雷斯(Gutierrez,2004)、拉文和莱文(Laeven and Levine,2005)等。其中,本内森和沃尔芬森(Bennedsen and Wolfenzon,2000)认为,各个大股东之间的制衡制约了控股股东的掏空行为。戈梅斯和诺瓦斯(Gomes and Novas,2005)发现,多个大股东之间相互制衡不仅能够减少经理人的私利,而且可以预防大股东转移上市公司的资源。帕加诺和勒尔(Pagano and Roell,1998)、本内森和沃尔芬森(Bennedsen and Wolfenzon,2000)、莫里和帕斯特(Maury and Pajuste,2005)认为在存在多个大股东的公司中,大股东之间的相互牵制和控制权的分享导致任何一个大股东都难以单独控制公司的决策,这不但减少了管理者的私人收益,还降低了过度投资水平。另一种观点是股权制衡并不总是有效,因为大股东之间往往存在合谋和制衡。莱曼和韦甘德(Lehman and Weigand,2000)认为,股权制衡并没有发挥作用,莫里和帕斯特(Maury and Pajuste,2005)认为,股权制衡会带来负面的影响。

国内学者在借鉴国外学者的研究方法和思路的基础上结合中国的国情对

股权制衡进行了大量研究，到目前为止对股权制衡的治理效应主要得出了三类观点：股权制衡有效论、股权制衡无效论和股权制衡权变论。股权制衡有效论认为股权制衡能够发挥积极的治理效应，比较有代表性的研究学者有孙永祥等（1999）、陈信元等（2004）、李琳等（2009）、陈德萍等（2011）等。股权制衡无效论认为股权制衡造成了企业绩效和效率的损失，比较有代表性的研究学者有朱红军等（2004）、赵景文等（2005）、孙兆斌（2006）等。股权制衡权变论认为股权制衡是否发挥治理效应需要根据具体情况来确定，不能够笼统地去分析，所以股权制衡权变论是一种中庸的观点。这种观点的代表学者有刘星和刘伟（2007）、刘星和安灵（2010）、佟岩和陈莎莎（2010）、丁明智和李燕（2011）等。

而对于股权制衡是否能够治理企业过度投资行为的研究，目前国内学者的研究结论还未统一。安灵等（2008）利用海洋博弈的 Shapley 指数测量了股权制衡度、第一大股东的实际控制度，然后研究了终极所有权性质、股权制衡度与企业非效率投资之间的关系。实证结果显示，第一大股东的实际控制度与非效率投资行为是一种非线性的关系；股权制衡可以制约大股东主导的过度投资行为，但是股权制衡过度也会导致投资不足。黄本多和干胜道（2009）发现，在具有较大的相对控股股东和其他大股东的股权结构的上市公司过度投资程度比较低，上市公司第一大股东和第二大股东分别属于不同性质时企业过度投资的可能性会更低。李丽君和金玉娜（2010）通过建构董事会、监事会、股东、债权人四方为主的过度投资制衡模型，分析中国上市公司自由现金流量、控制权制衡与过度投资之间的关系。胡国柳和周德建（2012）采用 2006~2010 年在沪深 A 股上市的公司为研究样本，分析了股权制衡对管理者过度自信造成的过度投资的治理效果，实证结果显示，越高的股权制衡越能够降低管理者过度自信导致的过度投资行为。张旭辉等（2012）以 2010 年上市的公司为研究对象，考察了次大股东对过度投资的影响。实证结果显示，次大股东对绝对控股股东的投资难以发挥监督作用；机构投资者为次大股东也无法缓解过度投资；次大股东在高负债组能够缓解过度投资行为，在低负债组能够激励过度投资行为。总之，次大股东对过度投资的治理作用未能发挥。

通过对股权结构与企业过度投资研究文献的梳理可以看到，国内外学者大都认为股权结构是影响过度投资的一个重要因素，但是股权结构对过度投资的作用效果不同，尤其对于股权结构产生的股权治理对过度投资的抑制效应还没有达成共识，未来还需要深化股权结构与过度投资治理效应的研究。

2.2.3 管理层激励与过度投资治理

国内外学者从20世纪90年代开始研究股权激励对企业投资效率的影响。纳拉亚南（Narayanan，1985）认为，给管理者支付薪酬的方式会对管理者投资决策形成影响，货币薪酬会造成管理者在长期项目上投资不足，股权激励会造成管理者对长期项目产生过度投资。所以最有效的股权激励方式是将货币和股权结合起来，才能够提高企业投资效率。达塔（Datta，2007）等认为高管股票期权有助于制约并购决策中的过度投资行为。丹尼斯（Denis，1994）等、安德森（Anderson，2000）等、帕利娜和阿恩博格（Pawlina and Rennebog，2005）发现，越高的管理层持股比例越能够抑制过度投资行为。赫舒拉发（Hirshleifer，2008）、阿吉帕拉和谢夫林（Rajgopal and Shevlin，1987）、阿加沃尔和维克（Aggarwal and Samwick，2006）则认为股权激励常常加剧了企业过度投资倾向。阿加沃尔和曼德尔克（Agrawal and Mandelker，2003）发现，经理人的权益比例越大企业投资收益的标准差也越大。维什尼（Vishny，1997）等认为高管持股与公司投资水平是"倒U型"的相关关系。格雷（Grey，2005）等认为高管持股比例与公司的投资水平是负相关的关系。拉齐尔（Lazear，2004）认为经理人与股东之间由于存在信息不对称，经理人往往会为了建构"企业帝国"而投资一些净现值为负的项目，但股权激励能够形成一个信息筛选机制，驱使管理者投资于净现值为正的项目，因此股权激励有利于抑制过度投资行为。史蒂芬和克莱因（Stephen and Klein，2004）以1997~2002年美国上市公司为研究样本，分析了未在管理层中任职的董事的激励措施对公司投资决策和代理成本的影响，结果显示，对董事的激励有助于增加公司的投资。豪恩康恩等（2006）实证发现，管理层薪酬与公司投资水平是正相关关系。廖理和方芳（2004）发现，管理层持股通过提高代理成本较高的上市公司的现金股利支付水平而约束过度投资行为。周杰、蔡吉甫（2005）等发现，管理层持股与企业过度投资是负相关关系，辛清泉等国有企业中不合理的货币薪酬激励会造成过度投资行为，张周等认为管理层持股难以对过度投资产生制约效应。魏明海和柳建华（2007）发现，增加大股东持股比例能够抑制公司过度投资。王艳和孙培源等（2006）构建了股东的最优股权契约模型，通过该模型发现了能够有效抑制管理层过度投资的最优股权比例。辛清泉等（2007）以2000~2004年间我国上市公司为研究样本，实证发现，过低的经理薪酬是造成公司过度投资的动因之一，高管薪酬的提高能够减少企业过度投资行为。艾健明认为在委托代理框架下容易产生企业的非效率投资问题。詹雷和王瑶瑶（2013）采用2005~2010年在沪深A股上市的公司为研究样本，考察管理层激励不足对过度投资的影响。实证结果显示，过度投资能够为管理层带来更多的未来货币薪酬，越低的管理层激励水平越能够促进管理层过度投资来获得更多的未来货币薪酬；过度投资不但减损企业价值，而且也降低了未来的经营绩效，同时也加大企业未来的财务风险。吕峻（2012）发现，经理人薪酬能够约束经理人过度投资行为。张丽平和杨兴全（2012）以2004~2009年的我国上市公司为研究样本，实证分析了股权激励和货币薪酬激励能够约束过度投资行为。汪健等（2013）以257家中小板制造业上市公司在2005~2011年的财务数据为研究样本，考察股权激励对过度投资的影响。实证结果显示，股权激励对过度投资行为具有促进效应。叶松勤和徐经长（2013）实证研究发现，大股东持股比例与非效率投资是正相关的关系。

关于管理层激励研究文献还不是特别多，学者们基于委托代理理论和信息不对称理论分析了管理层激励对过度投资的影响，大部分学者认为合理的管理层激励能够约束过度投资行为，缺乏合理的管理层激励措施常常会促进企业过度投资。总体上看，现有管理层激励对过度投资的治理效应方面的研究还显得不足，管理层激励与过度投资治理问题还有待进一步深入研究。

2.2.4 公司治理质量与过度投资

近些年，许多学者非常关注公司治理对非效率投资的影响。国内外学者从理论上普遍认为公司治理机制能够对管理者进行有效监督，可以提高公司的投资效率水平，增强企业的盈利能力，但是实证结论往往没有完全支持理论结果。格娜达和沃恩（Grenadier and Wang）通过分析信息不对称与管理者的投资决策发现，股东对管理者的监督较弱时会加剧过度投资行为，股东对管理者监督较强时则过度投资行为也较弱。西恩和克姆（Shin and Kim）认为经理人在对股东的激励不满意时可能会投资于非价值最大化的项目。斯图斯（Stulz）发现，管理者渴望在职消费的机会激励管理者投资到净现值为负的项目上，从而能够得到在职消费，所以具有大量现金的公司往往可能产生过度投资行为。霍尔曼和霍夫特（Holmen and Hogfeldt，2005）对经营权及所有权分离形成的控制权结果进行实证分析发现，大股东能够利用较少的投资实现控制大量公司，往往使得公司可能存在过度投资行为，并且随着所有权和经营权分离程度的增加也导致了过度投资行为的增加。阿加沃尔和维克（Aggarwal and Samwick，2006）发现，有效的激励契约可以制约企业的投资不足。理查森（Richardson，2006）在检验自由现金流量和投资的关系时发现，公司治理因素能够约束企业的过度投资行为。格兰迪等（Grundy et al.，2010）发现，管理者持股加大了企业投资规模，管理者薪酬与投资的关系并不显著。比勒特等（Billett et al.，2011）、吉鲁和米勒（Giroud and Mueller，2011）发现，公司治理差的企业更有可能发生非效率投资行为。李维安和姜涛（2007）实证检验了中国上市公司存在过度投资行为，也实证验证了公司治理机制可以抑制过度投资行为，其中董事会治理、股东行为治理、利益相关者治理能够制约过度投资的积极性，经理层、监事会、信息披露机制对过度投资的约束效应不显著。王建新和刚成军（2009）采用在沪深股市上市的电力类上市公司为研究样本，分析了债务约束机制、公司治理、自由现金流量对过度投资的影响。实证结果显示，自由现金流和电力上市公司存在的过度投资之间没有显著的关联度；公司治理与过度投资之间是负相关的关系；债务难以对过度投资产生约束效应。杨兴全等（2010）采用2002~2006年非金融类上市公司为研究样本，分析了改善公司治理环境是否可以制约超额持有现金造成的过度投资行为。实证结果显示，改进公司治理环境能够约束超额持有现金造成的过度投资行为，但对国有性质的上市公司这种约束效应被弱化。俞红海（2010）、张会丽和陆正飞（2012）实证研究发现，高质量的公司治理能够制约企业非效率投资。简建辉等（2011）发现，货币薪酬激励能够加剧非效率投资，李云鹤和李湛（2012）实证检验了公司治理机制随着企业生命周期的变化对过度投资的治理效应。实证结果表明，不同公司治理机制的治理效应会随着企业生命周期的变化而发生变化。周柏庆（2012）结合公司治理的基本理论分析了许多经营良好的企业为增加经济效益而采用无节制的投资，盲目扩大投资规模，最终导致了产能过剩的问题进行了分析，最后针对这个问题提出了相关的解决方法。方红星和金玉娜（2013）以2007~2010年在沪深A股上市的非金融类上市公司为研究样本，分析了公司治理、内部控制对非效率投资的约束效应。实证结果显示，内部控制和公司治理能够制约企业的非效率投资行为。公司治理可以有效地约束意愿性的非效率投资行为，内部控制可以有效地约束操作性的非效率投资行为。通过对国内外公司治理抑制非效率投资的文献梳理后可知，国内外学者对公司治理是否能够约束非效率投资的结论还没有达成一致。由于公司治理受制度环境、文化、法律等因素的影响，公司治理对非效率投资的影响也会间接地受到公司内外部的环境影响，这些内外部环境往往可能会强化公司治理对非效率投资的约束效应，也有可能弱化了公司治理对非效率投资的抑制效应。因此，研究公司治理是否能够制约非效率投资，需要分析公司内外部的正式制度因素和非正式制度因素对公司治理的影响，才可能真正认识公司治理对非效率投资的治理效应。

总之，现有的公司治理对过度投资的影响文献，大都是基于委托代理理论和信息不对称理论两个方面分析公司治理机制及其公司治理质量对过度投资的抑制效应，得到的研究结论与理论上的结果并不一致。之所以现有研究结论存在较大差异，是因为这些学者分别从公司治理的某一个角度展开研究，得出的结论都有其合理性，但是缺乏全面性，无助于系统、全面、深入地认识公司治理对过度投资治理效应。这说明不同动因导致的过度投资问题不能够都用委托代理理论和信息不对称理论来进行解释，公司治理对不同类型过度投资的抑制效果也存在差异。不同的动因导致的过度投资治理问题，需要深入分析不同动因产生过度投资的机理，然后分析公司治理对这些不同动因造成的过度投资的治理效果及其治理差异，这样才有助于改进公司治理对过度投资的约束方面的理论和实证研究。因此，未来研究公司治理对过度投资的抑制作用还需要从以下几个方面深入。第一，深化公司治理对过度投资抑制的研究内容。不但从微观层面研究公司治理对过度投资的影响，而且还深入研究特殊制度背景下公司治理对过度投资的影响。第二，对公司治理影响过度投资进行系统化的研究。现阶段许多学者分别从委托代理理论、信息不对称理论、政府干预、产权保护等方面对公司治理影响过度投资进行了研究，未来需要将正式制度环境和非正式制度环境结合起来研究公司治理对过度投资的制约效应，因为公司过度投资往往不是由单一因素造成的。第三，需要加强公司治理对过度投资研究的针对性。未来还需要加强公司治理环境对过度投资的影响研究，而不是对治理环境影响过度投资的附带性说明。

2.3 企业过度投资的外部治理效应

在企业的外部治理机制中，产品市场竞争和负债是最重要的两个外部治理机制。国内外许多学者对这两个最重要的外部治理机制抑制过度投资的效应进行了大量研究。

2.3.1 企业过度投资的产品市场竞争治理效应

1. 产品市场竞争的公司治理效应机制

产品市场竞争对企业的治理效应主要通过产品市场降低信息的不对称性而发挥治理功能。到目前为止，许多学者采用了多种理论来解读产品市场竞争的公司治理机制。

采用破产清算威胁假说的学者认为，企业在完全竞争市场中，如果经理人工作懈怠或过度投资，将会导致企业绩效降低和竞争能力的削弱，最终可能会造成企业被市场所淘汰。所以，企业为了避免被竞争逐出市场，往往会回避过度投资，并持续地提高企业绩效。吉斯曼（Grossmanand Hart，1982）发现，产品市场竞争的任何变化既会影响对经理人的激励，也会影响破产风险，如果存在破产风险，经理人便有更强的动机去努力降低破产风险。施密特（Schmidt，1997）通过一个没有隐藏信息的模型观察到，竞争的加剧可能会导致公司破产，从而威胁公司的生存。在经理人风险中立且有收入约束的前提下，为避免自己在公司破产时受到惩罚（失去收入、丧失机会），经理人往往会做出更大的努力来减少企业未来的预期成本，以提高企业的经营效率。阿吉翁、德瓦特里庞和雷伊（Aghion、Dewatripont and Rey，1999）研究发现，竞争强度的加大导致公司破产清算的可能性增加，对管理的工作努力程度有正面影响，市场竞争减少了管理者的懈怠程度，只要公司还存活着，竞争和破产清算的威胁会给公司施加强大的外部压力，促使公司不断采用新技术，公司业绩得以不断提高。信息假说认为产品市场竞争减少了信息不对称和监督成本，产品市场竞争是一种有效的激励机制。霍姆斯特龙（Holmstrom，1982）研究发现，市场中竞争的企业越多，不对称性信息的影响就越少，基于相对业绩的经理报酬与其个人努力之间的关系就越密切，因此也就越能够充分调动经理的工作积极性。纳勒巴夫和施蒂格利茨（Nalebuff and Stiglitz, 1983）认为，竞争可以提供绩效比较的基础，相对薪酬计划比孤立地不利用相对绩效来制订薪酬计划更有优势，说明竞争市场比垄断市场的绩效更高。哈特（Hart, 1993）较早分析了作为一种公司治理机制的产品市场竞争在约束管理者方面所起的作用。他研究发现，企业家主导型企业比例的升高会使管理者的懈怠程度降低，市场上企业家主导型企业数目越多，竞争对管理者产生的激励效应就越强。迈耶和维切斯（Meyer and Vichers, 1995）、施密特（Schmidt, 1997）等学者研究发现，由于各企业同时受到市场的影响，因此如果市场中存在许多企业，那么企业间的业绩比较就可以消除市场波动的影响，从而使所有者可以识别经理人的能力与努力。贝尔托莱蒂和波莱蒂（Bertoletti and Poletti, 1997）等学者甚至把竞争对于绩效的影响归结为一种激励机制和发现机制。信誉机制假说认为声誉是一种行为激励机制。霍姆斯特龙（Holmstrom, 1982）研究发现，有了产品市场竞争的比较，经理人市场的信誉机制就可以更好地发挥作用，因为当股东可以获得有关经理人业绩更充分的信息时，经理人就必须更加努力地工作，才能树立良好的声誉。卡斯得萨·欧斯娜拉和施普尔伯（Casadesua Omasanell and Spulber, 2002）通过研究发现了声誉对于公司治理的有效性，认为声誉可以节约大量的交易成本。从国内外关于产品市场竞争治理效应的研究文献可知，现有研究成果比较丰硕，但主要基于破产清算假说和信息充分假说来研究产品市场竞争对公司的治理效应，产品市场竞争的治理效应主要体现在信息作用及约束作用方面。截至目前还没有出现新的理论假说，产品市场竞争的公司治理效应研究在理论和实证研究方面还缺乏系统性与完善性。国内学者对产品市场竞争治理机制的研究才刚刚起步，在理论研究方面，基本上没有出现能够解释中国转型经济特征产品市场竞争治理机制的理论（刘志强、余明桂，2009）。

2. 产品市场竞争的公司治理传导机制

产品市场竞争如何对公司发挥治理功能，关于这个问题，目前国内外学者主要从三个方面进行了探讨。

第一，基于经理人补偿激励的研究。如果以相关绩效来确定企业经理人的报酬，那么企业的道德风险问题就会随着产品市场竞争程度的提高而减轻，经理人的努力水平和企业的绩效就会提高。费希特曼和贾德（Fershtman and Judd，1987）分析了一个由利润和销售收入组成的线性激励合约计划的古诺竞争模型，发现如果一个经理人被要求销售收入最大化，那么他将成为具有攻击性的厂商，从而使企业在与竞争对手的竞争中享有斯坦尔伯格领导者优势。维克恩和玛丽·亚瓜达卢佩（Vicente Cuat and Maria Guadalupe，2003）则分别考察了在价格竞争和数量竞争下，相关绩效评价的策略效应与风险分担效应。他们研究发现，在风险分担和策略性竞争下，产品市场上的数量竞争有利于实施经理人补偿计划的企业提高绩效，而在价格竞争时，运用相关绩效评价则要考虑策略性竞争与风险分担目标之间的冲突。阿加沃尔和维克（Aggarwal and Samwick，1999、2006）以及雷斯（Raith，2003）等人分别构建了以相对利润和相对成本作为相关绩效评价依据的激励合同，从公司价值及公司绩效等方面关注其与产品市场竞争的关系，也得出了产品市场竞争有利于提高经理人努力水平和企业绩效的结论。埃丝特和加勒（Esther and Galor，1993）则重点分析了企业内部组织中的分权与经理报酬计划设计，以及它们与寡头市场策略性竞争的互动关系。他们得出的两个结论是：一是企业内部组织形式的选择会影响企业在产品市场上的策略地位；二是竞争具有数量效应、努力效应、信息效应。但是，也有一些学者持有不同意见。如禾玛林（Hermalin，1992）认为，由于经理人通常对委托人的激励合同具有很大的讨价还价能力，因此，随着竞争的加剧，委托代理问题会趋于减轻，但经理人的财富也同时趋于减少。由于风险规避是财富的函数，竞争会减少经理人的财富，自然也会改变他们的风险承受度，因此竞争会影响激励效果。布兰德和斯宾塞（Brander and Spencer，1989）以及帕农齐（Panunzi，1994）的研究也证实了竞争与经理人激励之间的负相关关系。

第二，基于产品市场竞争与资本结构互动的研究。资本结构是公司治理的一个重要机制。产品市场竞争可以通过影响企业资本结构的变化而影响公司治理效应。在过去30多年里，许多学者采用不同的方法和角度探讨了产品市场竞争与企业融资之间的关系。特尔泽（Telser，1986）是最早探讨企业资本结构与产品市场竞争关系的学者之一，他指出资金充足的企业就可以采用掠夺性定价战略以降低新进入企业的利润，甚至将其驱逐出市场。布兰德和刘易斯（Brander and Lewis，1986）研究发现，在不完全竞争市场上，产量竞争型企业的债务水平与其在产品市场上的竞争程度呈正相关关系，企业债务水平的提高在增加其自身产量的同时，会降低竞争对手的产量水平。

肖沃尔特（Showalter，1995）指出，企业进行价格竞争时，债务是否具有战略效应和策略效应，这取决于造成产品市场不确定性的原因。若不确定性来源于市场对企业产品的需求，则企业债务的增加具有正的战略效应和策略效应；若不确定性来源于企业自己的生产成本方面，则企业债务的增加并不会使其在产品市场竞争中处于战略优势地位。自从布兰德和刘易斯（Brande and Lewis）等人的理论提出后，许多学者从不同的角度对其观点进行了批评。博尔顿和沙尔夫斯泰因（Bolton and Scharfstein，1990）认为，布兰德等人的模型只考虑了企业资本结构对产品市场竞争的策略效应，而未考虑到企业不同的融资政策对企业内部代理问题的影响。于是他们用掠夺性定价理论分析了企业的融资决策与其产品市场竞争的关系，认为企业的最优负债水平是在降低企业内部的代理问题与减轻掠夺性定价激励两者之间进行权衡的结果。弗得伯格和蒂罗尔（Fudenberg and Tirole，1986）也用掠夺性定价理论得出了类似的结论：企业与资金提供者之间的代理问题导致了融资约束，这种约束的存在为产品市场的竞争对手提供了进行掠夺性定价的激励，并且债务水平的提高会降低企业进一步得到资金的概率，从而降低其产品市场策略的进攻性。

第三，基于竞争的创新激励作用的研究。产品市场竞争可以从企业内外两个方面对企业产生影响。市场竞争会降低代理问题的负面影响，使企业创新更积极地促进企业效率的提高。许多学者发现，产品市场竞争、企业创新和公司治理三者之间存在紧密的关系。阿罗（Arrow，1962）认为，企业研发激励不仅依赖于研发后的竞争，而且依赖于研发前的竞争，所以应该综合考虑研发前后竞争的影响。约翰·维克斯和乔治·亚罗（John Vickers and George Yarrow，1988）研究发现，竞争的好处在于创造了创新机会，对企业可能会产生引进新技术和新产品的激励，并认为这是由竞争威胁对企业经理人的约束所致。阿吉翁（Aghion，2001）等研究发现，具竞争性的市场上，由于成本下降会导致企业生产率的提高和利润的增加，因此竞争能激励企业投资于研发。张震镗（Zhentang Zhang，2002）根据马勒等（Muller et al.，1992）的模型推导出了经理人激励计划对于企业研发投资以及产品市场竞争的影响。他们发现，在古诺产量竞争模型中，当所有者为经理人设计一个非利润最大化目标时，与所有者利益最大化目标相比，经理人将更加注重减少成本方面的研发活动，并且有较高的产出；研发活动会促使委托人选择更具进取性的经理人激励计划，这反过来又会促使经理人增加研发投资。

综上所述，已有文献从多方面证实了产品市场竞争的公司治理效应，为我们提供了在复杂环境中研究产品市场竞争的公司治理效应动力机制，产品市场竞争与经理人激励、资本市场及企业效率之间关系等问题的新视野。

然而，这一领域的研究目前还远未系统化，而且仍然存在一些缺陷。首先，现有的研究基本上只是将重点放在产品市场竞争公司治理效应的某一特定方面，主要是单独考察产品市场竞争的公司治理效应所涉及的个别问题，还没有形成能够贯穿这一领域不同研究视角的理论主线。由于产品市场竞争的公司治理效应作为一个主题，跨越了产业经济学、财务学和信息经济学三大领域，涵盖了这几个领域中有关竞争、契约与效率的重要方面，因此，很难说目前已形成了一个完整、综合的理论体系。其次，产品市场竞争的公司治理效应研究大多是建立在市场有效性和完全信息假定的基础之上的，很少有人研究在弱式市场和不完全信息下产品市场竞争的公司治理效应。此外，公司治理有效性除体现在公司绩效上之外，更重要的是体现在公司的规范运作以及投资者合法权益保障等方面。再其次，企业作为一系列契约的总和，常常面临两大问题。一是激励问题。代理人有损人利己的行为，因此需要设计激励机制，以便使他们尽可能对自己的行为负责。二是监管问题。股东委托董事会监督经理人的行为，以使经理人尽责尽职。在结合经理人激励来探讨产品市场竞争的公司治理效应问题方面，现有的公司治理文献中已有系统的研究。但是，很少有学者结合委托人监管来探讨产品市场竞争与公司治理有效性之间的关系。最后，产品市场竞争很早就被经济学家认为是公司治理机制的重要组成部分，目前，这一治理机制正受到世界各国学者们的高度重视。然而，这一研究在我国才刚刚起步。由于西方产品市场在发展阶段和微观结构上与我国产品市场存在较大差异，因此，西方学者关于西方产品市场竞争的研究成果对我国的适用性还有待实证的检验。一些有关我国产品市场竞争的公司治理效应的独特性还未被揭示。显然，我们的研究与我国市场经济体制建设的实践还很不相称。特别是由于我国正处于加入世界贸易组织后的"入市"进程中，因此更加迫切地需要进行有关产品市场竞争的公司治理效应研究（谭云清、韩忠雪、朱荣林，2007）。

3. 产品市场竞争度量指标

在过去的30多年中，尽管国内外许多学者对产品市场竞争影响企业行为进行了大量的探讨，但截至目前，对产品市场竞争的度量还未达成共识，度量产品市场竞争的常见指标主要有以下几个方面。

（1）市场集中度。产业组织理论的研究中，对市场结构（主要是市场垄断程度）的衡量通常采用市场集中度的衡量指标，包括绝对集中法和相对集中法，如：市场份额、行业集中度数（C_n）、赫芬达尔指数（Herf）、产业内企业数目（S_n）等。企业的市场份额指产值、产量、销售额、销售量等占整个市场或行业的比例。行业集中度反映的是行业内最大的 N 家厂商的市场份额之和，即 CR_n，反映行业内市场的垄断与集中程度。赫芬达尔指数指行业中所有企业市场份额百分比的平方和，赫芬达尔指数越高，表明产业聚集程度越强，行业内大企业的垄断性越强。迦斯维克等（Januszewski et al.，2002）研究德国制造业的产品市场竞争和公司治理对生产率增长的影响，使用了三个指标作为竞争性变量的替代，其中两个为行业内六大生产者市场份额（CR_6）和赫芬达尔指数。类似的研究还有良德列斯（Lyandres，2004）。贝娜等（Beiner et al.，2005）研究了产品市场竞争、管理层激励和公司价值之间的关系，是对为数不多的竞争对管理层激励安排的影响的实证文献的贡献。文章采用了赫芬达尔指数作为对产品市场竞争的替代的行业水平的计量之一。布恩等（Boone et al.，2005）也采用了市场份额、行业集中度、赫芬达尔指数衡量指标。

国内的研究中，刘志彪（2003）首次采用实证方法检验企业的资本结构决策与其在产品市场上的竞争战略之间的关系，衡量产品市场竞争的三种方式，包括同一产业内上市公司的企业数目和赫芬达尔指数。王怀明（2004）采用赫芬达尔指数衡量产品市场竞争强度时，发现其与上市公司的债务水平存在显著的负相关关系。

（2）利润指标。国内研究文献倾向于采用利润或者利润率及其方差或者标准差衡量产品市场竞争，包括主营业务利润率、净资产收益率以及息、税和折旧前利润等指标及其方差与标准差。理由是，对于一个充分竞争的行业，从长期来看，行业中没有一个企业可以获得超过社会平均利润率的收益，如果某个行业中的利润指标持续大于其他行业，则表明该行业存在较高的进入壁垒，具有一定的垄断性；反之则表明该行业竞争性较强。例如，施东辉（2003）用企业的主营业务利润率来衡量市场竞争程度；朱武祥、郭洋（2003）对行业竞争结构的划分选择行业近三年主营业务利润率作为衡量行业竞争程度的指标；牛建波、李胜楠（2008）把公司在 t 年的主营业务利润率称为 Rent，衡量产品市场竞争激烈程度，虽然和国外文献的指标名称相同，但是 Rent 的定义不同，这里的 Rent 是公司的利润率；贺炎林、詹原瑞（2006）采用行业主营利润率来定量评价产品市场的竞争程度；赵蒲、孙爱英（2004）以 EBITDA 的标准差表示风险状况替代产品市场竞争特征；王怀明（2004）采用的另一个指标为净资产收益率（ROE）；钟田丽、范宇（2004）以净资产收益率的均值及标准差反映其所在行业的产品市场竞争程度，类似的研究还有谭伟荣等（2006）、许敏和王伟（2006）、许敏和郑垂勇（2006）、王大鹏（2006）。

国外研究中采用的利润指标主要包括边际利润 PCM（prise-costmargin）和相对利润 RP 的方法。菲利普斯（Phillips, 1995）估计了需求和供给的表达式，检验突然增加财务杠杆的四个行业的公司产品及定价决策的变化。文章认为，边际利润 PCM 即 (P – MC)/P，等于 0 就意味着完全竞争，价格等于边际成本。文章首次提出了 PCM 衡量竞争的方法。边际利润来源于销售利润率，此处 P 是厂商的价格，MC 是边际成本，如果平均成本为常数，则销售利润率 = (P – MC)/P，即勒纳指数，表示厂商的垄断势力大小，可以反方向衡量整个行业的竞争程度。在完全竞争条件下，其值为零，但如果垄断力量允许价格水平维持在边际成本之上，则其值将大于零。布恩（Boone et al., 2005）实证检验了布恩（2000）提出的衡量竞争程度的新方法即相对利润 RP 指标（下面是其表达式）的有用性。文章比较了它与政策制定者和经验研究中通常使用的四种方法，包括边际利润 PCM 之间的优劣，结果显示，相对利润的方法可以提供一个在政策和经济分析中对边际利润方法有益的实证补充。

（3）销售额对竞争对手竞争行为的敏感度。良德列斯（Lyandres, 2002）定义了一个反映市场竞争强度的指标，即企业的竞争行为对其竞争对手销售额的影响。这种对产品市场竞争衡量的方法来自于国外的研究，但是西方的研究主要采用这个指标进行理论分析和模型推导分析，没有进行实证研究，原因也可能是这个指标所需数据不能准确可靠的获得。

国内学者中，刘志彪（2003）采用了企业销售额对竞争对手竞争行为的敏感度衡量产品市场的竞争，把此指标的值定义为企业自身销售额的变化与整个产业平均销售额的变化之差。

（4）广告费用。广告费用对产品市场的竞争会产生作用。良德列斯（2004）认为赫芬达尔指数与公司产品市场的影响程度之间的关系不明确，采用了另一个竞争影响程度的替代即行业内广告竞争的强度，结果表明公司自己的广告费用和对手的费用影响公司的销售。王继平（2006）采用销售费用与主营业务成本之比来测度市场的竞争程度。王大鹏（2006）以营业费用与主营业务收入之比作为产品市场竞争程度的指标之一。

(5) 租金（RENT）。租金是指企业利用其市场支配地位，产品销售价格超过其边际成本的差额。这个数额越大，表明该企业垄断地位越强，获得的垄断租金越多。RENT 最初的定义来源于尼克尔（Nickell, 1996）。克尔与阿恩博格（Ke and Renneboog, 2003）研究了德国和英国的公司治理及产品市场竞争对全要素生产率增长的影响，采用赫芬达尔指数作为公司控制强度变量的替代，采用 RENT 衡量产品市场的竞争强度。研究结果表明，德国服装行业 RENT 最高，获得的租金比全部样本公司的平均租金高，市场竞争最弱，而金属业租金显示竞争程度最强。

从上述产品市场竞争衡量指标可以看出，现有产品市场竞争度量指标都有其优缺点，还没有形成一个能够准确度量产品市场竞争强度的指标。对于市场集中度指标，一般认为集中度越高，产品市场竞争程度越低。由于市场集中度的计算需要某个行业的全部企业的营业收入情况和企业数量情况，只有上市公司部分数据是远远不够的。在我国，上市公司一般都是各行业的龙头企业，与众多非上市公司相比只是少数，因此，在中国采用行业内上市公司的企业数目能否反映产品市场竞争程度，还受到众多的质疑。此外，行业集中度（CR_n）只是反映了前几位大企业的总体规模和分布，不一定能够揭示企业个别规模和分布，即使两个产业的集中率相同，但由于企业规模分布的差异，其垄断竞争程度也将会有所不同。对于赫芬达尔指数，目前最具有争议性，但又被广泛用来衡量行业结构方式，高赫芬达尔指数可能由于该行业中公司的数目少。阿加沃尔和维克（Aggarwal and Samwick, 1999）提出，赫芬达尔指数可以用作产品可替代性的替代变量，当然采用赫芬达尔指数衡量市场的支配力存在一些问题。在我国，采用市场集中度指标的问题在于，仅用上市公司这些指标来衡量产品市场竞争程度存在很大误导。因为这些指数都受到企业个数的影响，前面已经说明行业分类的上市公司个数不能代表整个行业的企业个数，因此，这些常用指标在我国运用上市公司数据计算的时候都不适宜采用，不能真实反映中国上市公司所处行业的竞争强度（任凌玉，2009）。对于利润指标，众多国内学者倾向于使用行业中企业的利润率指标或者利润率指标的方差来代表行业的竞争强度。这种计算方法存在的问题是在我国特殊的制度环境下，影响利润率高低的因素很多。采用纯利润指标衡量竞争程度的前提条件非常苛刻，即任何公司自身都不存在经营方面的问题。利润指标只是一个业绩指标，且不论在中国不完善的资本市场上，公司的业绩指标受到很多因素影响，只是考虑中国不完善的产品市场，产品市场竞争激烈的确导致企业的利润率降低，但是，反过来一定成立吗？利润率的波动代表行业竞争强度存在一个悖论。从理论上讲，完全竞争的情况下，行业中各个企业的利润率应当趋同，利润率的波动也趋向于0。而在完全垄断的情况下，企业利润率的波动也趋向于0，尽管现实中并不存在完全竞争和完全垄断，但由此也可以看出利润指标衡量行业竞争强度存在一定问题。边际利润 PCM = (P - MC)/P，它来自西方经济学原理：完全竞争市场价格等于边际成本，垄断程度越高，价格偏离边际成本越多，指数值越大。但是，从会计学角度理解有些不妥。会计学是整体衡量一个企业的生产活动，PCM 其中包括固定成本部分，只多生产一件产品的确只可能增加变动成本，但是所有产品放在一起考虑的时候，不可能只考虑变动成本了。在会计学中，固定成本对成本构成有很大影响，单单固定资产在会计学中就是一个重要问题（任凌玉，2009）。

对于销售额对竞争对手竞争行为的敏感度指标，这个指标的定义反映了产品市场竞争程度的要求，但是实证数据的获得很难，所以国外的文献在采用这个指标说明问题时都是采用模型推导来证明结论。另外，也存在某些矛盾的情况，例如，如果同行业内的企业数量较少，如寡头竞争的市场结构，那么企业的销售行为就更容易受到竞争对手行为的影响。而如果企业数量较多，如市场趋向于完全竞争，企业只能是价格的接受者，那么，企业就较少关注竞争对手的行为，竞争对手的行为对本企业销售额的影响也就可以忽略了。国内文献采用公司自身销售额的变化来近似替代这个指标，这也同样存在利润指标的问题，即不能辨别公司自身销售额的变化是否是因为产品市场竞争程度变化引起的，还是公司自身企业的风险或者经营活动导致的（任凌玉，2009）。

对于采用广告费用衡量产品市场竞争强度，需要考虑的问题是，广告费用作替代很可能存在因果关系的相反，广告的水平也许是公司资本结构选择的结果，而后对产品市场战略产生影响，并没有涉及产品市场的竞争程度。并且，艾哈迈德等（Ahmed et al., 2000）研究会计稳健性的影响时，同时采用 R&D 费用/销售和广告费用/销售作为两个稳健性的附加替代。广告对销售额比例由广告弹性与需求的价格弹性之比确定。产业越集中，企业就越有可能竞相做广告，但广告和定价不同，削价可以很快实现，而广告战则需要用很长的时间，所以在其他企业进行广告报复前，一般会有一个时滞。事实表明广告效应是相互抵消的，即厂商自己和竞争对手的广告对销售额有相等但相反的影响。在决定广告支出时，企业会关注其竞争对手的反应。在产业经济学对市场结构的分析中，垄断竞争和寡头垄断会大肆做广告，目的在于强化品牌，并不和产品市场竞争直接相关。而完全竞争的市场上厂商是不做广告的，因此，广告费用是否能说明产品市场竞争程度也备受争议，这种计算方法下的数据收集显然是困难的。一个企业生产的产品类型繁多，不同的产品其 PMC 不尽相同，无法也不可能一一计算。并且，PCM 来源于经济学的边际收益等于边际成本，而对于边际成本来说，多生产一件产品的确只会增加变动成本。另外，也有些学者用广告费用衡量资产专用性，资产专用性对资本结构也有显著的影响。布拉德利等（Bradley et al., 1984）实证发现，研发和广告费用及主营业务收入的比率与公司资本结构显著负相关。根据公司资源观，专用性的资源是公司组织拥有的有价值资源，也是公司维持和获取可持续竞争优势的主要来源之一，且产品市场竞争越激烈，公司越易于投资专用性较高的资产，如研发与广告，以获得更高的投资报酬率（Collis and Montgomery, 1997）。但是，专用性资产具有有限的可重新调配性，会导致公司因财务危机而发生大量的价值损失，而且这种资产提供的抵押保证能力又较差，资产的转让受限制（也影响资本结构），因此，自然而然抬高了进入的门槛，产业的资产专用性强可能会降低竞争程度。

对于租金指标，尽管 RENT 指标也是起源于盈余，但是考虑了众多因素之后，本书认为，在中国，RENT 也许能比较准确地衡量企业产品市场上的竞争程度（任凌玉，2009）。

4. 产品市场竞争与企业过度投资

产品市场竞争作为企业过度投资的外部治理机制，早已受到国内外学者的关注，已经从理论和实证两个方面进行了大量研究。霍姆斯特龙（Holmstrom, 1982）研究发现，与监督市场、控制权市场相比较，产品市场竞争能够激励经理人员提高企业的经营效率，而不只是着眼于自身的、眼前的利益，产品市场竞争让经理人员避免了过度投资。弗得伯和蒂罗尔（Fudenber and Tirole，1984）研究表明，投资是影响公司产品市场竞争能力的重要因素，根据公司在产品市场进行竞争的战略互补或战略替代的不同类型，以及过度投资对市场上已存在公司的更为强硬或软弱的不同影响，市场上的已存在公司可能会针对新公司的进入采取策略性过度投资或者投资不足。施密特（Schmidt，1997）认为，产品市场竞争能够提高公司破产清算的可能性，因此产品竞争可以对企业的经理层产生一定的激励作用，对管理层的努力有正向效应；在高度竞争的行业中，如果企业对净现值为负的项目进行了投资，竞争的存在会使得企业的竞争力下降，企业的绩效就会变差，甚至被迫退出竞争市场，所以，为了避免以绩效为基础的工资和奖金等收入减少，处于高度竞争行业的企业，其管理层通常会尽量避开净现值小于零的投资项目。斯里尼瓦桑和纳森（Srinivasan and Jagannathan，1999）研究发现，产品市场竞争能够减少经理人的代理成本，在产品市场竞争不激烈的情况下，经理层容易将自由现金流投资到获利率较低的项目上。格鲁利翁和米开里（Grullon and Michaely，2008）发现，处于高度竞争行业的企业在存在自由现金流时，企业管理层更愿意发放股利给股东和投资者，而不是将资金浪费在低效率的投资项目上，市场竞争惩罚机制的存在减少了管理者使用自由现金流进行过度投资的行为。梅丹（2008）选择电水煤生产和供应业、采掘业、信息技术业、制造业四个行业的 388 家国有上市公司为研究样本，验证了企业过度投资与治理机制之间的关系，研究显示产品市场竞争对国有企业过度投资具有抑制作用，但不显著。张栋等（2008）采用主营业务利润率来度量产品市场竞争程度，研究显示，产品市场竞争的提高和外部治理环境的改善能够明显治理公司的过度投资水平。胡建平等（2008）认为，与竞争行业的企业相比，垄断行业企业的自由现金流量更显著，而充足的自由现金流量则会促进企业过度投资，从而损害企业和股东的利益。张功富（2009）认为，产品市场竞争的清算威胁对我国上市公司的抑制效应较差，大股东会随着产品市场竞争的加剧而自我约束对上市公司的"掏空"行为，通过增加持股比例来加强公司治理，从而抑制经理层的过度投资。周中胜（2009）采用我国 1999~2004 年上市公司的数据，研究表明产品市场竞争优化了企业资源的配置效率，在高竞争行业中国有股对于恶化资源配置效率的作用会更强。王红艳等（2011）以 2005~2008 年我国上市公司的数据研究发现，产品市场竞争对企业过度投资具有显著的抑制效应。刘喆等（2013）运用深、沪两市 13 个行业的上市公司数据研究表明，我国上市公司过度投资比较普遍，产品市场竞争能够有效约束企业过度投资行为，但这种制约作用仅局限于非国有企业，对国有企业过度投资的抑制效果并不显著。刘凤委等（2013）研究表明，市场竞争环境差异对 EVA 抑制过度投资的效果产生了显著影响，竞争度越高的行业 EVA 抑制过度投资的效应会更显著；反之则不明显。

通过梳理国内外该领域的研究文献可知：国外学者在理论研究方面，主要基于充分信息比较假说和破产清算假说进行理论研究，目前还没有形成一个跨越产业经济学、财务学、信息经济学等领域的完整、综合的理论体系；国外学者在实证研究方面，主要建立在市场有效性和完全信息假定的基础上研究产品市场竞争对代理成本及信息不对称引起的过度投资治理问题，较少研究弱式市场与不完全信息下的产品市场竞争对过度投资的治理问题；国内学者在研究产品市场竞争对过度投资的治理机制方面刚刚起步，还没有能够提出中国转型经济背景下的产品市场竞争对过度投资的治理机制，实证研究也主要集中在产品市场竞争可以抑制代理问题导致的过度投资，其对过度投资的治理效应主要受契约理论和激励理论的影响，但没有深入探究产品市场竞争对非正式制度引起的过度投资的治理效应，更少分析为何在产品市场竞争激烈的状况下企业受到非正式制度的影响，最后还是实施了过度投资，总体上看已有研究结论也存在较多差异。当然，现有研究文献还存在以下不足：尚未形成一个涉及产业经济学、金融学和信息经济学等领域的理论体系来解释产品市场竞争影响过度投资的机理，尤其缺乏转型经济背景下的产品市场竞争对过度投资的作用机制研究；实证研究方面缺乏产品市场竞争对不同性质、不同规模、不同行业的企业过度投资的影响研究；缺乏产品市场竞争对投资行为及其过度投资行为的动态影响研究；缺乏非正式制度下产品市场竞争对过度投资的影响研究，尤其缺少产品市场竞争对政治联系下的过度投资治理效应研究；缺乏在市场化进程中的产品市场竞争对政治联系下过度投资治理效应的理论研究和实证研究。

2.3.2 企业过度投资的负债融资治理效应

1. 关系融资

最早研究关系融资的是著名经济学家马歇尔，其在著作《货币、信用与商业》中指出，银行家常与生活在其银行周围的人来往，银行家可以只根据这些人的信用很有把握地向这些人发放贷款。另外，私人银行的股东们也可以与银行周围的企业管理者平等地密切往来，从而对这些企业的运营和经济情况作出比较准确的判断。霍奇曼（Hodgman，1961）在 *Review of Economics and Statistics* 上发表的一篇名为 "The deposit relationship and commercial bank investment behaviour" 的文章，指出银行与顾客关系在企业进行融资中的重要性，开启了学术界对关系融资进行研究的先河。后来关系融资理论越来越受到学者们的关注，凯恩和麦基尔（Kane and Malkiel，1965）从存款关系的角度论证了关系融资对企业融资的重要性。夏普（Sharpe，1990）和拉詹（Rajan，1992）研究贷款市场中关系型融对企业和银行的影响。其中夏普（1990）通过建立两期的借款模型，证明了关系融资在长期内得到重复的使用，银行通过这种关系可以获得企业中比较私有的信息，这些私有信息包括企业资产的真实情况、盈利能力、未来的发展前景等，并且还可以清楚地了解企业所要投资项目的实际情况，银行可以根据所获得的信息来决定是否为企业提供资金。彼得森和拉詹（Petersen and Rajan，1994）以及伯杰和德尔（Berger and Udell，1995）研究美国中小企业局的企业贷款数据发现：建立关系型贷款能够提高中小企业获得贷款的可能性以及降低企业获得资金的成本。崔向阳和赵卫兵（2004）研究中国的中小型企业发现，关系融资可以提高中小型企业的价值。纳恰内和拉纳德（Nachane and Ranade，2010）研究印度的信贷市场，发现关系银行业务在信贷市场中扮演非常重要的角色。除了以上研究外，许友传等（2008）、斯科弗和希尔德（Schäfer and Schilder，2008）、翁鸣和谢沛善（2009）、冉戎等（2011）、李锦玲等（2011）、王等（Wang et al.，2013）也发展了融资关系理论。

虽然已有大量关于关系融资的研究，但目前关系融资尚未有统一的定义，学者们从不同角度对关系融资进行了不同的定义。彼得森和拉詹（Petersen and Rajan，1994）从企业角度对关系融资进行定义，他们认为关系融资是指能使企业获得融资成本更低以及资金更多的融资关系。青木和丁克（Aoki and Dinc，1997）从融资收益的角度对关系融资进行定义，他们的研究中指出，融资约束是指资金供给者在不确定的情况下，为了不断获得利息收入而向外界提供更多资金的一种融资方式。一个融资活动中只要同时出现下面三个特征，就可以认为该融资活动为关系融资。（1）金融中介机构拥有企业中普通公众所无法获得的信息；（2）金融中介机构所拥有的企业私有信息是通过与客户的长期资金交易或者多种金融服务关系而获得的；（3）企业的内部信息对于外部人始终具有一定的机密性，这些信息是关系融资双方所特有的。伯杰和德尔（Berger and Udell，2002）从银行贷款技术的角度对关系融资进行定义，他们认为如果银行主要根据通过长期交易和往来及多种渠道的接触所积累的关于借款企业以及企业所有者和管理者的内部信息而做出的贷款决策，这种融资就是关系融资。艾萨斯（Elsas，2005）从契约论角度对关系融资进行定义：关系融资是指一个银行与其资金需求者之间长期的隐含而具有默契的契约。童牧（2008）认为关系融资是资金供给者和资金需求者在长期的交易和往来中，通过私有信息来确定投融资过程的融资行为。

从以上研究中可以看出，关系融资的本质特征是资金的供给者和需求者之间的长期交易和往来，资金供给者在关系存续期间收集到大量的资金需求者（主要是企业以及企业所有者和管理者）的私有信息（包括企业的真实财务状况、企业以前的借款和还款记录、所投资项目的运行和开展情况等可以数字化的硬信息，以及企业所有者和管理者的品德、个人素质、还款意愿等不可数字化的"软信息"），这些信息一方面能够帮助资金供给者更好地了解企业及成为是否为企业提供贷款的重要依据；另一方面还能给资金供给者带来安全性较好的利润。

2. 政治联系与企业融资约束

目前，直接使用政企关系对企业融资约束影响的研究非常少。罗党论和甄丽明（2008）的研究指出，相比没有政企关系的上市民营企业，具有政企关系的上市民营企业在向外界进行融资时受到的融资约束程度更低，而且企业所在地的金融发展水平越低，政企关系越有助于民营企业的融资。罗党论等（2010）以我国房地产上市企业为研究样本，研究了政企关系对国有上市房地产企业和民营上市房地产企业对外融资的影响，发现政企关系能够显著改善民营上市房地产企业的融资状况，但对国有上市房地产企业的影响不显著。另外，他们还发现，相比金融业发达地区的房地产企业，欠发达地区政企关系对房地产企业融资影响更大。

更多的文献是研究政企关系对企业获得银行贷款等外部融资的影响，从侧面反映政企关系对企业融资约束的影响情况。约翰逊和米尔顿（Johnson and Mitton，2003）、弗雷泽等（Fraser et al.，2006）、白等（Bai，2006）及克莱森斯等（Claessens et al.，2008）文献以马来西亚、巴基斯坦、中国、泰国和巴西等新兴经济体为研究对象，研究政企关系对企业银行借款的影响，发现存在政企关系的企业相对于其他企业可以获得更的银行借款。科瓦迦和米安（Khwaja and Mian，2005）研究发现，具有政企关系的企业相比不具有政企关系的企业从银行获得的贷款更多。法乔等（Faccio et al.，2006）的研究表明，在经济困难时期，相比没有政企关系的企业，具有政企关系的企业更容易得到政府的援助，更容易获得国际货币基金组织或世界银行的贷款。弗雷泽等（Fraser et al.，2006）也发现，存在政企关系的企业比无政企关系的企业举债更多。恰鲁米林等（Charumilind et al.，2006）发现，有政企关系的上市企业能从银行获得更多的长期借款，且需要的担保物比其他企业更少。胡旭阳（2006）以浙江民营百强企业为例，研究民营企业家的政治身份与民营企业的融资便利情况，发现在司法体系不是很完善的制度背景下，政企关系可以提高民营企业获得外界金融资本的能力。余明桂和潘红波（2008）以沪深两市中民营上市企业为融资样本，研究政企关系对民营企业从银行获得资金的影响情况，发现存在政企关系的企业相比不存在政企关系的企业能从银行获得的贷款金额更高，且得到的贷款期限也更长。何靖（2011）也发现，相比不存在政企关系的企业，存在政企关系的企业更容易从银行获得借款，且承担的利息费用和财务费用更低，所受到融资约束程度更小。杜颖洁和杜兴强（2013）研究了政企关系对民营上市企业从银行获得资金的影响情况，发现政企关系与民营上市企业从银行获得的资金量呈现出明显的正相关关系，这一结果表明政企关系有助于民营上市企业从银行获得资金。综上所述，政企关系有助于企业从银行获得借款，降低了企业的融资难度，从而减少了企业的融资约束程度（洪怡甜，2014）。

3. 负债的相机治理

斯图斯（Stulz，1990）提出，若忽略负债代理成本，在融资优序原则下，经理过度投资带给股东的成本能够减少。亨克尔·罗伯特和策希纳·约瑟夫（Heinkel Robert and Zechner Josef，1990）认为，对投资项目质量的信息不对称，会使无负债企业存在过度投资行为，通过发行适当的负债可以消除这种次优投资行为。史米斯和瓦尔斯（Smith and Wars，1993）认为，负债融资会受到银行的强力监督以及限制条款的约束，有助于高管在投资时慎重决策。凯伦·米尔丝等（Karen Mills et al.，1995）以澳大利亚的面板数据为样本，发现负债与投资规模是负相关的，特别是在小公司和高负债企业中。约翰和森贝特（John and Senbet，1988）实证得出债务融资可以约束股东和经理冲突所引发的过度投资问题。阿迪恩（Aydin Ozkan, 2000）研究发现，1983~1996 年间英国企业的债务期限结构与投资机会呈负相关关系。

关于债务治理过度投资的效应，尽管国外学者对于负债融资抑制过度投资的有效性观点较为一致，但我国学者通过实证检验却得出不一致的结果，由此得出有效和无效两种观点（黄晓琴，2014）。

（1）无效观。我国学者兰艳泽（2005）、李胜楠等（2005）、邓莉等（2007）、王建新（2009）、朱磊等（2009）、俞鸿琳（2012）等通过实证检验证明负债融资在我国没能起到相机治理作用。兰艳泽（2005）实证检验表明，国有控股上市公司是否存在过度投资，与其负债水平不相关。李胜楠和牛建波（2005）提出无论国有股的比例是大是小，高负债水平都不能起到抑制过度投资的作用。邓莉等（2007）的实证结果表明，我国银行贷款无论期限长短，与公司自由现金流、管理成本费用率都呈正相关关系，这意味着我国的银行不能有效发挥约束经理人、监督企业的作用。王建新（2009）认为，财务杠杆和债务结构的债务约束效应在我国制造业上市公司不存在。朱磊、潘爱玲（2009）得出了负债融资及其期限结构不能抑制我国制造业企业的非效率投资行为的结论。俞鸿琳（2012）研究发现，获得贷款后，国有企业出现过度投资，非国有企业的改变不显著，也无明显的过度投资行为。此外，金融危机期间，获得贷款后国有企业的过度投资程度高于样本期间均值，非国有公司没有过度投资行为，但没获得贷款时的投资不足比整个样本期间更严重（黄晓琴，2014）。

（2）有效观。有的学者在考虑了我国制度背景或对企业进行不同标准的划分后，实证得出了与西方学者一致的观点。

何进日、周艺（2004）认为，尽管在消除企业过度投资方面债务融资的作用有限，但其提高了企业的投资决策点（即投资与否的分界点），进而起到抑制作用。童盼、陆正飞（2005）验证了负债和企业投资规模呈反向变动关系，在低项目风险企业中，其负债比例与企业投资规模负相关。此外，相比于商业信用，银行借款对企业过度投资的约束更多。油晓峰（2006）的实证结果表明，负债融资的增加有利于降低企业的代理成本，进而降低了经理们的管理机会主义，提高了企业投资决策效率，从而达到约束过度投资的目的。唐雪松等（2007）证实过度投资行为在我国上市公司是存在的，同时发现现金股利、举借债务均能起到抑制企业过度投资的作用。刘星和彭程（2009）实证检验得出负债融资会通过增加企业的破产风险来负向地作用于企业投资决策，抑制企业的过度投资（黄晓琴，2014）。

尽管有许多学者都认为总体上企业的负债与其过度投资是呈负相关关系的，但是在对研究样本进一步细分，并考虑一些因素后，情况则更加复杂。银行借款作为当前我国上市公司的主要融资方式，许多学者研究了其对企业过度投资的影响。

柳建华（2006）研究表明，银行负债的治理作用在国有控股上市公司较弱，这种表现在地方国有控股上市公司更明显。辛清泉和林斌（2006）的实证检验结果表明，企业投资支出与债务杠杆表现为负相关关系，国有绝对控股上市公司的投资支出对债务杠杆不敏感，同时敏感度会随着国有股权比例的上升而下降。唐松等（2009）研究发现，金融发展水平在促进债务治理水平的发挥上有着重要作用，公司所处地区金融发展水平越高，债务治理效果越佳，越有利于提高企业的价值。王鲁平等（2011）研究发现，长期银行借款发挥了主要的杠杆治理作用。制度变迁使得银行借款抑制过度投资的作用增强。同时，在非国有企业中，银行借款的财务杠杆治理效应更好。李胜楠（2011）研究发现，短期贷款对企业的投资扩张更具约束力；短期贷款对国家终极控制或非国家终极控制的上市公司的投资扩张都有明显的抑制效应，对中央终极控制的上市公司的投资扩张也发挥了制约作用，但是对地方终极控制的上市公司的投资扩张不具有明显约束效果；长期贷款对国家终极控制或是地方终极控制的上市公司的过度投资反而起到激励的作用。赵卿（2012）实证得出，只有在非国有控股上市公司，负债融资与过度投资负相关；国有控股上市公司的融资性负债对过度投资起到正向的促进作用，但提高金融发展水平使融资性负债抑制过度投资的作用加强。另外，短期债务能抑制企业的过度投资，而长期债务非但不具有此作用，反而加剧了代理问题（黄晓琴，2014）。

4. 负债的相机治理失效成因

对于内在机理的研究，我国学者则主要是基于负债融资治理过度投资失效的基础，分析其内在因素。负债在我国的治理效应不显著，不能有效抑制企业的过度投资，我国的学者们分析了其中的原因，可以归纳为政府、银行、企业以及制度环境四个方面。

（1）政府方面。政府对国有企业和国有商业银行存在预算软约束，平新乔（1998）指出，国家的政策支持使得国企的负债即便很高，仍可获得软约束性的再贷款。对于有些地区在注定要亏损的前景下仍然要过度投资，周黎安（2004）认为，政府官员的晋升竞争起着关键作用，地方官员依靠对地方经济尤其是国有企业的影响力，通过恶性经济竞争达到政治竞争的目的。李和周（Li and Zhou，2004）指出，自20世纪80年代初以来，地方官员的选拔及提升标准有所变化，不同于过去的纯政治指标，经济绩效指标，尤其是地方GDP增长的绩效成为最主要的考核标准。巴曙松等（2005）提出，地方政府官员出于自身政绩和声誉的考虑，会进行地方政绩竞争，地方政绩竞争主要依靠经济增长竞争，经济增长竞争主要表现为投资竞争。辛清泉、林斌（2006）认为，政府为了追求经济的增长或其他政府目标会干预国企的过度投资决策，由此而生的过度资金需求方面，政府会促成商业银行对其的贷款。当企业投资失败，可能增加银行的不良资产，政府必然要对企业和银行进行救助。国企的经理由于无须承担投资失败的风险并能从中获利而乐于过度投资，银行一方面预期到政府的隐形担保，另一方面为了在短期降低不良贷款率而对国企的投资扩张予以贷款。王鲁平、邹江（2010）认为，在企业陷入财务困境时，国有股权可以通过行政手段影响银企间的借贷关系，进而影响企业投资决策，帮助企业渡过危机。许年行和罗炜（2011）提出，在高管获得政治升迁之前，企业存在更为严重的过度投资行为，而且非国有企业在高管政治升迁前的过度投资行为比国有企业更严重。

（2）银行方面。部分学者认为银行对贷款企业的预算软约束是阻碍其控制贷款企业过度投资的原因。施华强、彭兴韵（2003）认为，在很大程度上，商业银行软预算约束是基于国企软预算约束支持体系而形成的，商业银行的软预算约束可能会使借款者的道德风险得以增强。何进日等（2004）认为，银行和贷款企业间有着重大利害关系，企业甚至可以"要挟"银行；此外，企业破产往往涉及多方利益主体，银行利益很多情况下要为其他利益主体让步，因而实质上并不具有最大债权人应享有的事后控制权。童盼和陆正飞（2005）认为，国有银行在产权改革上滞后，尚难完全凭借金融企业的身份与工商企业建立平等互利的关系，银企间的交易活动受到政府的干预影响较大。邓莉等（2007）认为，银行对国企存在预算软约束，对业绩差、现金流不足的企业予以贷款"输血"，主办银行制度下形成的银企间的预算软约束使得银行无力控制公司内部人的机会主义行为。李鑫（2008）认为，国有商业银行没有足够的激励去监督企业资金的使用情况，致使银行监控职能虚化，银行对企业的事中监控几乎是空白的。史建平、李德峰（2006）

指出，我国国有商业银行工资机制僵化，薪酬结构中基本没有股票期权、业绩股份和股票增值权益等长期激励机制。赵立彬（2012）通过实证研究发现，金融发展水平的提高并不能令负债对企业过度投资产生抑制的作用。他认为这可能是国有银行的垄断地位使之缺乏金融创新动力，金融歧视依旧存在。

（3）企业方面。我国上市公司普遍存在较强的股权融资偏好，因此债权人在企业投资决策上的话语权可能不大，从而影响负债对企业过度投资的约束力度。李秉祥（2003）认为，我国国有企业第一控制主体缺位，经营者缺乏强有力的监督；此外，剩余索取权和剩余控制权不统一，使得没有剩余索取权的内部人不努力工作，投资效果较差之余，还利用掌握的剩余控制权谋求私利，扩大企业规模。郝颖等（2007）认为，国有上市公司的结构特点是所有者缺位和内部人控制并存，股本扩张不会削弱经营者的地位，反而增加其可支配现金流，经营者出于私利会将股权融资资金进行低效率投资。

（4）制度方面。经理人市场在我国并不成熟，对企业管理层的道德风险的外部约束力度太弱，法律制度不健全或是执行力度不。李秉祥（2003）认为，陷入财务危机的企业很难通过破产的方式来了结财务危机。同时，社会保障体制尚未全面建立，政府既要求企业提高盈利，又要求其承担政策性负担，因此企业陷入困境时，政府不得不"帮助一把"，批准一些"不合格"的投资项目仍然上马。谢德仁和陈运森（2009）认为，金融生态环境较差的地区由于缺乏合格的金融人才，使得本地区商业银行的风险控制能力和事后监督力度较为薄弱，进而影响这些地区融资性负债的治理效应。

5. 负债对企业过度投资的影响

负债具有的相机治理会影响企业过度投资行为，国内外许多学者对此进行了大量研究。延森（Jensen，1986）指出，负债融资能够缓解股东—经理之间的这种代理问题，对经理的非效率投资行为产生相机治理的作用，抑制了经理的过度投资动机。约翰和森贝特（John and Senbet，1988）研究发现，负债融资能够约束经理人员的过度投资行为。麦康奈尔和瑟维斯（McConnell and Servaes，1995）、郎恩等（Lang et al.，1996）、施莱费尔和维什尼（Shleifer and Vishny，1997）、费丁等（Ferdin et al.，2001）、阿恩等（Ahn et al.，2006）都通过实证检验发现负债融资对管理层滥用自由现金流的过度投资行为具有相机治理的功效。弗斯（Firth，2008）的研究也显示银行贷款对过度投资具有治理作用。到目前为止，国外学者对负债能够治理代理问题和信息不对称导致的过度投资基本达成了共识。

与国外研究相比，国内学者对负债能否治理代理问题和信息不对称引起的过度投资还没有达成共识。童盼和陆正飞（2005）在检验企业债务融资和债务融资来源对投资行为的影响时发现，短期借款能够抑制过度投资行为。油晓峰（2006）提出可以通过增加负债治理过度投资行为。唐雪松等（2007）实证研究发现，负债融资可以有效约束企业过度投资行为。何源等（2007）研究发现，负债融资能够对控股股东的过度投资行为产生抑制效应。朱磊（2008）发现，短期负债并不能抑制低投资增长机会、高内部现金流企业的过度投资行为。黄乾富和沈红波（2009）利用1997～2004年制造业上市公司数据，实证研究表明负债对过度投资有较强的约束作用，其中银行贷款因为受到政府干预而对过度投资行为缺乏约束作用，长期负债对过度投资有较弱的约束作用，缩短负债期限会有效约束过度投资行为。龚光明和刘宇（2009）认为，减少经理可控自由现金流数量、强化银行债务的"硬约束"治理作用、发展企业债券市场等将可能成为治理过度投资的可行选择。邬国梅（2009）的研究结果显示，负债对过度投资有制约作用。蔡吉甫（2009）研究发现，短期债务对过度投资的制约作用比较显著，银行贷款不是治理了过度投资，而是加重了过度投资。王鲁平和邹江（2010）的实证结果显示，银行贷款的存量抑制了过度投资行为，银行贷款的增量促进了过度投资行为。窦炜和刘星（2011）发现，债务杠杆对非国有产权上市公司过度投资发挥了抑制作用。周雪峰等（2011）从总体债务、债务期限（短期和长期）、债务来源（银行借款和商业信用）三个方面实证检验了负债对企业过度投资的影响，结果显示，负债整体上能够抑制企业过度投资行为，短期负债和银行贷款都能够制约企业过度投资行为，长期负债对企业过度投资治理功效不显著。杜晓晗（2012）检验结果表明，公司债对过度投资行为有显著的制约作用，特别是对民营上市公司的过度投资有更加明显的制约功效，银行贷款对过度投资的治理作用不及公司债券。黄珺和黄妮（2012）实证分析显示，债务融资整体上对房地产企业过度投资行为具有抑制作用，商业信用能够有效约束过度投资行为，银行贷款与过度投资正相关。张宗益和邱婕（2012）实证分析结果显示，银行借款能够对上市公司的过度投资产生制约作用，短期借款对银行持股的公司的抑制作用要强于非银行持股的公司，并且短期借款的治理功效随着金融水平的提高会更有效。

杨棉之和马迪（2012）实证结果表明，负债能够治理企业过度投资行为，其中短期负债对企业过度投资的治理作用更加显著，长期负债对企业过度投资的治理作用不明显，相反促进了企业过度投资。廖义刚（2012）利用 2003~2009 年上市公司数据，考察了银行贷款能够缓解过度投资问题，缓解的功效主要来自短期贷款。王艳辉和杨帆（2007）以东北上市公司为研究对象，实证研究显示，债务期限对过度投资的约束效果显著，其中长期负债对过度投资有强烈的约束功效，短期负债对过度投资的约束效果不显著，债务来源结构对过度投资无显著影响。李枫和杨兴全（2008）研究发现，债务融资及其构成特征整体上并没有抑制企业过度投资行为，其中债务融资比例和银行贷款没有约束国有控股公司的过度投资，相反却恶化了国有控股公司的过度投资行为，债务融资比例与银行贷款制约了非国有控股公司的过度投资行为，商业信用和长、短期债务对国有及非国有公司的过度投资行为没有起到抑制作用。王建新（2008）研究表明，债务约束效应对中国企业过度投资没有发挥应有的作用，作者从制度的角度对这一现象进行了解释。李胜楠（2011）的研究结果表明，长期贷款对国有控股的上市公司的过度投资产生了激励效应，短期贷款对中央终极控制的上市公司的过度投资产生了约束作用，而对地方终极控制的上市公司的过度投资的制约作用不显著。谢海洋和董黎明（2011）研究发现，银行贷款不能够抑制过度投资，长期借款促进了过度投资，短期借款抑制了过度投资。蔡吉甫（2012）利用 2004~2006 年上市公司数据实证检验了银行贷款对过度投资的治理整体上是失效的，其中短期借款对政府控制的公司的过度投资治理功能是弱化的，而对非政府控制的公司的过度投资治理是有效的；相反，长期借款对政府控制的公司的过度投资的治理功效是恶化的，对非政府控制的公司的过度投资的治理功效是弱化的。马娜和钟田丽（2013）以中国创业板上市公司为研究对象，运用联立方程组模型研究了企业过度投资与负债融资之间的双向功效，实证结果显示，企业过度投资行为增加了负债融资，负债融资的增加又抑制了企业过度投资行为。

通过对国内外现有负债治理过度投资的文献进行梳理后可知，已有研究文献更多探讨了负债治理代理问题和信息不对称问题引起的过度投资，国外许多学者对负债能够治理过度投资达成了共识，而国内学者在研究负债是否能够抑制过度投资方面还未达成共识。

当前，负债融资与企业过度投资治理的研究还存在以下不足之处：已有研究文献主要从正式制度方面研究负债对过度投资的抑制效应，较少从非正式制度方面研究负债对过度投资的制约作用；较少系统分析负债融资对正式制度和非正式制度引起的过度投资的治理机制及其差异；已有研究文献极少探究正式制度和非正式制度引起的过度投资与负债融资是否是双向相互影响，尤其极少剖析在政治联系能够给企业带来融资便利性之后，负债融资的固有约束功能是否仍然可以抑制过度投资行为，过度投资是否会对企业未来政治联系产生影响。

2.4 文献述评

首先，本书通过对政治联系与企业过度投资研究文献的梳理可知，现有文献主要采用实证检验方式验证政治联系与过度投资是否相关，实证结论未达成共识；这些研究文献有的从政府理论的"扶持之手"或"掠夺之手"角度分析政治联系与过度投资问题，有的从企业角度探讨政治联系与过度投资问题，极少同时从企业和政府两个角度探析政治联系与过度投资问题。

这些研究文献存在的不足之处主要有：第一，缺乏从理论上探究政治联系造成过度投资的机理和路径，仅仅利用不同年度的数据及不同的政治联系度量方式实证检验政治联系与过度投资是否相关，难以揭示政治联系影响过度投资的机制，也使得研究结论缺乏可靠性和客观性；第二，缺乏同时从企业和政府两个层面分析政治联系引起过度投资的机理，事实上政治联系引起企业过度投资是企业和地方政府共同作用的结果，仅仅从单一方面解读政治联系与过度投资难以全面阐释政治联系与过度投资的本质；第三，缺少比较不同制度环境下的政治联系引起企业过度投资的机制及其差异；第四，极少有学者探析企业过度投资之后，对未来期间的政治联系会带来什么影响，是正向影响还是负向影响。

其次，本书通过对企业过度投资治理研究文献的梳理可以看出，现有研究文献主要基于委托代理问题和信息不对称问题探讨企业过度投资的治理问题，研究结论未取得一致。

企业过度投资治理研究存在的不足之处主要有：第一，企业过度投资的动因有许多，不同动因导致企业过度投资的机制也不同，而现有研究文献极少探讨企业内外部治理机制对不同动因下的企业过度投资是否具有治理效应及其差异,从而得出了许多似是而非到结论。第二,现有研究文献主要针对单一经济主体导致的过度投资后,在单一经济主体因为企业过度投资而受益的情况下,企业内外部治理机制对这种过度投资的治理效应;极少探究在多个经济主体综合作用下产生的企业过度投资后,在多个经济主体都因为企业过度投资而受益的情况下,企业内外部治理机制是否仍然能够治理这种过度投资。第三,现有研究文献主要针对正式制度造成企业过度投资之后,企业内外部治理机制对这种正式制度下的过度投资是否具有治理效应;极少探讨非正式制度造成企业过度投资之后,企业内外部治理机制是否仍然对这种非正式制度下的过度投资具有治理效应,尤其极少探析政治联系下的企业过度投资治理效应。第四,通常情况下,正式制度形成的企业过度投资机制与非正式制度形成的企业过度投资机制是不相同的,企业内外部治理机制对这两种企业过度投资是否具有相同的治理效应,极少有研究文献对其进行比较研究。

现有研究文献较少从理论上系统分析政治联系下企业过度投资的形成机制,也极少深入探讨政治联系下企业过度投资的治理效应,这为本书提供了研究方向和研究主题。

第 3 章

政治联系与过度投资关系及其治理的理论分析

本章首先介绍民营企业政治联系引起过度投资的理论基础；其次，从民营企业和地方政府两个方面探究政治联系造成过度投资的内在机理，并将民营企业寻租、地方政府的政治干预和政治联系同时纳入一个统一的理论分析框架，构建民营企业政治联系下的决策模型，进一步深入剖析政治联系导致过度投资的根源与动力；最后，探析民营企业内外部关键治理机制对政治联系下过度投资的治理机理，为后文的实证检验提供扎实的理论基础。

3.1 民营企业政治联系下过度投资形成的理论基础

3.1.1 寻租理论

1. 寻租概念与寻租成因

寻租理论的思想最早萌芽于塔洛克（Tullock, 1967）的一篇论文，后由克鲁格（Krueger, 1974）作为一个理论概念在探讨国际贸易中保护主义政策成因的一项研究中正式提出。在经济理论中，一种经济租的标准定义是指超出一种资源的机会成本的收入。寻租是为捕捉一种人为的转移而对稀缺资源的开支。从广义上讲，寻租就是花费稀缺资源追求纯粹转移的活动（Tollison, 1987）。由于寻租活动的最初直接产出为零，即寻租活动并不生产包括在正常效用函数中的产品和劳务，也不生产投入这些产品与劳务的投入品（巴格瓦蒂，1996），所以，巴格瓦蒂坚持使用直接非生产性寻利活动（简称"DUP活动"）这个概念来涵盖并取代寻租概念。按照DUP活动的定义，寻租活动不仅包括了诸如抢劫、偷窃、走私和战争等这样一些非法或不人道的活动，同时还包括那些利用资源通过政治过程获得特权，从而构成对他人利益的损害大于租金获得者收益的行为。诸如此类的定义说明，寻租活动创造的社会浪费大于其生产的社会价值。从整个社会角度来说，所有的试图捕捉租的努力（也就是寻租）就是浪费资源。它们对社会产品及其机会成本没有增加任何实质性东西，即寻租中所浪费的成本不可能在其他地方被有效地利用起来，对社会而言，这意味着生产的丧失（Tollison，1982）。从这种寻租概念的讨论中我们可以明确：关于寻租活动后果的新古典分析存在一个一致的意见，即寻租离不开福利成本，产生了社会浪费，是一种浪费资源的活动。公共选择学派一般认为，寻租活动存在的原因是人们把政府当作建立并保护垄断的工具。如果没有政府干预，竞争过程就会不断进行下去，租值将会分散。因此，限制寻租的基本方法就是限制政府，寻租理论分析也成为对政府管制问题分析的自然延伸。根据新古典分析，潜在寻租的唯一原因是随着政府对市场竞争的限制所导致的租的出现而产生的。布坎南（Buchanan，1988）明确说明，如果政府行为的变动超出了最低或保护状态的限制，政府也就开始了干预市场调整过程，租或者试图捕捉这些租的活动将会出现。如果供应是严格限制的，租会流向那些获得从事该种活动权利的人。因而，寻租活动直接与经济中政府活动的范围和公共部门的相对大小有关。然而，首先，新古典的寻租定义一方面无法说明某些非生产性竞争行为，例如在企业行销竞争中的广告宣传的耗费，这种竞争活动显然不是不能带来收益的浪费资源的活动，但它的确又是非生产性的转移收益的活动。其次，制度性寻租活动诱致社会经济制度从均衡到不均衡再到均衡这样不断发展变化，导致新的制度的产生。这种寻租也不一定就带来社会效率损失和社会效用水平的下降。因为任何一项制度安排都是有时效的，它是一定社会经济发展阶段的产物，它的均衡是暂时的。只要获利能力无法在现存的制度安排结构内实现，或者如果预期的收益超过预期的成本，一项制度安排就会被创新。我国经济制度的变迁很好地说明了这一点。最后，新古典分析也不能够解释为什么一些政府中存在寻租，而另外一些政府能够抑制这些活动。因此，新古典分析所认为的政府规模越大、政府活动的范围越广、寻租的渗透性也就越大的结论与实际的经验证据有时正好相反（洪必纲，2009）。

2. 寻租理论的三大学派

寻租理论经过几十年的发展，已经从经济学领域跨入政治学、社会学、管理学等研究领域，到目前为止已经形成了三大有影响力的研究学派。

（1）公共选择学派，主要研究政府官员的寻租行为，阐述寻租行为产生的条件、社会危害和改进措施等。公共选择理论是近40年在西方经济学界逐渐形成的一个新的研究领域，它从经济学最根本的经济假设入手，把政治舞台看成一个经济学意义上的交易市场，从供给和需求两个方面进行分析。政治产品（即公共利益）的需求者是广大的选民或纳税者，供给方则是政府官员、政治家和党派。公共选择理论认为，与普通人相比，许多政治家并不具有更多的意识形态资本存量，即没有超人的利他意识。寻租研究是公共选择理论的一个重要组成部分。塔洛克在《寻租》（1999）一书中详细总结了公共选择学派对寻租的研究。塔洛克指出，他的寻租理论研究主要讨论那种操纵民主政府以获取特权，并且这种特权对他人的损害大于受益人获益的情况。以塔洛克、布坎南为首的公共选择学派认为，租金是政府干预的结果，寻租基本上是通过政府活动进行的，因此，限制寻租的基本方式是限制政府。既然租金是由于政府行政干预产生的，浪费资源的寻租活动来源于行政管制，那么克服寻租行为最有效的办法自然是解除政府管制，在市场经济中把政府对市场的干预和行政管制限制在绝对必要的范围内。只要政府行动超出保护财产权、人身和个人权利、保护合同履行等之外，政治分配就在一定程度上支配经济行为，社会资源就不可避免地被部分地用于追逐人为的租金这种非生产性（属再分配性）活动。关于"寻租"一词的定义，即使在公共选择学派内部也各有不同：布坎南（1988）强调寻租的制度含义，把寻租描述成这样一种制度背景中的经济行为，在那里，追求满足私利的个人尽力使价值最大化的行为造成的社会浪费而不是社会剩余，托利森（1987）侧重于寻租行为的零产出特征，认为，定义寻租的最好办法是把它定义为花费稀缺资源追求纯粹转移的行为；塔洛克（1994）则把寻租定义为利用资源通过政治过程获得特权从而构成对他人利益的损害大于租金获得者收益的行为。但是他们一致强调，寻租理论要重点研究特殊利益集团为了竞相通过政府来影响收入和财富分配，力图改变法定的权利（或其他类似的东西）所造成的资源浪费。公共选择学派的寻租理论特别是塔洛克的寻租理论研究具有特别的意义。寻租概念似乎是经济研究某些领域的一根关键性树干。在这些领域中，这种堵塞的存在阻碍了它们的发展。寻租概念一被发现，伴随着相关思想在经济学中传播，随之而来的经济学研究将以惊人的速度出现巨大的繁荣（塔洛克，1999）。自寻租理论产生以来，寻租理论的基本概念逐渐被引入其他领域，它已经超越经济学，进入政治学、东方文化研究和社会学（塔洛克，1999）。公共选择学派的寻租理论也存在一定的缺陷。虽然一直抓住了寻租的以特权谋利的主要特征，但始终没有把它推广到民主政治制度之外，而仅是局限于民主政治中议员、选民、官僚、利益集团、总统和法院等的行为进行肤浅的描述性分析，缺乏深入的规范性分析。最后在芝加哥学派学者的不断补充扩展下，寻租理论才逐渐丰满、完善（余华龙、李国志，2005）。

（2）贸易学派的寻租理论，主要研究国际贸易中的走私、避税、寻求关税等直接非生产性寻利行为以及社会效果。国际贸易学派一般用"直接非生产性寻租（DUP）活动"的概念来取代"寻租"的概念。直接非生产性寻租活动的定义是：通过从事直接非生产性活动而获得利润的办法，"直接"在于直接产生于权利而不借助于生产过程，"非生产性"在于这些活动产生金钱收益，但并不生产包括在正常效用函数中的产品与劳务，也不生产投入这些产品与劳务生产的投入产品，它不能扩大社会生产规模，甚至还会因为垄断而缩小生产规模，所争夺的是既有的生产利润（巴格瓦蒂，1982）。寻求直接非生产性利润不仅包括寻租收益，还包括将资源用于鼓励创造额外收益的政策干预（如通过游说、疏通活动要求实行或继续实行进口配额制度或对外进口贸易实行关税保护）和为赚钱而逃避政策限制的活动（如利用合法进口和非法进口的差额取得特殊收入的走私、放私等逃税活动）。在寻租理论上，国际贸易学派与公共选择学派的区别主要不在内容而在于方法论。以克鲁格和巴格瓦蒂为首的国际贸易学派根据一般的均衡理论，用各种数学模型来计算租金以及所造成的 DUP 活动对福利的影响，如克鲁格模型、巴格瓦蒂—汉森模型、巴格瓦蒂—斯里尼瓦桑模型等。早在1974年，克鲁格就对国际贸易中的进口配额进行独到的分析，率先提出了租金是政府对经济干预人为制造稀缺的结果，租金的存在促进了寻租活动的形成与发展，寻租活动对社会造成巨大的浪费。克鲁格（1988）还从政府对国际贸易活动中的进口配额许可证进行了例证分析，并得出几点政策含义：一是如果在发放配额许可证方面存在竞争，则禁止出口比使用进口配额更可取；二是在伴有寻租配额限制的情况下，需求价格弹性越小，租金的价值就越大，三是在寻租条件下，进口商之间的竞争不一定比独家垄断能够更好地配置资源；四是在数量限制情况下，本国货币贬值除了会影响进口外，还可能产生重大的资源分配效果，因为降低进出口许可证的价值也就减少了寻租活动。巴格瓦蒂是国际褒义学派另一位寻租理论大师。1973年巴格尔蒂和汗森合作在美国《经济学季刊》上发表文章《走私的理论分析》，对国际贸易领域中逃避关税的都司问题进行系统的理论分析，得到以下结论：在非限制关税条件下，如果走私活动是完全竞争的，当走私的固定成本小于不包含关税的价格，那么无法判断走私与合法贸易对福利影响谁优谁劣；当走私的固定成本等于包含关税的价格，则走私对福利造成不利的影响；如果走私的成本是递增的，走私必然对福利造成不利的影响；如果走私是垄断的，则无法判断走私对福利的影响。然而，在限制性关税条件下，走私必然优于合法贸易活动的福利效果。国际贸易学派的寻租理论还有一个重要内容，即寻求收益。寻求收益就是指当关税以保护的理由存在时，引起对它潜在的收益寻求的游说、疏通活动现象。其核心内容当属1980年巴格瓦蒂和斯里尼瓦桑合作发表于《政治经济学》的那篇《寻求收益》的文章。在这篇文章中，他们分析讨论了寻求收益可以使进口商品产出减少和提高该国的福利状况，并且他们进一步指出，寻求关税合法收益对该国的福利影响有提高和降低两种可能，其具体结果由该国的经济状况（生产和消费状况）决定。国际贸易学派的寻租理论也存在一定的缺陷，如始终没有跳出国际贸易的范围，仅涉及关税、限额、走私等内容，不能全面反映寻租理论的全貌。另外，他们仅用外生的租金来决定来分析寻租，很少或根本就没注意到政治市场的公共选择特征，这也是其理论的一个遗憾（余华龙、李国志，2005）。

（3）芝加哥学派的寻租理论，主要寻求垄断及其社会成本分析，寻租阻碍经济增长机制分析等方面。与公共选择学派和国际贸易学派对寻租理论的单一研究不同，寻租研究在芝加哥学派却是百花齐放、精彩纷呈、全方位多视角的，这主要归功于芝大法学院和商学院一批学术功底扎实，视野开阔的优秀学者。这里仅就芝派寻租研究的五个主要分支进行简单评述。

第一，波斯纳的垄断社会成本理论。波斯纳是第一个将塔洛克的垄断及其社会成本理论数学模型化并加以推广，以及寻求垄断的社会成本进行验证的寻租学者。他指出，获取垄断地位本身就是投入资源的竞争活动，并且获取垄断地位的投入正好等于垄断的利润，因此垄断的社会成本为福利三角形和垄断利润的和。如果我们用竞争市场上产品的需求价格弹性、价格变化率来计算垄断的社会成本，我们就会得到如下结论：如果竞争市场条件下的产业提供商品收益高，并且价格上升的百分比越大，那么垄断的社会成本往往很高但并非总是很高；如果竞争条件下商品缺乏弹性，则垄断的社会成本一定很高；如果竞争市场的商品完成无弹性，则垄断的社会成本最高。由于政府管制而引起的垄断，其社会成本大于私人垄断的社会成本。波斯纳对寻租理论的重要贡献在于他首先将塔洛克理论数学模型化，充分论证了竞争以及垄断市场结构与垄断社会负极损失之间的关系，并对美国20世纪70年代早期的农业、交通、电力、银行、保险、医疗等垄断产业社会成本做了检验，得到其社会成本约占美国当时GDP的17%的理论。波斯纳理论的不足之处是他对垄断的社会成本描述并无进展，只是对塔洛克理论进行规范的经济分析，有的地方甚至有所倒退。如塔洛克指出寻求垄断的社会成本不仅包含寻租成功者的投入，还应包括失败者的投入，而波斯纳的理论则不包括这一部分。

第二，斯蒂格勒和佩兹曼的经济管制理论。斯蒂格勒于1971年发表的《经济管制理论》不仅开创了经济管制理论的先河，而且也对产业中厂商与政府之间讨价还价的寻租行为分析树立了典范。他指出，国家是产业中利益集团寻求租金的最大利益源泉，对某产业进行管制或许是一个产业积极寻求的，也可能是强加的，但往往管制政策的设计与实施是为受管制的利益集团服务的。同时，任何利益集团谋求公共权利的支持而增加自己的获利能力，都会使另外一部分人利益受损，因此另外一部分人期望通过民主社会的立法程序驳回前两者这种损人利己的要求。这两种相反利益集团的寻租活动增大了民主社会的立法成本，造成巨大浪费。斯蒂格勒还对营业执照的发放以限制竞争者进入寻租活动进行了案例研究，并指出影响营业执照发放的四个因素即该职业的规模、该职业的人均收入、该职业在城市中的集中度、该职业有内聚力反对派的存在。斯蒂格勒的同事佩兹曼教授于1976年发表《趋向更为一般的管制理论》一文，将斯蒂格勒的经济管制理论做了一般化分析并加以推广，如加大了对立利益集团的作用、提出了均衡政治的价格数学模型等。斯蒂格勒和佩兹曼对经济管制理论的分析为寻租理论的形式与发展做出了重要贡献，他们从一开始就抓住了分析寻租问题的要害，即国家或政府是利益集团寻求租金的重要潜在源泉，它可以给某利益集团带来巨大的利益，也可以给某利益集团带来致命的灾难。所以理性的利益集团均会通过游说、疏通政府通过对自己有利的管制政策，阻止对自己有害的管制政策通过，这些都成为寻租理论形成和发展的重要基础。但是他们的理论也有一些不足之处，如仅集中于对产业及其利益集团寻求经济管制行为本身的描述，而没有对其社会效果做研究，也没有给出改善寻求管制行为的政策建议。另外，他们也缺少对管制中涉及的官员、企业管理者、利益集团的具体寻租行为的理论分析。

第三，贝克尔的压力集团理论。贝克尔在他1983年的论文《为政治影响的压力集团竞争理论》中，以严谨的数学分析方法，展示了不同利益集团的竞争性寻租活动中，两个压力集团之间展开竞争性寻租活动获胜的条件。从一系列假设出发并运用博弈分析方法，贝克尔得到以下结论：在政治压力上越有效的集团，越有可能降低该集团的赋税负担或提高该集团的补贴水平；压力集团的政治影响效果并不主要取决于该集团自己的绝对效果，而且还与其他压力集团的政治影响有关；竞争中无谓损失的增加，会减少均衡中补贴的水平；高效率的政治决策往往比低效率的政治政策更能被采纳；压力集团的竞争会导致有效的税收办法；对于政治上成功的、接受补贴的压力集团，相对于纳税的压力集团其规模往往很小。贝克尔的理论不足之处是其假设过于理想化，仅有两个压力集团的竞争行为的实证描述而没有规范分析，特别是没有提出与此相关的政策措施和建议等。

第四，麦克切斯尼的政治创租和抽租理论。大部分寻租经济学家在分析寻租行为时都假定政府在其中是被动的，但这是不符合现实情况的。因为无论是政府还是官员都有自己的经济利益，他们会为实现自己利益而将经济管制政策"出卖"给有关利益集团。麦克切斯尼是第一个对此问题进行分析的学者，他指出，政府在寻租活动中的积极作用，其一是以对某些利益集团有利的经济管制政策为诱饵，引诱这些利益集团向他们"进贡"，这就是政府的政治创租；其二是政府还可以以对某些利益集团有害的经济管制政策相威胁，迫使这些利益集团向他们"进贡"，这就是政府的政治抽租。麦克切斯尼的理论不足之处在于缺少对政府寻租和私人寻租的比较分析，如政府、官员的寻租活动与私人寻租活动有何异同？既然私人寻租活动中投入的资源为自己私有，而政府、官员的寻租活动投入的公共权力却为民众所有，那么政府、官员运用民众赋予的公共权力寻租的前提和实现的条件是什么？其中的运行机制又如何？这些问题有待于进一步的研究（余华龙、李国志，2005）。

3. 寻租理论在我国的发展

寻租理论是基于市场经济发达的西方国家开始陷入"通货膨胀"和"高失业"的滞胀泥潭、凯恩斯国家干预主义的统治地位发生动摇这一背景，新自由主义倡导者的一种新经济理论。我国从20世纪70年代末走上改革开放的道路，但由于我国选择的是渐进式改革发展方式，因而不可避免会出现新旧两种体制的"动态交叉博弈"过程，在经济中形成了一种双轨体制，这种体制导致的巨额价差诱发了我国经济社会中的不公平竞争格局，各种"官倒"活动、以权谋私以及靠双轨价差、利率差、汇率差和政策差而发财的活动层出不穷。1988年以吴敬琏教授为首的一批经济学家，率先在《经济社会体制比较》杂志上介绍西方寻租理论，开创了我国寻租理论研究之先河。此后，国内对寻租理论的研究不断增加，从而极大地推动了西方寻租理论在中国的应用和发展。

20世纪80年代，寻租理论成为分析我国腐败现象最有影响的一种西方经济理论，是理论研究的一个重要内容。像寻租理论的开创者们一样，我国学者也大都把寻租行为的盛行归结为政府扭曲市场提供租金的结果（钱颖一，1988），因此，解除对微观经济活动，包括厂商价格行为的行政管制，放开价格，健全市场，开展平等竞争——这正是我们深化改革的基本方向（吴敬琏，1988）。20世纪90年代以后，寻租理论开始被广泛地应用于我国转轨经济的研究。万安培于1996~1998年持续对我国的租金规模和结构进行了富有成效的考察。胡鞍钢（2001）认为，20世纪90年代后半期，我国租金类型主要集中在税收流失、国有经济投资和财政支出流失、非法经济"黑市收入"和垄断行业租金上。由于在我国转轨时期存在着类型多样、规模巨大的租金价值，寻租行为必然渗透到政府行为、公共权力、外贸体制改革、国有企业资产重组、金融市场的创新与改革、股票市场、农村计划生育工作、建筑工程中的招投标行为、医药行业、审计监督和保险审批制度等众多领域，从而严重影响我国居民收入分配的平均程度，造成社会不公。如果说80年代末国内的理论工作者还是停留在翻译、介绍大量寻租理论方面的论文和著作的话，那么正是通过对这些理论成果的学习与消化，才使得从20世纪90年代初期开始出现了一些运用寻租理论分析中国现实问题的论文（洪必纲，2009）。

公共选择学派把寻租定义为"引起浪费的活动"，这一定义排除了"这些活动最终有利而非浪费的可能",从而把寻租行为限制在一个极小的范围。随着社会经济的发展,租金的概念被进一步扩展。现在"租金"一般是指要素在一种制度或权利安排下能够获得的收入与它在另一种不同的制度或权利安排下获得的收入的差额。由于早期寻租理论家假定了初始制度的存在及其合理性,这种制度结构通常是被选择性地认为与一种市场体系最相契合的制度结构,或根本就是现有的结构。现有制度的合理性一定,浪费就成了改变这些制度的全部努力的结果。虽然寻租理论家承认政府介入了权利的初始识别和分配,但对进一步的政府行动,他们工作的指导思想是布坎南时刻警醒的防止经济原理在概念上过度延伸的努力(柯洪、李英一,2012)。也就是说,在他们看来,定义财富的权利是这个世界的基本上不可改变的特征,对政府关于权利的行动采取了一种一劳永逸的立场。事实上,社会经济制度是从均衡到不均衡再到均衡这样不断发展变化的,寻租也不一定就带来社会效率损失和社会效用水平的下降,有些寻租行为甚至提高了社会总效用。由于寻租也是一种合乎经济理性的行为,不论是寻求经济租金还是谋求更高的一般租金,都是个人追求利益最大化的自然要求,因此在寻租过程中往往会刺激技术创新、管理创新和制度创新。研究诱致制度重新安排的寻租活动即寻租的收益、寻租的正外部性应该是寻租理论研究发展的一个方向。一种理论要获得生命力,归结于它对现实问题的分析和解决。由于中国许多现实问题的存在仍然可以用这一理论来作出解释,所以寻租理论在中国的发展还是很有前景的。进入 21 世纪以后,制度创新成了中国经济政治体制改革的主要内容。要在中国现阶段取得政治体制改革(当然包括反腐败)的重大的胜利,最根本也是最重要的工作就是进行深层次的改革,消除旧体制在中国存在的制度前提,也就是要进行"制度创新",这里的创新指的是消除或改革不合理的制度,真正建立起廉洁、公正、高效的政府,同时加强立法和对政府的监督,使得政府官员能够真正作为人民的公仆,这样政治体制改革才能取得根本性的胜利(洪必纲,2009)。不过,总体上看,寻租理论在我国的发展也取得了比较大的进步,成果也不少。并且许多学者逐步把寻租理论运用到中国特色的经济、政治和政府管理中,分析寻租对社会发展所产生的负面影响,并提出了许多治理寻租的对策,但这些研究成果还没有能够提出针对中国社会经济变革中持续的腐败问题,从制度层面提出治理寻租的治本之策,今后还需要将寻租理论与其他众多理论进行交叉研究,探究寻租对社会经济发展的影响及其治理之策。

4. 民营企业与寻租

寻租理论起源于对垄断的福利成本问题的研究，最早提出寻租活动的是公共选择理论创始人之一高尔顿（Gordon Tunock，1967），他在其《关税、垄断和偷窃的福利成本》一文中分析了完全竞争理论对于偏离竞争所导致的社会福利损失估计不足，实际上垄断、关税、税收所产生的福利损失远远超过了通常的估算，除了传统经济理论已经认可的"哈伯格三角形"部分外，还会出现垄断地位形成过程中所耗费的资源成本，产生这种现象的原因是为了具有垄断特权，理性的经济人会花费资源来游说、贿赂官员和疏通活动等，这部分所耗费的资源是无法创造任何新的社会财富，理性经济人为形成垄断地位的资源耗费活动就是寻租活动。在寻租活动提出后，美国著名经济学家保罗·罗宾·克鲁格曼（Paul R. Krueger，1974）首次正式以一个理论概念提出寻租，她在《寻租社会的政治经济学》一文中分析发展中国家限制进口政策后的一系列经济后果发现，这些政策导致了大量的寻租活动，这些寻租活动使得社会资源被大量浪费，造成经济增长速度的延缓。在此基础上，她给出了寻租是"那种利用资源通过政治过程获得特权，从而构成了对他人利益的损害大于租金获得者收益的行为"。在这两位学者的开拓性研究之后，巴格瓦蒂（Bhagwati J.，1982）、布坎南（Buchanan，1983）等一大批经济学家从不同的视角对寻租论题进行了更加深入的研究，进一步丰富发展了寻租理论。尤其以著名公共选择学派经济学家布坎南的研究较为有代表性。他认为由于政府官员特权带来了限制市场竞争或市场进入的制度或政策，这才是寻租产生的条件。寻租活动划分为三个层次：一是为了获取或保护垄断租金而直接对政府部门的疏通活动；二是争夺有租金分配权的职位直接进入政治领域；三是为了即定租金争夺有利于自身利益的再分配方案（冯延超，2011）。

企业寻租活动的根源和起因在于政府对经济的管制和干预，有关政府部门及其官员以其具有的行政许可权、行政审批权、行政划拨权等行政权力实施"设租"和"收租"，从而获得自身的权力、薪水、地位和提升机会的最大化，而企业利用相关政府部门及其官员交纳经济租金，企业通过花费资源疏通关系，能够获得有关政府部门的特殊庇护和资源效应，取得超额的利润（魏杰和谭伟，2004）。实际上，这些寻租行为是以极高的交易成本为条件的非生产性寻利行为，这种非生产性寻利行为是一种典型的"负和博弈"，最终结果是社会资源的巨大浪费（陶国庆，2011）。因此，寻租行为是一种利用政府的公共权力寻求租金的行为。这种寻求租金的行为包括两个相互作用的行为：一个是相关政府部门及其官员利用权力设租和收租的行为；另一个是企业及其经营者给相关政府部门及其官员交纳租金的行为。其目的是寻求相应的政府保护、垄断市场、取得高额垄断利益，这种为了取得超额利益而进行的利益转移会造成社会资源浪费的活动在本质上是一种非法的浪费资源活动，尽管短期内能够给寻租主体带来一定的超额经济利益流入和自身利益的最大化，但长期给寻租主体及其社会主体造成巨大的损失，并严重损害了整个经济社会的良性运行。正是寻租活动的普遍性和广泛影响力，使得寻租理论逐步发展成为现代经济学的一门分支学科，寻租理论所具有的解释力已经渗透到经济学的各个分支学科中，寻租理论的影响力研究遍及经济学研究的每个领域，也为管理学、政治学、社会学、法学等社会学科提供了一种新的研究范式。

制度环境是寻租存在的依据，制度规制决定了寻租，而不是企业本身决定了寻租，企业在特定制度背景下追求自身利益的最大化，这正是布坎南所强调的经济行为主体寻租决策的制度原因。在我国市场经济体制改革进程中，市场改革是渐进的过程。在这个过程中，政府部门及其官员还掌握着大部分稀缺资源的配置权，社会体制改革和政治调整改革还滞后于市场化改革，法治建设水平落后于经济发展水平，导致我国资源配置是政府主导而不是市场供需决定，政府干预经济行为比较严重。市场经济的特征是弱市场和强政府的高度融合，再加上中国固有的"关系""人情"等文化传统，在这样的制度环境下，企业的生存发展不但需要靠市场交易，还更依赖企业与政府关系的深度和广度。

政府行为如果超出了合同履行、人身权、保护财产权等公共权力之外，政府的分配行为会在一定程度上支配着经济行为，社会资源就有可能被具有政治联系的企业追逐，通过寻租取得政府控制的稀缺资源和获得额外收益。实际上政府干预和管制导致了民营企业寻租，但寻租需要付出寻租成本，寻租主体实施寻租是以寻租收益大于寻租成本为前提的。寻租主体的这种寻租活动并不产生产品和劳务，也不生产这些产品和劳务的投入品，寻租活动只会造成社会资源的浪费。

根据寻租理论，在转型经济环境下，政府部门采用行政权力干预和管制企业的经济活动，具有行政权力的政府部门及其官员可能会把一些标准或规则制定的比较模糊或具有较强的任意性，通过这种方式"设租"，实现超额收入的目标（Okhmatovskiy，2010），转型背景下的这些行政模式既可以为政府部门及其官员取得超额收益提供了机会，也严重妨碍了市场机制发挥正常作用，产生了"中国特色"的权力寻租模式。因此，市场化进程中政府行政权力的泛化、体制机制的不完善、法律的不完备等为民营企业主动向政府部门及其官员寻租提供了机会。寻租是民营企业政治联系产生的重要土壤，寻租空间越大，民营企业建立政治联系的意愿也越强；民营企业主动寻租也符合某些政府部门及其官员的收租意愿，民营企业与某些政府部门及其官员之间是以相互满足利益诉求为前提条件的双向寻租合作。因为从新制度经济学角度看，政府和企业都是一个组织，具备组织的一般特性，政府作为一个组织，为了自身利益会通过设租和收租实现统治者租金的最大化；而民营企业在不具备国有企业的制度保护和外资企业的超国民待遇的情况下，为了发展需要获得无法通过市场交易得到的各种稀缺资源，民营企业通过满足地方政府及其官员的利益诉求实现自己的寻租目的。虽然民营企业与政府部门的双向寻租短期可以给双方带来超额收益，但是从宏观层面看，则是扭曲了社会资源配置，降低了社会资源配置的有效性，恶化的企业外部环境也不利于企业可持续发展。

3.1.2 政治成本理论

经济全球化已经成为世界发展趋势，在经济全球化背景下企业已经进入政治竞争时代。政治是建立在经济基础上的上层建筑领域中各种权力主体维护各自利益的社会活动以及由此形成的社会关系总和。政治活动需要付出政治成本，政治成本按照其性质可以划分为三类：政治性成本、经济性成本、社会性成本。其中，政治性成本是指开展政治活动所消耗和利用的纯粹政治资源，政治性成本在某种程度上是社会性成本的延续。社会性成本是指政府开展政治活动时社会为其付出的代价，包括道德、价值、态度、社会心理、观念等方面的因素，社会性成本伴随政治活动的整个过程。经济性成本是指政府为了完成政治活动所耗费和使用的经济资源，这种经济资源可以使用货币进行精确计量（冯延超，2011）。

经济与政治是相互作用、相互影响的关系，经济是政治存在和发展的依据，政治又对经济具有反作用和独立性，并显著影响经济的发展。从经济学的角度看，政治活动关系到财富在不同的集团之间转移（Stigler，1971；Peltzman，1976）。在现代市场经济中，政府是社会公共利益的管理者，政府为了社会公共利益通常运用各种政策措施干预经济运行，企业的成本与收益常常会直接或间接受到这些政策的影响；企业作为政府管理的经济活动的基本单位，为了维护期利益，也无法避免地需要参与到各种政治活动，这就产生了相应的政治成本。所以，从企业视角可知，政治成本是由于政府和其他社会组织的管制和干预，企业的资源被迫发生转移或者造成的经济损失，企业为了防止资源转移而参与政治活动付出的代价总和。

在中国转型经济背景下，政府部门成为民营企业最为重要的利益相关者之一，也是企业不确定性环境的重要来源。企业竞争环境与公共政策、政府管制、政府干预之间无形中存在依存关系，政府日益被看作是能够给企业的竞争活动创造最佳环境的竞争工具（Epstein，1969），因此，许多民营企业积极主动与政府部门建立政治联系，从而利用政治联系向政府官员表达自身所关心的问题并进而影响政府决策（Muller and Whiteman，2009），同时也可以利用政治联系获得有形资源和无形资源。

3.1.3 效率理论

效率是一个使用范围非常宽泛的概念，通常从字面理解为产出量与投入量的比例。从企业角度考察效率，可以从管理学和经济学两个层面解读效率。从企业管理层面考察效率，企业效率是一个动态和复合的多维概念，企业效率不但可以反映企业物质资源的投入产出比率，而且还可以表明企业的组织机制、决策、行为过程及其人际关系等抽象行为水平，并且在不同的管理领域企业效率的测量指标也不同。从经济学层面考察效率，效率是指经济资源配置的有效性，即所配置的资源没有浪费，最优资源配置状态称为帕累托效率或者帕累托最优。这种最优资源配置效率需要达到三个条件：第一，任何两种商品对于任何两个消费者的边际替代率必须相等，并且两个消费者的效用能够同时达到最大化；第二，两种生产要素对于任何两个生产不同产品的生产者的边际技术替代率相等，并且两个生产者的产量能够同时达到最大化；第三，任何消费者的任何两种商品之间的边际替代率与任何生产者所生产的这两种商品之间的边际产品转换率必须相等。从管理学层面和经济学层面考察效率可以发现，经济学上的效率比管理学上所讲的效率层次更高，决定经济效率不仅来自于供给方的企业集合，还来自消费的需求。企业效率是经济均衡模型的重要组成部分，并不是单独存在，企业效率通过参与经济系统的一般均衡而参与组成"经济效率"，并且还受到资源配置效率的制约（冯延超，2011）。

依据帕累托效率的生产最优条件，企业内部全部资源如果被合理和充分地用于生产，任何改变都不能在不减少一种产品生产的条件下增加另一种产品的产量，资源在不同产品、不同部门之间的边际生产率相等，这时企业的效率达到了最优。帕累托效率是现实经济活动中很难达到的一种理想企业效率状态，因为企业现实中总会存在资源浪费。所以需要从技术层面探究企业生产过程中投入产出的技术性比率变化和具体状态，以此来度量企业效率的高低。从新古典经济学方面分析，企业往往被抽象为生产函数，生产函数是企业投入产出的技术性考察；企业目标常常被设定为利润的最大化，对于利润最大化的追求使得企业追求资源的最充分使用，也就是企业效率的最优化。

但在制度不完善，政府管制和干预的情况下，企业自身资源有限，所需要的其他关键资源难以充分利用市场交易取得，利用政治联系通过相关政府部门及其官员获取企业需要的稀缺资源成为企业的必然选择。但是政府部门作为一个组织，也有其自身的目标，民营企业积极主动与政府部门及其官员寻租获得资源效应时需要付出寻租成本，而政府部门及其官员寻租民营企业也需要付出政治成本，企业效率在寻租成本和政治成本的双重作用下，会改变新古典经济学中所分析的利润最大化的形成方式和结果。

3.1.4 制度分析理论

制度分析理论强调任何组织都需要和环境相适应，企业作为一个组织，必然处于特定的制度环境中，企业的决策和行为往往趋向适应环境规制和趋利避害（Willamson，2000）。从制度理论角度可以将制度划分为正式制度和非正式制度，正式制度主要包括宪法、产权制度、契约制度等制度和规制，非正式制度主要包括社会价值取向、伦理道德和文化、社会习俗等；非正式制度与正式制度相互依赖，在正式制度存在缺陷和不完善时，非正式制度往往能够弥补正式制度的不足，甚至还可以成为正式制度的有效替代。不过，企业作为制度环境中的一个基础单位，也会积极采用多种方式、手段、措施应对来自制度环境的压力,也可能接受、部分拒绝、象征性遵守,甚至操纵制度要求等影响既定的制度环境,从而维护企业的利益(王利平等,2010)。

而我国民营企业始终处于中国特定的制度环境中。我国目前还处于行政化制度规则转换和市场化制度建设的制度环境规制转换时期,随着体制转换过程中探索试验性改革的持续进展,旧规则不断废止和修订,新规则不断制定,政策法规常常具有比较大的不连续性、波动性和不确定性。同时,政府部门往往具有规制制定权、规制执行权、监督权,但政府部门本身却往往约束较少,规制的力度也是时紧时松,规制的规范程度比较低。再加上正式制度中的行政体系对国家经济社会发展具有绝对的支配权和干预权,企业的性质也会深刻影响企业的资源获取及发展。在正式的制度规则难以提供稳定秩序和有效保护的环境下,民营企业对这种特定制度的影响力比较小,更多的是积极应对来自既定制度环境的压力,并选择适应这种制度环境,遵守趋利避害的原则确保自身生存和发展。这种制度环境中,和各级政府部门及其官员建立联系成为民营企业寻求保障的最好选择,政治联系成为一种非正式制度。民营企业政治联系既是适应中国当前阶段市场规则和行政规则同时存在,而且行政规则更具决定性的制度环境的表现,也是在改革过程中制度不稳定、不透明、约束不统一环境下由适应制度规制转向顺从制度制定者和执行者的一种行为表现。政治联系不但能够给企业带来资源效应,还可以保护企业合法权益不受侵害,有助于民营企业取得及时有用的信息和降低政策风险给企业带来的损失,从而促进民营企业发展壮大。因此,制度理论认为政治联系实质上是一种法律替代和产权保护机制。

3.1.5 资源依赖理论

1. 资源依赖理论的产生与发展

资源依赖理论的基本假设是没有任何一个组织是自给自足的,所有组织都必须为了生存而与其环境进行交换。获取资源的需求产生了组织对外部环境的依赖。资源的稀缺性和重要性则决定组织依赖性的本质及范围,依赖性是权力的对应面。1949 年,塞尔兹尼克对田纳西流域当局的经典研究为资源依赖理论提供了坚实的基础,作为罗斯福新政的基石在 20 世纪 30 年代发展起来。田纳西流域当局是美国所建成的最大的公共机构,它把电和先进的农业技术带到了南方的农村地区。发现自己依赖于南方的地方精英，田纳西流域当局就把他们吸收到它的决策结构中，塞尔兹尼克把这一过程称为"共同抉择"。虽然共同抉择也许会导致与被增选行动者的权力分享，但它也可能主要是一个象征性的策略。共同抉择涉及的组织之间权力的相对平衡已经成为组织间关系分析的一个主要争论来源。1958年，汤普森和麦克埃文确立了组织之间合作关系的三种类型，即联盟（包括像合资企业这样的联盟）、商议（包括合同的谈判）和共同抉择（遵循塞尔兹尼克，定义为吸收潜在的干扰性因素进入一个组织的决策机构中）。1967年，汤普森提出一个综合性的组织的权力——依赖模式。吸收了爱默森、布劳的理论以及迪尔的任务环境概念（包括消费者、供给者、竞争者和管制部门），汤普森指出，一个组织对另一个组织的依赖与这个组织对它所依赖的那个组织能够提供的资源或服务的需要成正比例，而与可替代的其他组织提供相同的资源或服务的能力成反比例。针对一个组织对其他组织潜在的屈从和替代者不稳定的可获得性所造成的困境，汤普森认为，依赖性组织的董事会通过参与所依赖组织的竞争及合作策略来保护自己组织的技术核心，像董事会这样的边界跨越单元在依赖性组织中是非常重要的。虽然它的主要目的是为了解释组织变迁的方向和过程，但是这一方法着重于组织内外的政治结构。与汤普森的模式一致，焦点组织的自主性被削弱，因为对资源的控制（和与之伴随的制裁）掌握在另一个组织的手中。为了解决这一问题，组织从事于正式或非正式的联盟，包括横向联盟和纵向联盟。横向联盟发生在同一市场的参与者中，包括合法的手段如合并，非法的手段如价格垄断。纵向联盟发生在消费者、供给者和分销者之间，包括合并、合资企业以及共同董事会。扎尔德认为组织可以运用正式和非正式的方式来互相影响。虽然以上著作使组织分析远远地脱离了封闭系统模式，但是直到20世纪70年代，组织分析的重点才明确地转向组织间的分析层次。费佛尔和萨兰奇科（1978）是资源依赖理论的集大成者。首先，他们提出了四个重要假设：组织最重要的是关心生存；为了生存，组织需要资源，而组织自己通常不能生产这些资源；结果，组织必须与它所依赖的环境中的因素互动，而这些因素通常包含其他组织；生存因此建立在一个组织控制它与其他组织关系的能力基础之上。因为组织依赖它的环境中的因素来获得资源，这些因素能够对组织提出要求。而组织也许发现自己正试图满足这些环境因素所关切的事情。组织所需要的资源包括人员、资金、社会合法性、顾客以及技术和物资投入等。其次，他们认为，一个组织对另一个组织的依赖程度取决于三个决定性因素：资源对于组织生存的重要性；组织内部或外部一个特定群体获得或处理资源使用的程度；替代性资源来源的存在程度。如果一个组织非常需要一种专门知识，而这种知识在这个组织中又非常稀缺，并且不存在可替代的知识来源，那么这个组织将会高度依赖掌握这种知识的其他组织。资源依赖理论的一个重要特点是依赖可以是相互的。正如一个组织依赖于另一个组织，两个组织也可以同时地相互依赖。当一个组织的依赖性大于另外一个组织时，权力变得不平等。吸收霍利的人类生态学观点，费佛尔和萨兰奇科（1978）区分了竞争性互依（在同一市场中运行的组织的特点）与共生性互依（交换资源对于各自生存及其重要的组织的特点）。组织能够采取许多策略来处理它们的互依性。这些策略包括合并、购并、合资企业和其他的联盟形式，以及通过交叉董事会等机制来委派组织代表加入公司的决策部门。伯特（1983）进一步提出了结构自主性模式来解释共同抉择和公司绩效。吸收了齐美尔、费佛尔和萨兰奇科的理论，伯特认为，社会网络中的行动者将会受益，只要他们避免依赖其他人，在社会结构中占据相对稀疏的（非竞争性的）位置并且受到那些占据相对拥挤的位置的行动者的依赖。应用于产业分析，伯特认为，一个产业将会有利可图，只要它是集中的（即它的成员占据相对稀疏的位置），其他产业在销售或采购上高度依赖于这个产业，而这个产业在销售和采购上所依赖的那些产业是竞争性的（即它的成员占据相对拥挤的位置）。伯特（1983）指出，具有这些特点的产业，即具有较高结构自主性的产业比具有较低结构自主性的产业能够获取更多的利润。相反地，只要一个产业高度依赖于另一个高度集中的产业，那么可以说后者限制着前者的发展。利用交叉作为共同抉择的指标，伯特发现，和他的假设一致，产业将试图与那些限制它们的产业成员共同抉择。贝克尔（1998）的一项研究对公司以何种方式处理与其他公司的资源依赖关系做了更详细的探讨。事实上，这是在资源依赖视角下的一项独特研究，贝克尔的研究检验了公司与其投资银行之间的直接关系。贝克尔假设，当公司在资本和市场信息上对投资银行有高度依赖时，公司将试图与这些银行保持长期的关系。当这种依赖程度较低时，贝克尔认为它们之间的关系将是短暂的和插曲式的。这项研究显示了公司主动处理与那些控制着重要资源的公司之间关系的方式，这就超越了关于依赖和共同抉择的早期研究（马迎贤，2005）。

资源依赖理论在某种意义上揭示了组织自身的选择能力，组织可以通过对依赖关系的了解来设法寻找替代性的依赖资源，进而减少"唯一性依赖"，更好地应付环境，关注的是组织之间的权力问题。资源依赖理论的一个重要贡献就在于让人们看到了组织采用各种战略来改变自己、选择环境和适应环境。资源依赖理论着眼于组织为了管理与其环境中其他组织的互依性而采取的策略行动。像交易成本理论一样，这一理论强调某些相同的行动约束，但是采取一种更明确地实现管理动机的政治方法，着重于自主和生存之间的权衡。组织间关系是资源依赖理论的基本分析单位，尽管它也被应用于亚分析单位之间的其他关系类型。资源依赖理论的应用范围从微观到宏观，分析单位跨越极大，从个别管理者、组织内单元到企业、联盟和合资企业以及组织间网络。资源依赖理论已经发展成为一个宽广的视角，赞美这一理论的范围和清晰性的理论家常常援用这一视角。然而，这一理论还存留某些尚未解决的议题。一些评论家认为即使资源依赖理论被广泛地应用，然而这一理论的关键因素并没有得到经验证实。两个议题特别值得关注：依赖是一种客观情景还是一种感知情景；究竟是依赖还是普通市场驱动力产生了组织间关系的各种形式。就其准确意义来说，资源依赖理论具有一个辅助理论的地位，在特定研究问题中它常常被援用，但它不是一个从任何理论群体的可持续研究项目中自己受益的理论（马迎贤，2005）。

2. 资源依赖对企业的影响

资源依赖理论认为，在开放的系统中任何一个组织都难以具有达到目标或维持生存所必需的全部资源，任何一个组织都需要与外部环境或其他组织进行交换，获取诸如政策支持、信息、社会支持、原材料、资金、人力等有形资源和无形资源，取得这些资源的需要导致了组织依赖外部环境，然而资源的重要性和稀缺性决定了组织依赖性的范围和本质（斯格特，2002），资源的重要程度和稀缺决定了企业对资源的依赖程度，企业需要通过各种途径来改变对资源的依赖程度。企业获取关键资源的能力和保持资源的能力决定了企业的生存能力，企业生存能力在较大程度上则取决于企业与外部环境的谈判能力和交往能力（Pfeffer and Salancik，1978）。政府的政策仍对企业经营所需的一些外部资源产生重要影响（Farashahi and Hafsi，2009），正是由于政府的政策具有不确定性，许多企业才不得不寻求建立政治关联来降低对外部资源的依赖程度（封思贤等，2012）。

在中国转型经济背景下，政府既是制度的制定者和执行者，又是资源的运用者和提供者，渐进式改革使得转型时期形成了一个不同于计划体制及不同于成熟市场制度的资源配置系统。一方面，各级政府掌握着大量民营企业生存发展必需的关键资源和诸如政治庇护、政府信用支撑、融资优惠等政策资源的定价权——这些资源成为民营企业提高盈利能力及市场竞争优势的重要原因（边艳杰、邱海雄，2000），另一方面，政府部门又常常按照企业性质配置资源，民营企业成为不受制度庇护的企业，政府部门在土地经营开发、信贷、特殊行业准入等多方面对民营企业设置不同的限制，民营企业需要的许多关键资源难以利用市场交易获得，并且政府的政策不但对民营企业获得一些外部资源产生影响，而且这种政策还具有不确定性，时刻改变民营企业资源的获取程度。政府作为控制资源的一方能够对需求资源的企业制造依赖，资源越是重要、越是稀缺，越是不可替代，控制资源的政府部门就越有资源自由裁决权，企业对资源的依赖程度也就越高。这种特殊的资源配置系统、政策的不确定性、政府配置资源模式促使大量民营企业必须和政府机构及其官员建立联系，利用政治联系获得关键资源，建立政治联系成为民营企业在转型时期获得关键资源的战略手段之一。政治联系是民营企业对政府掌握资源和配置资源的一种反应方式，民营企业通过与政府部门及其官员建立联系，影响政府部门及其官员的政策制定和执行；同时也利用政治联系获得有形的经济资源和具有资源配置功能的其他无形资源（陈爽英等，2010），以此为企业提供一个有利的、稳定的制度环境，改变企业对外部资源的依赖程度。

3.1.6 交换理论

交换理论则认为企业和政府之间都具有对方所需的资源，企业与政府之间在资源方面是相互依赖的，政府和企业都希望通过资源相互交换来促使各方利益达到最大化。

政府与企业的交易横跨不同的领域和市场，政府在许多领域给企业提供政策优惠和资源，企业在其他一些领域帮助政府实现其社会经济目标及提升政绩的目的。因此，企业与地方政府之间是一种互联的关系型合约关系。

政府具有发展本地经济和扩大就业等社会经济目标与政治目标,市场化进程虽然使得政府对企业干预减少了,但政府发展本地经济和政绩考核标准激励政府依赖辖区内的企业发展,通过自身具有的管制、土地、信贷、垄断市场准入、政策优惠、税收优惠和减免等资源扶持辖区内企业,在帮助辖区内企业获利的同时也促进了当地经济社会发展,也进一步提高了政府官员的政绩。政府所付出的这些政策资源和其他关键资源可以称得上是政治成本,这种政治成本投入后所获得的诸如 GDP 增速、就业规模扩大等政治收入就是政府向企业寻租的结果。政治关联会增加企业的负担(Francis et al.,2009),政治联系促进企业扩大投资规模和增加就业人数,满足地方政府的投资需求及增加就业需求,帮助政府部门及其官员实现了 GDP 增长和就业率的增长,企业投资规模扩大和就业人数的增加属于寻租成本,企业付出寻租成本是为了获得关键的有形资源和无形资源等寻租收益。

3.1.7 委托代理理论

委托代理理论认为,不清晰的代理关系常常会比清晰的代理关系产生更高的代理成本和更多的代理问题。企业除了所有者与经营者具有委托代理关系外,政府部门也是企业一个重要的相关利益人,政府部门制定的政策、规制、法律法规等不但会影响企业的盈利能力,还会影响企业的竞争能力,但是企业无法代替政府部门制定政策和规制,为了实现企业自身利益最大化及发展的需要,企业需要通过与政府部门及其官员建立政治联系,寻找政府官员作为企业的代理人,以此影响政府决策和政策规制的制定,从而维护企业利益。因此,企业政治联系行为实质上明确了代理关系(Hillman et al.,2004)。

从上述理论分析可知,不同理论对政治联系解读的侧重点不同,资源依赖理论和寻租理论偏重于分析企业的外部经营环境;委托代理理论着重于分析企业的内部治理机制;制度理论和交换理论着重于分析企业外部环境与企业内部环境之间的相互依赖关系;效率理论侧重于分析企业利用企业内外资源的投入产出比率;政治成本理论侧重于分析企业与外部资源交换付出的代价(封思贤等,2012)。上述理论所使用的分析工具也不同:寻租理论和制度理论主要使用政治学分析框架;资源依赖理论、效率理论、交换理论主要使用经济学分析框架;政治成本理论主要使用了社会学分析框架；委托代理理论主要运用管理学分析框架（封思贤等，2012）。尽管上述各个理论都难以全面解释企业所有的政治联系行为，但是能够在很大程度上深化人们对政治联系行为形成机理的认识，更能够拓宽和深化政治联系与企业过度投资之间关系的认识，这些理论为政治联系与企业过度投资研究拓展了研究视角。

3.2 民营企业政治联系下过度投资形成的机理

中国正处于经济社会转型时期，社会结构和经济体制都在深刻变革，利益格局深度调整，思想观念随着经济发展深刻变化，社会价值随着社会结构深刻变动也逐渐呈现多元化趋势；转型经济环境下，制度与规则不健全，政治和经济改革还没有彻底完成，政治权力集中度仍然比较高，政治透明程度还是比较低，政府部门及其官员权力行使缺乏有效监督；转型经济阶段的政策和法律法规具有不确定性和不可预见性；政府部门对关键资源的控制、行政审批、产业政策等的控制权力仍然巨大，政府对企业的规制和监管粗放而模糊，政府行为的任意性、随意性和不规范性共存。因此，我国转型经济的最根本特征是经济与政治深度融合、竞争在市场与非市场中共存、分配性努力和生产性努力共存，转型经济特征构成了民营企业特定的生存发展的制度环境。

民营企业正是在这种制度化、现有制度、制度空白的三种约束强度不同的制度样态中生存和取得利益（史曲平等，2011），制度环境对民营企业的生存发展及其竞争能力会产生关键的影响，尤其是政府环境成为民营企业外部环境非常重要的组成部分。在这样的特定制度环境下，民营企业受到现有制度庇护较少，民营企业在银行贷款、工商税务、工资标准、营业资格审批、环境保护、产业政策优惠、基础设施建设、土地、政府采购等方面都严重地依赖政府。正是由于企业对政府资源的控制力和强大的权力的依赖性，为了扩大及维护经济利益、获得超额经济利益，民营企业有强烈的动机与政府机构及其官员建立政治联系。民营企业与地方政府及其官员建立政治联系后，能够获得政策扶持和政策优惠、免受制度环境缺陷和市场竞争缺陷影响，还能够获得诸如产业基金扶持、政府采购、财政补贴、税收优惠、临时性大额资金周转、廉价土地、产业政策支持等资源与利益，还可以为民营企业提供有利的法律制度环境、提前掌握政策动态、创造商业信息优势、获得管制行业的准入权、减少政策不确定性、提升市场地位、增加商业机会、政府保护、拓展生存发展空间、获得声誉、优惠的信贷支持等有形资源和无形资源。所以,特定制度环境与政治联系具有天然的关系,现行环境规制是民营企业建立政治联系的前提,政治联系是民营企业应对我国社会经济转型过程存在问题的一种有效手段和替代保护机制,政治联系在经济转型的中国具有特殊的作用及价值。

另外,在这样的制度背景下,财政分权制度改变了中央政府对各级地方政府的激励机制,也深刻改变了各级政府参与社会经济活动的行为,同时也深刻变革了诸如市场化、社会投融资、所有者结果等经济领域。这种财政分权使得地方政府成为相对独立的经济主体,对地方政府的财政竞争产生了强烈的激励效应,再加上中央设立以 GDP 为核心的官员考核机制激励地方政府贯彻中央的政策意图(周黎安,2004),强化了政府逆市场行为,"地方政府公司化"行为比较普遍。我国政府已经成为生产发展型政府,各级地方政府为了达到升迁标准,需要取得政绩指标,这时地方政府有强烈的动机和最高的动力追逐经济增长与增速,尤其是财政收入的增长与增速。具有"理性经济人"特点的政府官员,在不健全的体制和法治、比较缺乏外部监督的条件下,政府活动成为最具有垄断性的一种活动,政府会强化行政性资源配置权力。政府部门及其官员在制度环境不完善的情形下,通过控制关键资源的方式和行政干预手段实现了政府权力部门化、部门权力利益化、部门利益个人化。对于各级政府部门及其官员,在现有政绩考核制度和财政分权体制下,地方 GDP 增长、社会稳定、就业率是政府部门及其官员的最大需求,而扩大投资规模恰恰可以满足政府部门及其官员的这种需求。这种需求使得投资成为拉动地方经济发展的引擎,投资活动已经不再简单的是企业的一项财务活动,更是带动地方经济发展的重要引力,所以各级政府为了实现自身政治目标通常会干预企业投资行为,这也符合政府也是市场经济体制中不可缺少的一个组成部分和政府对社会成员经济活动调控的职能(曾康霖,2007)。而且,在当前公有制预算软约束的特殊环境下,利率机制和货币政策对公有制预算的影响有限,只有通过对投资(对支出)的直接控制才能达到宏观调控的目的(樊纲,1997)。我国体制转轨时期经济体制特殊性的表现恰恰是政府干预企业投资活动,并且政府官员干预企业投资活动也会随着市场化进程和经济体制改革的推进而在干预对象、程度、动机、方式、时机及后果等方面有不同的演化。地方政府会在财税体制改革、行政分权和地方官员考核体制动力下要求辖区内的企业积极参与当地经济建设，进行交通、能源等基础项目投资（郭庆旺等，2006），以此来提高当地财政收入和GDP，所以辖区内企业的投资活动往往是地方政府为了政治晋升目标和财政利益干预的投资活动。在地方政府为了满足自身需求干预企业投资活动过程中，民营企业随着改革的持续深化已经在地方经济中占据越来越重要的地位，民营企业已经与地方财政收入紧密地联系到一起，民营企业发展状况与地方经济发展水平融为一体；民营企业能够满足地方政府的发展需要，可以在增加税收、提高GDP增速、扩大出口、扩大就业规模等方面为地方经济发展做出重要的贡献，民营企业的经济地位影响着民营企业政治地位。在我国还未形成完全竞争的市场机制的条件下，政府行为在资源配置过程中具有较强的影响力，政府部门正是通过对关键资源的控制和定价对民营企业发展实施决定性的影响（周黎安，2007），常常采用直接和间接的方式干预企业，直接干预方式可以通过政府规制、税收等强制性手段实施行政干预，间接方式可以通过对货币市场、资本市场、劳务市场等的宏观调控手段实现干预。在地方政府对民营企业没有所有权的背景下，为了能够直接干预民营企业决策和行为实现地方政府的各项目标，地方政府及其官员也愿意与地方民营企业建立政治联系，地方政府会主动制定优惠的经济发展政策鼓励当地民营企业发展，民营企业对地方经济的贡献拉近了与地方政府的关系，政治联系使得政府官员的权力被寻租的情形变得越来越盛行了（Shleifer and Vishny，1998）。政府对民营企业的干预程度和控制强度受到企业与政府联系的紧密程度影响，政企联系越是紧密，民营企业的投资决策越是容易受到政府部门及其官员的干预（袁淳等，2010）。对于为了政绩晋升的政府官员来说，干预民营企业投资方向和数量不是关心投资项目是否能够盈利，而是关心投资项目是否能够带来最大的政绩。为了获得政府的政策支持和资源优惠，民营企业的投资决策及行为容易被政府部门及其官员的投资偏好所主导，民营企业的投资活动很容易与政府部门及其政绩联系起来（张维迎，2001）。在民营企业与政府的共谋下，向哪些领域投资，投资数量是多少，这个过程中地方政府往往起到了主导作用，从而造成民营企业决策和行为的扭曲。在政绩目标导向下，民营企业在扩大投资规模过程中，往往会投资到净现值为负的项目上，从而引发了民营企业过度投资问题。民营企业扩大投资规模后，过度投资行为满足了地方政府及其官员政治上的投资需求，政府部门及其官员也会积极给予廉价土地、税收减免与优惠、财政补贴、产业政策支持、优惠的信贷支持等资源扶持。地方政府及其官员提供给民营企业的各种有形资源和无形资源的支持，能够弥补过度投资后带来的效率损失，从而获得了最大化的综合收益。

正是转型制度环境的双面性、复杂性特点决定各级政府具有强烈的发展导向以及官员寻租的普遍存在，政府在发展地方经济、解决政策负担、维护社会稳定等方面也对民营企业具有依赖性和需求；这种制度环境下的民营企业在关键资源方面对政府存在依赖性。这种双向依赖和需求形成了政企合谋，民营企业与政府的双向独立需求促进了双方建立政治联系进行资源交换及双向寻租实现各自的利益目标。政治联系是民营企业与政府相互满足需求为前提条件的一种合作博弈行为，政治联系也是对现有正式法律制度缺陷的一种替代效应。民营企业与地方政府的政治联系实质上是双方基于相互拥有的资源基础上的相互依赖、选择和交换的过程，民营企业通过政治联系取得关键资源具有一定的普遍性及合理性（Francis et al.，2009）。民营企业将其经营活动和投资活动与政府部门及其官员的需求相联系，通过扩大投资规模和过度投资，在满足政府部门及其官员政绩需求的基础上增强了与政府的依赖性和关联性，获得扶持及发展的机会与空间，获得各种有形资源和无形资源。所以，民营企业政治联系下的过度投资是民营企业向地方政府及其官员寻租所支付的一种寻租成本和政治成本，是民营企业与地方政府及其官员基于资源相互依赖下的一种资源交换和双向寻租行为，民营企业和地方政府及其官员在合作博弈中实现了双赢。

综上所述，民营企业政治联系下过度投资的形成机理可以简单表述如下：转型经济环境下的制度缺陷和制度约束为各级政府部门及其官员干预民营企业投资决策和行为提供了制度基础，不完善的市场机制及以经济指标为考核指标的官员考核制度为政府部门及其官员干预民营企业投资决策和行为提供了强烈的动机与必要条件，民营企业为了突破制度约束和关键资源限制，通过与各级政府及其官员建立政治联系，然后利用政治联系与各级政府部门及其官员进行双向寻租及合作博弈，采用过度投资方式实现政府部门及其官员的社会目标、政治目标、政绩目标和个人效用最大化，同时民营企业也获得了最大化的综合收益。基于上述分析，本书构建了民营企业政治联系下的过度投资形成机理图，如图3-1所示。

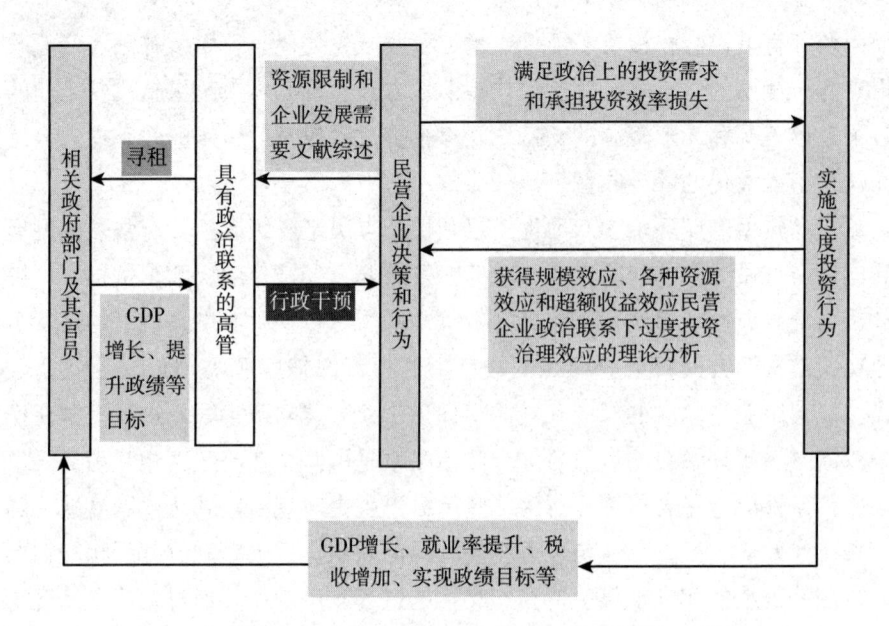

图 3-1　政治干预、民营企业政治联系与过度投资形成的机理

3.3　民营企业政治联系下的投资决策模型

由上述理论分析可以看出，转型经济环境下各级政府及其官员为了社会目标、政治目标、政绩目标和个人收益最大化，往往利用政治联系干预民营企业经营决策和投资决策，而民营企业受到制度约束及制度缺陷的双重影响，企业成长所需的关键资源被政府控制和定价，出于企业发展需求，采用寻租方式与各级政府建立政治联系，以期望获得各种关键资源为企业提供强大动力。民营企业与各级政府及其官员的相互需求与目标促进了双方相互作用、相互影响、相互收益。这个过程中，各级政府强烈干预民营企业决策和行为，民营企业为了实现寻租收益往往会主动配合各级政府的投资偏好与需求。因此，本节通过建立数理模型对政治干预、民营企业寻租、政治联系影响民营企业决策和行为进行分析。

在借鉴田伟（2007）、冯延超（2011）、古志辉等（2012）研究行政干预、政治联系对企业决策影响的基础上，本节将具有政治联系的民营企业目标函数设定为：

$$U = \mu(y, v) \qquad (3-1)$$

其中，y 表示具有政治联系的民营企业的产出，v 代表具有政治联系的企业的利润。(3-1) 式满足下列条件：

$$\frac{\partial \mu}{\partial y} > 0; \frac{\partial \mu}{\partial v} > 0 \qquad (3-2)$$

$\frac{\partial \mu}{\partial y} > 0$ 表明具有政治联系的民营企业的目标函数是企业产出的增函数；$\frac{\partial \mu}{\partial v} > 0$ 说明具有政治联系的民营企业以追求利润最大化为其自身目标。

当各级政府官员为追求经济增长和政绩目标而介入具有政治联系的民营企业的经营活动与投资活动时，再加上民营企业建立政治联系是为了向各级政府部门及其官员寻租获得寻租收益，民营企业和政府官员的各自利益诉求与追求目标都会影响到企业经营决策及投资决策目标。于是，具有政治联系的民营企业的决策函数可以写作：

$$U = \mu(y, v) = \lambda y + (1 - \lambda)v \qquad (3-3)$$

其中，$\lambda \in [0, 1]$，λ 为政府部门及其官员对具有政治联系的民营企业的政治干预程度，λ 值越大表示政府官员对具有政治联系企业的经营决策和投资决策的政治干预强度越大。

在政府官员及具有政治联系的企业的共同作用下，企业的经营决策既需要满足企业实现利润最大化的要求，也需要满足政府官员经济增长和就业率提高的要求。根据已有研究成果可知，政治联系企业的产出是这种联系强度的递增凹函数，则具有政治联系的企业的柯布-道格拉斯函数（Cobb-Douglas）可以修改为如下形式：

$$y = AK^\alpha L^\beta P^\gamma \qquad (3-4)$$
$$\alpha > 0, \beta > 0, \gamma > 0, 0 < \alpha + \beta + \gamma \leq 1$$

式（3-4）中，$A(A > 0)$ 表示生产率，即技术水平；α 代表资本的产出弹性，β 表示劳动的产出弹性，γ 为具有政治联系的企业的寻租程度，也即寻租的产出弹性；K 为产出投入的资本，L 为产出投入的劳动，P 为政治联系强度。

转型经济环境下，政府对绝大部分资本具有控制权和定价权，民营企业通过寻租向政府官员寻租有利于缓解民营企业融资约束，帮助企业扩大筹资规模，降低企业的筹资成本。因此，民营企业通过政治联系向政府官员的寻租程度与资本价格 C 呈反比例关系，即民营企业利用政治联系越是努力向政府官员寻租，企业越是可能取得比竞争性市场上一般资本价格 C_0 更低价格的资本要素（冯延超，2011）。按照冯延超（2011）、斯坦（Stein）（2003）、于蔚（2013）的建模策略，具有政治联系的民营企业向政府官员寻租后，单位资本成本为 $e^{-\gamma}C_0$，即：

$$C = e^{-\gamma}C_0$$

其中，$C(C>0)$表示民营企业利用政治联系向政府官员寻租后的单位资本成本，$C_0(C_0>0)$表示竞争性市场上一般资本价格。

根据经济学原理，一般情况下企业的利润等于收益减去成本。对于具有政治联系的民营企业，企业的产出是资本、劳动、政治联系的二阶连续函数（古志辉，2012），具有政治联系的民营企业的利润函数可以写作：

$$v = (1-T)y - KC - LD - NP = (1-T)AK^{\alpha}L^{\beta}P^{\gamma} - KC_0e^{-\gamma} - LD - NP \quad (3-5)$$

其中，D表示劳动投入的单位成本；N表示政治联系强度投入的单位成本，即政治联系成本的单位成本。

3.3.1 民营企业政治联系下的最优化决策模型

将式（3-4）代入具有政治联系的民营企业的决策函数（3-3）中，能够得到具有政治联系的民营企业的最优化决策模型为：

$$\text{MAX}: U = \lambda AK^{\alpha}L^{\beta}P^{\gamma} + (1-\lambda)[(1-T)AK^{\alpha}L^{\beta}P^{\gamma} - KC_0e^{-\gamma} - LD - NP] \quad (3-6)$$

$$0<\lambda<1, \alpha>0, \beta>0, 0<\gamma<1, 0<\alpha+\beta+\gamma\leq 1$$

其中，$T(0<T<1)$表示生产税的税率。

等式（3-6）表明，决策函数 U 是资本投入 K、劳动投入 L、政治联系强度 P 的凹函数，在 T、α、β、λ、γ、N 既定条件下，能够分析出具有政治联系的民营企业的最优的资源投入决策水平。

$$\frac{\partial \mu}{\partial K^*} = 0 \Rightarrow \alpha[1-T(1-\lambda)]AK^{\alpha-1}L^{\beta}P^{\gamma} = (1-\lambda)C_0e^{-\gamma} \quad (3-7)$$

$$\frac{\partial \mu}{\partial L^*} = 0 \Rightarrow \beta[1-T(1-\lambda)]AK^{\alpha}L^{\beta-1}P^{\gamma} = (1-\lambda)D \quad (3-8)$$

$$\frac{\partial \mu}{\partial P^*}=0 \Rightarrow \gamma[1-T(1-\lambda)]AK^{\alpha}L^{\beta}P^{\gamma-1}=(1-\lambda)N \qquad (3-9)$$

由等式（3-7）可以推导出最优决策水平下政治联系强度与产出的关系：

$$y=\frac{N(1-\lambda)}{\gamma[1-T(1-\lambda)]}P^* \qquad (3-10)$$

由等式（3-8）可以推导出最优决策水平下政治联系强度与资本投入的关系：

$$K^*=\frac{N\alpha e^{\gamma}}{C_0\gamma}P^* \qquad (3-11)$$

由等式（3-9）可以推导出最优决策水平下政治联系强度与劳动投入的关系：

$$L^*=\frac{\beta N}{D\gamma}P^* \qquad (3-12)$$

运用等式（3-10）可以计算出最优投资水平时单位产出所耗费的资本 k：

$$k=\frac{K^*}{y}=\frac{[1-T(1-\lambda)]\alpha e^{\gamma}}{C_0(1-\lambda)} \qquad (3-13)$$

运用等式（3-11）可以计算出最优投资水平时单位产出所耗费的劳动 l：

$$l=\frac{L^*}{y}=\frac{[1-T(1-\lambda)]\beta}{D(1-\lambda)} \qquad (3-14)$$

3.3.2 民营企业寻租与资本投入

1. 寻租对单位资本投入的影响

对等式（3-13）求偏导得：

$$\frac{\partial k}{\partial \gamma}=\frac{[1-T(1-\lambda)]\alpha e^{\gamma}}{C_0(1-\lambda)}>0 \qquad (3-15)$$

由等式（3-15）可知，随着民营企业通过政治联系向政府官员寻租程度的增加，民营企业单位产出所耗费的资本会增加，与完全没有寻租的企业

（$\gamma=0$）相比较，寻租的民营企业所消耗的资源比较高，这是民营企业为了获得寻租利益所付出的寻租成本。

2. 寻租对资本投入的影响

根据等式（3-11）和等式（3-12）可以计算出民营企业在最优投资水平下，资本需求对劳动需求之比，即：

$$\frac{K^*}{L^*} = \frac{D\alpha e^{\gamma}}{C_0 \beta} \quad (3-16)$$

对等式（3-16）求一阶偏导可得：

$$\frac{\partial(K^*/L^*)}{\partial \gamma} = \frac{D\alpha e^{\gamma}}{C_0 \beta} \quad (3-17)$$

等式（3-16）中 $\frac{K^*}{L^*}$ 是民营企业寻租程度的增函数。由等式（3-17）可以看出，随着寻租程度的增强，民营企业更加倾向以资本代替劳动，相比于没有任何寻租的企业（$\gamma=0$），为了满足一定量就业的增加，寻租的民营企业对投资的需求往往会远远超过没有任何寻租的企业，这可能会导致寻租的民营企业过度投资问题更加严重。

3.3.3 政治干预对最优化决策水平下的资本投入和劳动投入的影响

1. 政治干预对单位资本产出水平的影响

将等式（3-4）代入等式（3-7）可得：

$$\frac{y}{K^*} = \frac{(1-\lambda)C_0 e^{-\gamma}}{\alpha[1-T(1-\lambda)]} \quad (3-18)$$

对等式（3-18）求一阶偏导可得：

$$\frac{\partial(y/K^*)}{\partial \lambda} = \frac{\alpha C_0 e^{-\gamma}[\alpha - 2T(1-\lambda)]}{[\alpha - \alpha T(1-\lambda)]^2} < 0$$

由 $\frac{\partial(y/K^*)}{\partial \lambda} < 0$ 可以看出，随着政府官员的政治干预强度上升，单位资本的产出水平在下降，即政治干预强度增加表明资本对产出的贡献率在

降低。

2. 政治干预对单位劳动产出水平的影响

将等式（3-4）代入等式（3-8）可得：

$$\frac{y}{L^*} = \frac{(1-\lambda)D}{\beta[1-T(1-\lambda)]} \quad (3-19)$$

对等式（3-19）求一阶偏导可得：

$$\frac{\partial(y/L^*)}{\partial \lambda} = \frac{-D\beta}{[\beta-\beta T(1-\lambda)]^2} < 0$$

由 $\frac{\partial(y/L^*)}{\partial \lambda} < 0$ 可知，随着政治干预程度的增强，单位劳动力产出水平在下降，也就是说政治干预强度增加导致了劳动力对产出水平贡献率的下降。

3. 政治干预对资本投入和劳动投入的影响

对等式（3-7）求一阶偏导可得：

$$\frac{\partial K^*}{\partial \lambda} = \frac{\alpha e^\gamma y}{[(1-\lambda)]^2 C_0} > 0 \quad (3-20)$$

对等式（3-8）求一阶偏导可得：

$$\frac{\partial L^*}{\partial \lambda} = \frac{\beta y}{D(1-\lambda)^2} > 0 \quad (3-21)$$

由等式（3-20）、等式（3-21）可知，政府部门及其官员对具有政治联系的民营企业的政治干预，会驱使具有政治联系的民营企业有更多的劳动力投入和更多的资本投入，也就是说，政府部门及其官员对具有政治联系的民营企业的政治干预极有可能导致民营企业过度投资。

3.3.4 政治干预与政治联系的关系

由等式（3-9）可以推导如下：

$$\frac{\partial P^*}{\partial \lambda} = \frac{\gamma y}{N(1-\lambda)^2} > 0 \quad (3-22)$$

由等式（3-22）可知，随着政府部门及其政府官员的政治干预的增加，具有政治联系的民营企业在政治联系方面资源投入水平在增加，产出水平也在增加。

由等式（3-9）可以进一步推导如下：

$$\frac{\partial(P^*/y)}{\partial \lambda} = \frac{-N\gamma}{[\gamma - \gamma T(1-\lambda)]^2} < 0 \qquad (3-23)$$

由等式（3-23）可以看出，随着政府部门及其官员的政治干预强度增加，具有政治联系的民营企业的单位产出所承载的政治联系强度在下降。也就是说，政府部门及其官员对具有政治联系的民营企业的政治干预不可能无限扩大，具有政治联系的民营企业能够承载的政治干预强度有限，超过了民营企业所能够承载的政治干预强度后，在民营企业可以投入的资源水平有限时，民营企业常常会考虑到风险和其他更加严重的后果，往往会降低政治联系水平。因此，政府部门及其官员对具有政治联系的民营企业的政治干预具有一个边界和最佳水平；而民营企业通过寻租方式与政府部门及其官员建立的政治联系也会存在一个边界，这个边界可能是最大风险和最小收益。

3.3.5 政治联系对最优资源投入的影响

对等式（3-10）求一阶偏导可得：

$$\frac{\partial y}{\partial P^*} = \frac{N(1-\lambda)}{\gamma[1-T(1-\lambda)]} > 0 \qquad (3-24)$$

由 $\frac{\partial y}{\partial P^*} > 0$ 可知，民营企业与地方政府部门及其官员建立政治联系后，政治联系能够实现民营企业产出增加，民营企业产出增加能够为地方经济增长和就业率提高作出贡献。

对等式（3-12）求一阶偏导可得：

$$\frac{\partial L^*}{\partial P^*} = \frac{\beta N}{D\gamma} > 0 \qquad (3-25)$$

由 $\frac{\partial L^*}{\partial P^*} > 0$ 可以看出，增强政治联系强度能够加大民营企业对劳动力的投入。

对等式（3-11）求一阶偏导可得：

$$\frac{\partial K^*}{\partial P^*} = \frac{N\alpha e^{\gamma}}{C_0 \gamma} > 0 \qquad (3-26)$$

$\frac{\partial K^*}{\partial P^*} > 0$ 表明政治联系强度增强虽然能够促进产出和就业的增长，但是政治联系强度也能够促使民营企业对资本投资有更多的需求，这些更多的资本需求往往会导致具有政治联系的民营企业产生过度投资问题。

3.4 民营企业政治联系下过度投资治理效应的理论分析

3.4.1 政治联系下过度投资的公司治理效应机理

制度不完善、制度缺陷、市场机制不健全等因素导致民营企业需要采用寻租方式与地方政府及其官员建立政治联系，利用政治联系获得企业生存发展所必需的关键资源。而地方政府及其官员、民营企业都具有自主性和经济理性，民营企业与政府官员建立政治联系是以双方相互满足对方需求为前提条件的一种资源交换和博弈共赢的合作。民营企业的大股东及其高管建立政治联系的根本目的是利用政治联系获得最大化的经济利益，而地方政府及其官员建立政治联系的目的则是利用政治联系干预民营企业投资决策和行为实现地方经济增长目标及官员晋升的政治目标。因此，政治联系下的过度投资行为本质上是民营企业与地方政府及其官员为了追求各自的利益最大化的一种双向寻租和资源依赖交换行为，为了各自目标，双方都需要相互妥协和进行资源交换。地方政府及其官员在干预民营企业扩大投资规模，实现社会目标、政治目标、晋升的政绩目标时，也需要拿出有形资源和无形资源给予具有自主性和经济理性的民营企业以补偿，让民营企业在满足地方政府及其官员的经济目标和政绩目标的同时，实现最大化的综合收益。只有这样，民营企业才愿意用自身有限的稀缺资源去满足地方政府及其官员的各种需求。

在这个过程中，民营企业为了取得各种有形资源和无形资源，通常需要扩大投资规模来满足地方政府及其官员的投资偏好,实现地方经济增长与官员的政绩目标。这时民营企业投资已经不是价值最大化了,而是变成了以地方政府及其官员的价值需求最大化为投资目标了,这个过程中民营企业的利益与地方政府及其官员的利益捆绑到了一起,这使得民营企业投资决策和行为偏离经济理性,往往导致过度投资,这就是为什么中国民营上市公司有完善的公司治理结构而仍然发生过度投资的原因。政治联系使得以大股东控制为特色的民营企业为了获得最大化的综合收益,往往使董事会和公司治理失去独立性,正是这种妥协成为民营企业与地方政府及其官员建立政治联系获得超额收益的基础。公司治理独立性缺失使得公司治理机制对过度投资行为的抑制作用被弱化和软化,但是公司利益和大股东利益并没有因为公司过度投资而损失,而是以过度投资方式获得了各种有形资源和无形资源,取得了间接收益和直接收益,公司过度投资后的综合收益实现了最大化,满足了大股东及其高管建立政治联系的根本目的。这正是政治联系引起的过度投资与委托代理问题造成的过度投资的本质区别,从而导致了公司治理对这两种过度投资的抑制效应也存在差异。

本文在借鉴阿加沃尔和维克(Aggarwal and Samwick, 2006)、杨兴全等(2010)研究的基础上,设具有政治联系的民营企业当前的现有资产为 $size$,资产投资数额为 $Invest$,α 为资产投资的产出效率,$\alpha - N(0, \sigma^2)$,则具有政治联系的民营企业的企业价值为:

$$f_1(Invest) = size + Invest - \frac{1}{2\alpha}Invest^2 \qquad (3-27)$$

对等式(3-27)求一阶偏导可得:

$$\frac{\partial f}{\partial Invest} = 1 - \frac{Invest}{\alpha} \qquad (3-28)$$

令等式(3-28)为零,可求得具有政治联系的民营企业在适度投资水平下的最大企业价值。

即当 $Invest^* = \alpha$,具有政治联系的民营企业资产投资数据为适度投资,此时企业价值最大为:

$$f_1(Invest) = size + \frac{\alpha}{2} \qquad (3-29)$$

当具有政治联系的民营企业在地方政府及其官员的政治干预下实施过度

投资后，作为与地方政府及其官员的资源依赖和资源交换条件，地方政府及其官员往往会给民营企业提供廉价的土地、低资金成本的信贷扶持、税收减免和税收优惠、财政补贴、管制行业的市场准入权、政策优惠和扶持、政府采购、高管政治荣誉等有形资源和无形资源，进而民营企业获得了间接收益和直接收益，这些间接收益和直接收益形成了以过度投资为条件的综合收益。

我们假定当具有政治联系的民营企业实施过度投资后，过度投资造成的亏损为 $MIn(Invest)$，地方政府及其官员给予民营企业的各种资源效应所带给民营企业的综合收益为 $NIn(Invest)$，只有过度投资给民营企业带来的综合收益超过过度投资造成的损失时，民营企业才有动机和意愿为了满足政府官员的需求而实施过度投资，所以 $N>M(N>1,M>1)$。最终，具有政治联系的民营企业过度投资后取得的超额收益为：

$$RInInvest = NIn(Invest) - M(InInvest) > 0 \quad (3-30)$$

具有政治联系的民营企业在地方政府及其官员的政治干预下，实施过度投资项目后，民营企业的综合价值为：

$$f_2(Invest) = size + Invest - \frac{1}{2\alpha}Invest^2 + RIn(Invest) \quad (3-31)$$

对等式（3-31）求一阶偏导可得：

$$\frac{\partial f_2}{\partial Invest} = 1 - \frac{Invest}{\alpha} + \frac{R}{Invest} \quad (3-32)$$

令等式（3-32）等于零，可得具有政治联系的民营企业过度投资后的综合价值最大化下的过度投资数额为：

$$Over - Invest = \frac{\alpha + \sqrt{\alpha^2 + 4\alpha R}}{2} \quad (3-33)$$

具有政治联系的民营企业过度投资后的最大综合价值为：

$$MAX: f(Over - Invest) = size + \frac{\alpha + \sqrt{\alpha^2 + 4\alpha R}}{2} - \frac{\alpha + 2R + \sqrt{\alpha^2 + 4\alpha R}}{4} +$$

$$RIn\left(\frac{\alpha + \sqrt{\alpha^2 + 4\alpha R}}{2}\right)$$

假定，当地方政府及其官员对具有政治联系的民营企业进行政治干预将导致企业过度投资时，公司治理的制衡机制和监督机制能够对政治联系导致的过度投资行为具有抑制作用，假设这种抑制作为为 $\theta(0 \leq \theta \leq 1)$。

考虑两种极端情形：当 $\theta = 0$ 时，公司治理的监督和制衡功能没有对政治联系导致的过度投资行为具有约束效应，此时，具有政治联系的民营企业的过度投资数额为 $Over - Invest = \dfrac{\alpha + \sqrt{\alpha^2 + 4\alpha R}}{2}$；当 $\theta = 1$ 时，公司治理的制衡机制和监督机制能够制约政治联系导致的过度投资行为，此时具有政治联系的民营企业的资产投资数额为 $Invest^* = \alpha$。

当公司治理的职能能够对政治干预造成的过度投资行为产生约束效应时，此时具有政治联系的民营企业的综合价值为：

$$f_2(Invest) = size + Invest - \frac{1}{2\alpha}Invest^2 + RIn(Invest)(1-\theta) \quad (3-34)$$

对等式（3-34）求一阶偏导可得公司治理抑制政治联系导致的过度投资后的企业综合价值。

此时具有政治联系的民营企业资产投资数额为：

$$公司治理下的\ Invest = \frac{\alpha + \sqrt{\alpha^2 + 4\alpha R(1-\theta)}}{2} \quad (3-35)$$

此时，公司治理抑制政治联系造成的过度投资后的企业综合价值为：

$$f_2(Invest) = size + \frac{\alpha + \sqrt{\alpha^2 + 4\alpha R(1-\theta)}}{2} -$$

$$\frac{\alpha + 2R(1-\theta) + \sqrt{\alpha^2 + 4\alpha R(1-\theta)}}{4} +$$

$$RIn\left[\frac{\alpha + \sqrt{\alpha^2 + 4\alpha R(1-\theta)}}{2}(1-\theta)\right] \quad (3-36)$$

在地方政府及其官员的政治干预下，具有政治联系的民营企业投资决策变成了满足政府官员的需求，这往往会导致民营企业过度投资，这时公司治理发挥着是抑制还是不抑制的两种策略选择，同时具有政治联系的民营企业还面临着过度投资和不过度投资两种策略选择。这样，在过度投资与不过度投资、抑制与不抑制之间形成了博弈关系。公司治理与政治联系下的过度投资治理之间的博弈关系如表 3-1 所示。

表3-1　民营企业政治联系下过度投资与内部治理效应的得益矩阵

	抑制	不抑制
过度投资	$\frac{\alpha+\sqrt{\alpha^2+4\alpha R(1-\theta)}}{2}$, $size+\frac{\alpha+\sqrt{\alpha^2+4\alpha R(1-\theta)}}{2} - \frac{\alpha+2R(1-\theta)+\sqrt{\alpha^2+4\alpha R(1-\theta)}}{4} +$ $RIn[\frac{\alpha+\sqrt{\alpha^2+4\alpha R(1-\theta)}}{2}(1-\theta)]$	$\frac{\alpha+\sqrt{\alpha^2+4\alpha R}}{2}$, $size+\frac{\alpha+\sqrt{\alpha^2+4\alpha R}}{2} - \frac{\alpha+2R+\sqrt{\alpha^2+4\alpha R}}{4} +$ $RIn(\frac{\alpha+\sqrt{\alpha^2+4\alpha R}}{2})$
不过度投资	α, $size+\frac{\alpha}{2}$	0, 0

民营企业和政府部门及其官员建立了政治联系后，由此强化了民营企业与政府部门之间的利益联系，政治联系往往会对董事会、股东、经理层这一核心治理结构产生直接冲击，使得政治联系成为公司治理因素，从而把政府部门及其官员的利益与民营企业的利益联系到一起，实现双方各自的利益诉求，导致民营企业的经营决策和投资决策常常会在一定程度上受到政府部门及其官员的利益牵制，造成公司治理与董事会失去独立性（连军，2012）。同时，政府官员的政治干预是以给予企业提供有形资源和无形资源为代价的资源交换，按照中国文化中的礼尚往来讲，企业为满足政府官员的需求而过度投资，虽然会因过度投资而发生直接亏损，但是政府部门及其官员给予企业的直接收益和间接收益所形成的综合收益会远远超过过度投资项目带来的损失。其结果是企业过度投资后，既可以获得最大化的综合收益，也能够维护和提升政治联系，进一步也获得了企业发展所需的各种有形资源和无形资源，这给企业未来发展提供了强大动力。再加上政治联系建立和维护的前提条件需要民营企业在决策及行为方面向政府官员妥协，这种妥协的结果是公司治理的独立性下降，董事会的监督和决策职能的独立性下降。这些导致了具有政治联系的民营企业在过度投资发生时，其公司治理对过度投资的约束效应被弱化和软化了。民营企业政治联系下的过度投资与公司治理效应的作用机理如图3-2所示。

综上所述，政治联系下过度投资的产品市场竞争治理效应机理可以简述如下：民营企业在制度约束和资源限制下，通常会积极主动地与地方政府及其官员建立政治联系，然后利用政治联系作为媒介向地方政府及其官员寻

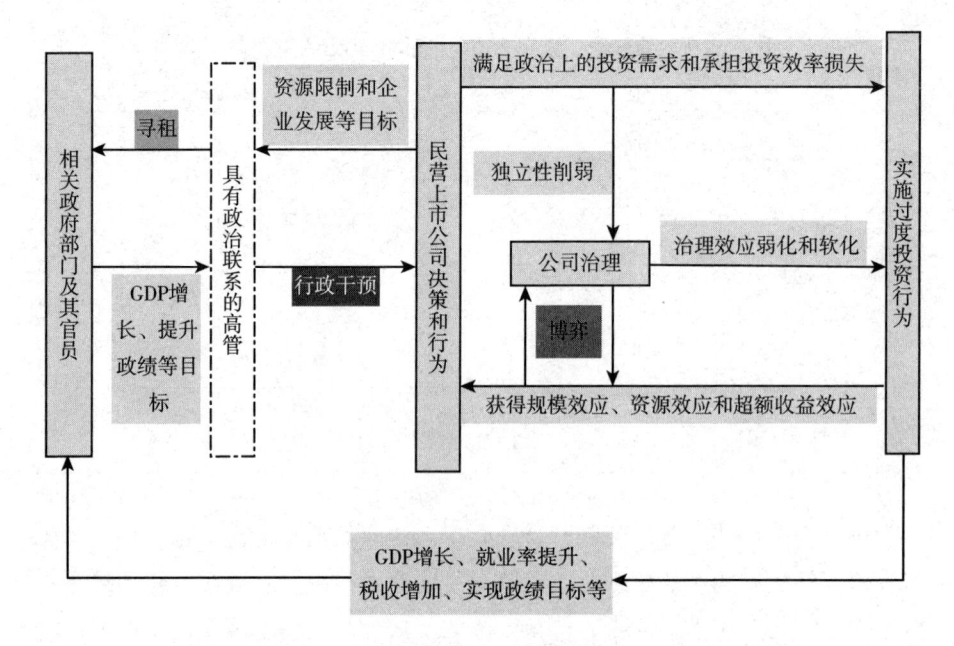

图3-2 民营企业政治联系下过度投资的内部治理效应机理

租，以实现民营企业的资源效应；地方政府及其官员在实现 GDP 增长、提供就业率等政绩目标的驱使下，也往往会与民营企业建立政治联系，利用政治联系作为中介，以实现干预民营企业投资决策和投资行为的目标；在民营企业和地方政府及其官员都具有各自的利益诉求下，民营企业往往会满足地方政府及其官员政治上的投资需求，从而导致过度投资；民营企业在政治联系的影响下实施了过度投资，虽然需要承担过度投资后的效率损失，但是能够获得地方政府及其官员给予地各种资源，还能够实现规模效应，这些资源效应和规模效应往往会大于过度投资后的效率损失，民营企业过度投资之后并没有实质上的损失，相反可以获得超额收益；地方政府及其官员通过干预民营企业投资决策和投资行为，实现了 GDP 增长、提高就业率等政绩目标；民营企业和地方政府及其官员以政治联系为寻租通道，以过度投资作为利益交换方式，最终实现了利益的相互输送；在民营企业与地方政府及其官员的利益相互输送下，公司治理的独立性被削弱，导致公司治理固有的监督和激励机制难以对利益相互输送下的过度投资产生实质性的制约作用，公司治理固有的制衡功能也难以对利益相互输送下的过度投资发挥有效的约束效应。基于此，本节构建了政治联系下过度投资的公司治理效应机理图，如图 3-2 所示。

3.4.2 政治联系下过度投资的产品市场竞争治理效应机理

民营企业为了利益最大化,通过寻租方式与地方政府及其官员建立政治联系后,政府部门及其官员也会为了社会目标、政治目标、晋升目标和个人效用最大化而对民营企业的投资决策和行为进行政治干预,从而导致民营企业过度投资,产品市场竞争会对这种政治联系下的过度投资产生影响。

1. 产品市场竞争下政治联系与过度投资机理

由于我国民营企业所处的行业和产业大都是竞争性行业和产业,可以视同完全竞争市场。在借鉴黎精明等(2011)研究的基础上,我们假定在完全市场竞争环境下,劳动市场的出清数量为 L_0,资本市场的出清数量为 K_0,产品市场竞争中资本的均衡价格为 η_0,劳动市场的均衡价格为 φ_0,产品市场竞争中以 η_0 进行资本要素配置是有效率的,否则为非效率。

对于具有政治联系的民营企业,在政府官员的政治干预下,双方为了满足各自的需求而通过过度投资方式进行资源交换和双向寻租,过度投资后造成民营企业的产能增加,这在产品市场竞争中使得产品的价格下降和更加激烈的市场竞争,往往会导致过度投资的民营企业经营亏损,我们假设过度投资后民营企业的亏损数额为 μ_0。因此,过度投资后的民营企业的最大化利润目标为:

$$\text{MAX}: \pi = f(K, L) - \eta K - \varphi L - \mu_0 \qquad (3-37)$$

对于双方都是经济理性的政府官员和民营企业,在资源相互依赖和双向寻租下,民营企业采用过度投资方式实现企业与政府官员的各种收益目标,而政府部门及其官员常常会给予过度投资的民营企业通过各种有形资源和无形资源,这些资源效应最终使得民营企业获得了最大化的综合收益,所以过度投资的结果是民营企业的亏损能够从政府部门及其官员给予的各种资源效应中得到补偿。所以相应的约束函数为:

$$f(K, L) - \eta K - \varphi L \geq 0 \qquad (3-38)$$

根据拉格朗日函数,过度投资的民营企业最后的综合收益 TR 为:

$$TR = f(K, L) - \eta K - \varphi L - \mu_0 - \lambda(f(K, L) - \eta K - \varphi L) \qquad (3-39)$$

其中 λ 为拉格朗日乘。

该函数的一阶条件为：

$$\frac{\partial TR}{\partial L} = MR_L - \varphi - \lambda \times MR_L + \lambda \times \varphi = 0$$

$$\frac{\partial TR}{\partial K} = MR_K - \eta - \lambda \times MR_K + \lambda \times \eta = 0$$

$$\frac{\partial TR}{\partial \lambda} = f(K,L) - \eta K - \varphi L = 0 \quad (3-40)$$

整理上式可以得到：

$$\frac{MR_L}{MR_K} = \frac{\varphi}{\eta}$$

按照有效率的劳动对资本的边际技术替代率：

$$MRTS_{LK}^* = \frac{\varphi_0}{\eta_0}$$

在完全竞争市场下，产品市场竞争机制通过作用劳动市场和资本市场，最终形成了劳动和资本的均衡关系，即 $\eta = \eta_0, \varphi = \varphi_0$。对于过度投资的民营企业，从理论上说，其劳动对资本的边际技术替代率 $\frac{MR_L}{MR_K} = \frac{\varphi}{\eta} = MRTS_{LK}^* = \frac{\varphi_0}{\eta_0}$，即完全竞争市场中的市场竞争机制能够使得劳动对资本的边际产出比率与有效的边际技术替代率相等，只有在劳动对资本的边际产出比率等于有效的边际技术替代率时，劳动和资本的投入组合达到最优状态，这时民营企业才真正处于有效率的投资状态。

但是，对于政府部门及其官员干预导致的过度投资，往往是通过资源交换和寻租实施的，政府部门及其政府官员给予过度投资的民营企业以有形资源和无形资源支持与补贴。正是政府部门及其官员对关键资源具有控制权和定价权，其给予过度投资的民营企业各种形式的资源效应最后都会通过要素价格机制对有效投资发生作用。过度投资的民营企业获得政府部门及其官员给予的各种资源效应后，具备了低于市场价格的生产要素。政府部门及其官员配置资源的方式使得具有政治联系的民营企业在获得稀缺资源方面与非政治联系的企业之间产生了不公平的、不公正的竞争关系。政府部门及其官员配置资源的方式扭曲了要素价格，最终都会反映在投资方面。上述分析了投资受到劳动和资本的双重影响，在我国目前的劳动市场环境下，劳动者的自由流动不是政府部门及其官员能够控制和支配的，主要通过各种稀缺资源的配置及定价最后影响到资本要素的配置及定价。在政府扭曲了资本要素的价格后，政府部门及其官员干预民营企业过度时，过度投资的民营企业实际获得的资本要素价格是低于资本要素的市场价格的，

即 $\eta < \eta_0$；这会导致 $MRTS = \dfrac{MR_L}{MR_K} = \dfrac{\varphi_0}{\eta} > MRTS_{LK}^* = \dfrac{\varphi_0}{\eta_0}$，最终会造成具有政治联系的民营企业在产品市场竞争中耗费更多的资本，即 $K > K_0$，存在显著的过度投资倾向。

2. 政治联系下过度投资的产品市场竞争治理机理

由于民营企业所在行业绝大多数都是竞争性行业和产业，可以视同完全竞争市场。在民营企业没有过度投资之前，民营企业在完全竞争市场中的产量长期处于均衡状态，其均衡条件为：

$$P = MR = MC = LMR = LMC = \min LAC \qquad (3-41)$$

其中，P 代表产品价格，MC 表示短期边际成本，MR 表示短期边际收益，LMC 表示长期边际成本，LMR 表示长期边际收益，$\min LAC$ 表示长期平均成本的最低点。

当具有政治联系的民营企业在政府官员的政治干预下过度投资后，民营企业的产量增加，在市场需求不变的情况下，产量的增加或导致完全竞争市场上供求关系的变化，即供大于求，甚至产能过剩，从而导致产品价格下降，产品价格的下降会进一步造成完全竞争产品市场中的企业大打价格战，价格战使得完全竞争市场中的企业利润大幅度减少，甚至严重亏损。这种因为过度投资造成的产品供求失衡所带来的经营亏损和财务风险，常常会给企业带来破产清算的威胁。这实质上是政府官员的政治干预导致了民营企业生产过剩，生产过剩使得资源配置变得非效率了，最终结果是社会总剩余减少，导致了效率损失。

但是，按照经济学原理分析产品市场竞争对政府官员的政治干预导致民营企业过度投资的效率损失并不能够完全解释中国民营企业在政治联系下的过度投资治理效应问题。这是因为政治干预导致民营企业过度投资后，政府部门及其官员给予民营企业以各种资源支持和政策性补贴，这些有形资源和无形资源能够弥补产品市场竞争中的效率损失给民营企业造成的利润下降及财务风险。我们可以用经济学原理分析这个问题。

在完全竞争市场中，民营企业常常选择利润最大化的产量。企业利润为

总收入减去总成本,即:

$$\prod = TR - TC \qquad (3-42)$$

其中,$\prod$表示民营企业的利润,$TR = P \times Q$,$TC = A \times Q$,P表示产品市场价格,Q表示企业产量,A表示单位产量到成本。

假定完全竞争市场中边际原则下的产品价格和产量分别为 $P_0(P_0>0)$、$Q_0(Q_0>0)$,边际原则下的产量单位成本为 $A_0(A_0>0)$。

对等式(3-42)求导可得:

$$\frac{\partial \prod}{\partial Q} = \frac{d\prod(Q)}{d(Q)} = \frac{dTR(Q)}{dQ} - \frac{dTC(Q)}{dQ} = P - A \qquad (3-43)$$

令等式(3-43)等于零,此时利润最大化,边际成本等于边际收益,$P_0 = A_0$;另外,根据边际原则下的利润最大化的充分条件可知,MC 比 MR 的斜率要陡些。

当民营企业在政治干预下过度投资后,产量的增加导致了完全竞争市场上产品供求关系短期失衡,产品价格下降;但是完全竞争市场的机制通过影响企业进入和退出,供求平衡机制和清退效应在长期内会使产品逐渐趋于新的供求平衡,产品的价格与产量最后也会形成新的均衡状态。假定新的产品均衡状态下的产品市场价格为 $P_1(P_1>0)$,产量为 $Q_1(Q_1>0)$,企业的利润变为 π,产量的单位成本为 $A_1(A_1>0)$。

$$\pi = TR(Q) - TC(Q) = P_1 \times Q_1 - A_1 \times Q_1 \qquad (3-44)$$

对等式(3-44)求导可得:

$$\frac{\partial \pi}{\partial Q} = \frac{dTR(Q)}{dQ} - \frac{dTC(Q)}{dQ} = P_1 - A_1 \qquad (3-45)$$

令等式(3-45)等于零,此时利润最大化,边际成本等于边际收益,即:

$$P_1 = A_1$$

过度投资导致产量增加,完全竞争市场上产品供求短期失衡后,$P_1 < P_0$,$Q_1 > Q_0$;过度投资产能扩大,民营企业产品的市场价格没有达到过度投资之前的产品市场价格,即 Q_1 的市场价格没有达到 P_0,这种结果导致了民营企业出现生产者过剩;进一步看,过度投资后产能规模的增加往往会造成社会总剩余没有实现最大值,这个过程中产品的边际收入、边际收益和产品价格难以相等,最后导致资源配置非效率,因此产生了效率损失。

但对于通过资源交换和双向寻租实施过度投资的民营企业来讲，过度投资前后通常会获得政府部门及其官员给予民营企业的各种有形资源和无形资源补贴，从而使得民营企业过度投资之后可以取得直接收益和间接收益，这些资源效应和收益效应最终使民营企业实现了最大化的综合收益，这个最大化的综合收益能够远远弥补过度投资后的效率损失和利润亏损。

假定民营企业过度投资之后获得的政府补贴的各种资源效应和收益效应的形成的最大化超额综合效益为 $\beta ln(Q)$，其中 $\beta>0$，这时民营企业的利润 μ 为：

$$\mu = \pi + \beta ln(Q) = TR(Q) - TC(Q) + \beta ln(Q) \quad (3-46)$$

对等式（3-46）求导可得：

$$\frac{\partial \mu}{\partial Q} = \frac{dTR(Q)}{dQ} - \frac{dTC(Q)}{dQ} + \frac{d\beta ln(Q)}{dQ} = P - A + \frac{\beta}{Q} \quad (3-47)$$

令等式（3-47）等于零，此时利润最大化，边际成本等于边际收益，即：

$$P = A - \frac{\beta}{Q} \quad (3-48)$$

对于具有自主性和经济理性的民营企业，在实施过度投资时往往会综合计算过度投资后的产品单位成本、寻租成本、过度投资后亏损数量、其他政治成本，这些综合成本成为企业过度投资后的产量的单位成本 A，此时 A 往往会大于完全竞争市场下的均衡状态时的产品的单位成本 A_0，$A>A_0$；并且过度投资后形成的生产者剩余及其效率损失能够从政府部门及其官员的各种资源效应和政策补贴获得，甚至还会产生超额收益，民营企业在考虑了过度投资后获得的最大化的超额收益所计算出来的产品的价格 P 也往往会高于完全竞争市场均衡状态下的产品市场价格 P_0，即 $P>P_0$；在政府部门及其官员的各种资源补贴和政策补贴下，民营企业过度投资后由产品市场竞争所造成的经营亏损及效率损失反而由各种资源补贴和政策补贴给弥补了，民营企业在过度投资后企业绩效和企业价值实质上并没有发生损失，相反还利用过度投资方式获得了各种资源效应，维护和提升了政治联系密度和强度，这些大大提升了民营企业的发展动力及竞争力。但是，由于政府部门及其官员掌握着社会关键资源的控制权和定价权，民营企业与政府部门及其官员为了各自的需求，通过资源依赖交换的方式完成了双向寻租，使整个社会的资源配置效率被异化和资源价格的扭曲，整个社会资源配置发生了效率损失，同时也扭曲了产品市场竞争对过度投资的治理机制和治理效应。

综上所述，政治联系下过度投资的产品市场竞争治理效应机理可以简述如下：民营企业在制度约束和资源限制下，通常会积极主动地与地方政府及其官员建立政治联系，然后利用政治联系作为媒介向地方政府及其官员寻租，以实现民营企业的资源效应；地方政府及其官员在实现 GDP 增长、提供就业率等政绩目标的驱使下，也往往会与民营企业建立政治联系，利用政治联系作为中介，以实现干预民营企业投资决策和投资行为的目标；在民营企业和地方政府及其官员各自的利益诉求下，民营企业往往会满足地方政府及其官员政治上的投资需求，从而导致过度投资；民营企业在政治联系的影响下实施了过度投资，虽然需要承担过度投资后的效率损失，但是能够获得地方政府及其官员给予的各种资源，还能够实现规模效应，这些资源效应和规模效应往往会大于过度投资后的效率损失，民营企业过度投资之后并没有实质上的损失，相反可以获得超额收益；地方政府及其官员通过干预民营企业投资决策和投资行为，实现了 GDP 增长、提高了就业率等政绩目标；民营企业和地方政府及其官员以政治联系为寻租通道，以过度投资作为利益交换方式，最终实现了利益的相互输送；在民营企业与地方政府及其官员的利益相互输送下，产品市场竞争治理机制固有的优胜劣汰功能和破产清算功能往往会失效，从而对利益相互输送下的过度投资难以发挥真正的治理功能。基于此，本节构建了政治联系下过度投资的产品市场竞争治理效应机理图，如图 3-3 所示。

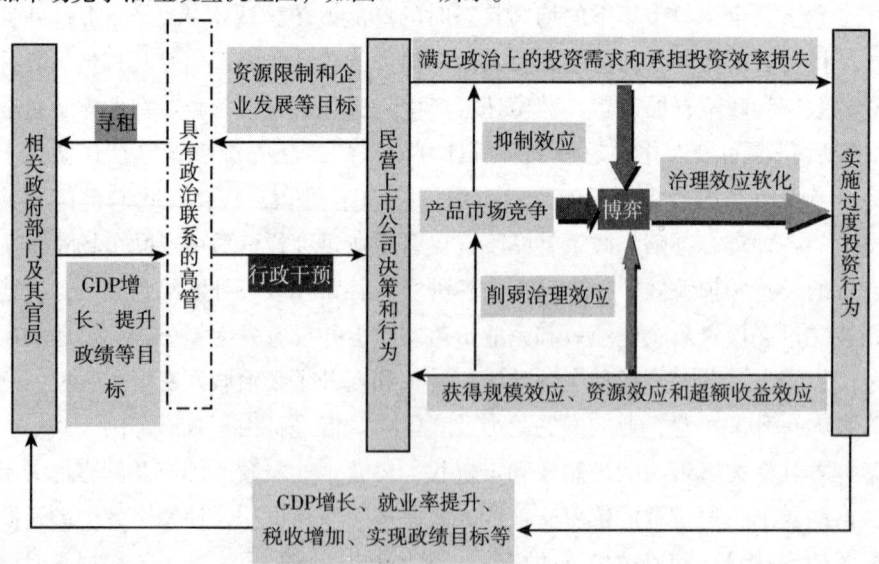

图 3-3 民营企业政治联系下过度投资的产品市场竞争治理效应机理

3.4.3 政治联系下过度投资的负债治理效应机理

从理论上看,负债因为具有到期还本付息的硬约束属性而成为公司的一种外部治理工具,并且负债还对企业具有监督和破产效应。我国民营企业负债可以按照期限和来源进行分类。负债按照期限可以分为短期负债和长期负债;短期负债对企业具有清算效应和制约效应;长期负债能够预防企业无效率扩张。负债按照来源可以分为商业信用、银行贷款和债券融资。对于民营上市公司,负债来源主要是商业信用和银行贷款:商业信用具有分散性、金额小、无须支付利息的无偿使用等特点,商业信用的特点导致了商业信用的债权人对债务人缺乏约束,其治理效应也缺失;银行贷款具有金额大、手续规范、期限比较长、保护性条款多等特点,银行作为专业性机构通过对债务人进行约束实现自我保护,因此银行贷款对公司的监督约束功能比较强。

而实践中,负债的硬约束属性所能够发挥治理效应是基于两个前提条件:第一,市场上破产机制能够正常发挥作用;第二,债权人建立了有效率的偿债保障机制。对于当前的民营上市公司,这两个前提条件都不完全具备,一方面,非正式制度对于这种正式制度具有替代效应;另一方面,股权集中导致的大股东控制的局面使得负债难以发挥治理效应。这是因为负债治理效应的发挥需要具有一个法律制度健全和产权制度明晰的市场体制及制度体制,且政府对市场上的信贷政策没有影响。

当地方政府及其官员为了社会目标、政治目标和政绩目标对具有政治联系的民营企业投资决策与行为实施政治干预时,往往会同时干预辖区内的国有商业银行的信贷决策,从而为具有政治联系的民营企业提供优惠的信贷支持。并且,民营上市公司通常都是为当地经济发展和社会发展做出了卓越贡献,有较大的规模和较好的经济效益,当地银行也常常愿意与这些优质的企业合作。当这种政府干预的寻租与民营企业为了经济利益最大化的寻租走到一起时,就是具有较强的要价能力的大民营企业与政治上的投资需求结合[①],民营企业的投资偏好就是政府部门及其官员的投资偏好,但民营企业会与地方政府及其官员讨价还价以获得更多的资源效应,以此补偿扩大投资

---

① 黄怒波:《中国下一步倒下的最大企业一定是房地产企业》,载于《凤凰财经》2013年12月23日。

规模及其过度投资所造成的损失。在具有政治联系的民营企业实施过度投资前后，经济理性和自主性的民营企业会计算自身过度投资后的经营亏损与过度投资项目负债的本息偿还问题，两个方面所形成的综合损失需要通过政府部门及其官员给予的各种有形资源和无形资源所形成的综合收益来补偿，并且这种综合收益在弥补了过度投资后的综合亏损后还会有剩余，最终形成了具有政治联系的民营企业的最大化的综合收益。这既实现了民营企业价值最大化的目标，也实现了大股东及其高管的根本利益。

具有政治联系的民营企业在政府官员的政治干预下过度投资后，既可以通过政府官员获得优惠的信贷支持，又能够取得政府官员给予民营企业的各种有形资源和无形资源的补偿与政策补贴，具有政治联系的民营企业不用担心因为过度投资项目经营亏损后无法偿还到期的负债所带来的清算风险和破产风险。

因此，在政治联系的作用下，政府官员的寻租和民营企业的寻租相互结合，具有较强要价能力的民营企业与政府官员的政治投资相互结合，民营企业与政府官员可以通过过度投资的方式完成资源相互依赖下的资源交换和寻租目标。这种合作博弈是以政府能够控制关键资源、能够定价稀缺资源、能够配置关键资源为基础的，这种双向寻租的结果是政府官员及其具有政治联系的民营企业实现了各自的目标。在这个过程中，负债对过度投资的治理效应因为政治联系这种非正式制度的影响而被软化和弱化了。

综上所述，政治联系下过度投资的产品市场竞争治理效应机理可以简述如下：民营企业在制度约束和资源限制下，通常会积极主动地与地方政府及其官员建立政治联系，然后利用政治联系作为媒介向地方政府及其官员寻租，以实现民营企业的各自资源效应；地方政府及其官员在实现 GDP 增长、提高就业率等政绩目标的驱使下，也往往会与民营企业建立政治联系，利用政治联系作为中介，实现干预民营企业投资决策和投资行为的目标；在民营企业和地方政府及其官员都具有各自的利益诉求下，民营企业往往会满足地方政府及其官员政治上的投资需求，从而导致过度投资；民营企业在政治联系的影响下实施了过度投资，虽然需要承担过度投资后的效率损失，但是能够获得地方政府及其官员给予地各种资源，还能够实现规模效应，这些资源效应和规模效应往往会大于过度投资后的效率损失，民营企业过度投资之后并没有实质上的损失，相反可以获得超额收益；地方政府及其官员通过干预民营企业投资决策和投资行为，实现了 GDP 增长、提高了就业率等政绩目标；民营企业和地方政府及其官员以政治联系为寻租通道，以过度投资作为利益交换方式，最终实现了利益的相互输送；在民营企业与地方政府及其官员的利益相互输送下，负债固有的还本付息的硬约束功能难以发挥有效作用，负债的相机治理功能也无法对利益相互输送下的过度投资产生实质性影响。基于此，本节构建了政治联系下过度投资的负债治理效应机理图，如图3-4所示。

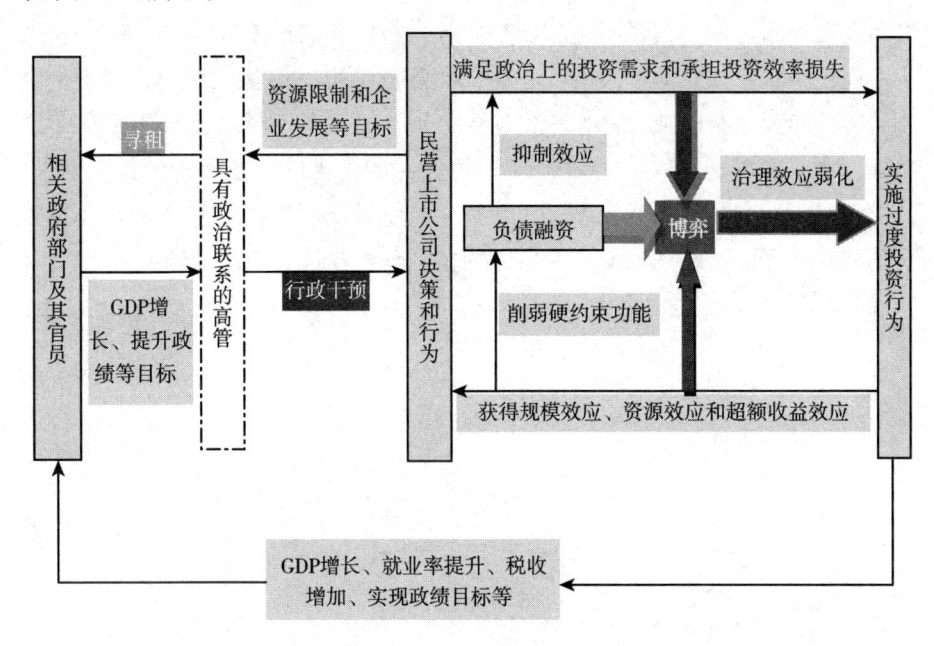

图3-4 民营企业政治联系下过度投资的负债融资治理效应机理

3.5 本章小结

本章首先分析了转型经济环境下民营企业建立政治联系的理论基础、前提条件、动因，然后从民营企业和地方政府两个层面分析政治联系引起的过度投资的机理，发现过度投资行为只是政治联系下地方政府与民营企业进行资源交换和双向寻租的一种合作共赢的博弈行为，这与冯延超（2011）的研究结论相同。在分析政治联系下过度投资形成机理的基础上，创新性地将政府干预、企业寻租和政治联系同时纳入一个理论分析框架，建构数学模型，剖析政府干预与过度投资、企业寻租与过度投资、政府干预与政治联系、政治联系与过度投资之间的独特机理,这分别与冯延超(2011)、古志辉等(2012)、于蔚(2013)等的研究相似;采用数理分析方法将政治干预、企业寻租和政治联系作为一个整体探析政治联系下的过度投资行为,深化和丰富了政治联系与过度投资的理论研究,这也是本书理论分析的价值所在。最后,在厘清政治联系与民营企业过度投资的形成机理后,揭示了政治联系下的过度投资行为是民营企业和地方政府基于资源相互依赖下的资源交换和双向寻租行为,其目的是实现双方各自目标和满足各自需求。本书进一步发现政治联系使得地方政府的利益与民营企业的利益捆绑到一起,削弱了公司治理和董事会的独立性,软化和弱化了公司治理机制对过度投资的约束功能,这与连军(2012)的研究结论相似;在存在权力寻租和经济利益交换的情况下,产品市场竞争和负债融资对过度投资行为的固有治理功能也被弱化和软化了。这些理论分析为后面的实证分析提供了理论基础。

第 4 章

民营企业政治联系与过度投资关系的实证检验

在对民营企业政治联系与过度投资进行理论分析基础上,本章首先以民营上市公司为研究样本,实证检验民营企业政治联系下的过度投资效应,拓展基于政府理论的"扶持之手"或者"掠夺之手"分析模式;其次,进一步验证了民营企业过度投资之后,过度投资效应对民营企业未来政治联系强度和政治联系层级的影响,揭示政治联系与过度投资之间的双向影响关系。

4.1 研究假设

4.1.1 政治干预与民营企业过度投资

转型经济环境下,财政分权和以经济指标为核心的政绩考核机制使地方政府有强烈的动机发展本地经济、增加地方财政收入、改善地方社会福利、维护地方社会稳定,同时官员还需要实现政绩目标。要实现上述多种目标,地方政府及其官员对于属地的国有企业具有直接的管辖权,可以直接干涉属地国有企业的投资决策。而对于具有自主性和经济理性的民营企业,地方政府及其官员没有直接干涉其经营活动和投资活动的权力,但由于地方政府及其官员具有民营企业发展所需要的关键资源的控制权和定价权,有条件通过生产要素的配置权和定价权对属地的民营企业的投资决策和行为进行政治干预。在地方政府及其官员出于 GDP 增长、获得政治晋升、增加税收、扩大官员个人影响力等动机的驱动下，当政治联系将民营企业与地方政府及其官员的利益捆绑到一起后，属地的民营企业不是以企业价值最大化为目标进行投资决策了，而是变为以满足地方政府及其官员的各种需求为目标的政治投资了，最终导致民营企业过度投资的发生，民营企业过度投资有助于地方政府及其官员实现社会目标、政治目标、晋升的政绩目标。

基于上述分析，本书提出下列假设：

假设 4.1 全国性政治干预水平与民营企业过度投资正相关。

假设 4.2 地区政治干预水平与民营企业过度投资正相关。

4.1.2 民营企业政治联系与过度投资

在转型经济背景下，体制改革还远未达到企业主要资源都可以从市场交易中获得的程度，相当部分的重要资源仍然由政府来配置，市场规则是在制度规则约束的框架下起作用。而实际规则执行过程中，很多时候政府相关管理部门行为往往表现为不同层级的政府机关行为、不同层级的政府职能部门行为和不同层级的官员行为，企业需要应对来自官员的约束和支配（王利平等，2010）。正是市场和政府两种力量约束下的环境规制导致民营企业政治联系行为，政治联系是企业对政府掌握资源的一种反应方式，也是民营企业为了促进企业发展主动向政府部门或其官员寻租的通道。企业与政府建立政治联系后，可以有机会影响政府的政策制定和执行，从而为其提供一个稳定、有利的制度环境，以改变对外部资源的依赖程度（封思贤等，2012）。不过，由于政府和企业拥有彼此所需的资源，在政治联系的作用下，企业和政府之间不是单向依赖关系，而是相互依赖关系。具体来讲，企业通过政治联系获得廉价或者免费的土地、优惠的信贷支持、财政补贴、市场准入等有形和无形资源的同时，政府为了实现发展本地经济、获得政绩、积累晋升政治资本的目标，常常会运用行政权力来干预和管制企业的经济活动，促进企业尽最大可能扩大投资规模；民营企业为了维护和巩固政治联系地位和强度，通常也会积极主动地通过承担政策性任务及帮助政府部门与官员实现政治目标，极力扩大投资规模，从而导致过度投资，尤其是政治联系层级越高、政治联系程度越大的民营企业过度投资越严重。

基于上述分析，本书提出如下假设：
假设 4.3 转型经济背景下政治联系强度与过度投资正相关。
假设 4.4 转型经济背景下政治联系规模与过度投资正相关。
假设 4.5 转型经济背景下政治联系层级与过度投资正相关。
假设 4.6 转型经济背景下政治联系与过度投资正相关。

4.1.3 民营企业过度投资与政治联系

具有政治联系的民营企业在满足地方政府及其官员政治上的投资需求而导致过度投资之后，民营企业往往会获得地方政府及其官员给予的各种有形资源和无形资源支持。过度投资的双向效应加深了民营企业与地方政府之间的感情，密切了民营企业与地方政府之间的联系，巩固和增强了民营企业与地方政府之间联系的强度，提升了民营企业的政治地位。

基于上述分析，本书提出如下假设：
假设 4.7 民营企业过度投资能够提升未来的政治联系层次。
假设 4.8 民营企业过度投资能够增强未来的政治联系强度。

4.2 研究设计

4.2.1 政治联系度量

本书借鉴菲斯曼（Fisman，2001）、陈等（Chen et al.，2005）、胡旭阳（2006）、罗党论等（2009）的政治联系界定方法，以民营上市公司董事长、副董事长、总经理、副总经理曾经在各级政府部门或各级党委担任领导职务或有过工作经历，曾经或现在担任各级人大代表或者各级政协委员，界定为政治联系，赋值为1，否则为0。

本书借鉴菲斯曼（2001）、范等（Fan et al.，2007）、梁莱歆等（2010）、杜兴强等（2011）、王旭（2013）的政治联系强度方法，将民营上市公司董事长赋值为3，总经理赋值为2，副董事长或副总经理赋值为1。根据我国行政级别划分标准，我们将样本公司高管具有政治联系的人员分别划入县处级、厅局级、省部级，再根据曾任政府官员和现任政府官员所具有的关系资源与影响力对企业作用的差异,将样本公司政治联系人员的行政级别依照政治影响力进一步细分为五等:第一等为全国人大代表或者政协委员、省部级以上官员;第二等为省人大代表或者省政协委员、厅级官员;第三等为市人大代表或者市政协委员、处级官员;第四等为县级人大代表或者县级政协委员、科级官员;第五等为科级以下及其有从政经历。第一等、第二等、第三等、第四等、第五等分别赋值为5、4、3、2、1。然后将各个公司的政治联系规模分别简单加总,构造了公司政治联系规模指数,并且以每个样本中的行政级别最高者界定为政治联系的层级,同时设计政治联系强度指数。政治联系强度指数的计算公式为:

$$poll - index = p_1 \times N_j + p_2 \times N_j + p_3 \times N_j$$
$$j = 1,2,3,4,5 \qquad (4-1)$$

N_j 分别代表行政级别的第一等、第二等、第三等、第四等、第五等;p_1 代表董事长,p_2 代表总经理,p_3 代表副董事长或副总经理。

4.2.2 样本选择与数据来源

本书以 2004~2012 年间在沪深 A 股上市的民营企业为初始研究样本[1],按照以下标准进行筛选:(1)具有两年以上政治联系;(2)剔除金融类上市公司、B 股上市公司;(3)剔除样本期间被 ST、*ST、PT 等的公司;(4)剔除样本期间数据异常或相关指标缺失的公司。这样共得到 1 691 个观测样本,占 4 817 个总观测样本的 35.15%,最后以这 1 691 个观测样本为研究样本。

2004~2012 年间政治联系数据是通过手工方式整理 CSMAR 中的高管简历数据后获得,2004~2012 年财务数据均来自 CSMAR。数据处理采用 Excel 2010,统计分析在 Stata11.0 统计分析软件中进行。

---

[1] 鉴于民营上市公司建立政治联系在前,政治联系对民营上市公司的投资决策和行为影响在后,考虑到在 CSMAR 数据库里面"高管简历"从 2004 年以后才能够全面查找到,同时为了避免模型中的政治联系与相关因变量之间产生内生性,本书选择了具有两年以上时间的民营企业为研究对象。这样,在 2004~2012 年共 9 年间,我只考虑 2010 年之前在 A 股上市的民营企业为研究对象,2004 年、2005 年、2006 年、2007 年、2008 年、2009 年、2010 年上市的民营企业数分别为 511 家、520 家、565 家、641 家、683 家、803 家、1 094 家,这样介于 2004~2010 年上市的民营企业观测样本总计 4 817 个。

4.2.3 研究模型

本书在借鉴理查德森（Richardson，2006）、张兆国等（2011）、罗当论等（2012）的研究模型基础上，考虑到投资具有连续性和投资的动态调整，采用上一年的投资作为本年适度投资的解释变量，建构适度投资水平模型（4-2）。

$$Invest_{new,t} = \alpha_0 + \alpha_1 Invest_{t-1} + \alpha_2 cash_{t-1} + \alpha_3 leverage_{t-1} + \alpha_4 eps_{t-1} + \alpha_5 growth_{t-1} + \alpha_6 TinQ_{t-1} + \alpha_7 size_{t-1} + \alpha_8 age_{t-1} + \alpha_9 \sum industry + \varepsilon_{it} \quad (4-2)$$

模型（4-2）中，$Invest_{new,t}$是被解释变量，表示本期适度投资水平；$Invest_{t-1}$是控制变量，表示上一年度的投资水平，定义为"构建固定资产、无形资产和长期资产支付的现金/年初总资产"；$cash_{t-1}$是控制变量，表示上一年度的货币资金，定义为"年初货币资金持有量/年初总资产"；$leverage_{t-1}$是控制变量，表示上一年度的负债水平，定义为"总负债/年初总资产"；eps_{t-1}是控制变量，表示上一年度的每股收益，定义为"净利润/总股数"；$growth_{t-1}$是解释变量，表示上一年度的投资机会，定义为"（本年年末营业收入－本年年初营业收入）/本年年初营业收入"；$TinQ_{t-1}$是解释变量，表示上一年度的投资机会，定义为"公司市场价值/期末总资产"；$size_{t-1}$是控制变量，表示上一年度的公司规模，定义为"年初总资产的自然对数"；age_{t-1}是控制变量，表示上一年度的企业年龄，定义为"IPO年度到上年末为止的年数"；industry为行业虚拟变量，制造业赋值为1，否则为0。其中，t表示本年，$t-1$表示上一年；下同。

用模型（4-2）度量出企业适度投资水平后，用t年的实际投资减去t年的适度投资，其差额为正，表示过度投资；或者以模型（4-2）中的正残差表示企业过度投资。

本书在借鉴张功富（2011）、王立国等（2012）、赵卿（2013）研究模型基础上，构造了模型（4-3）和模型（4-4）检验政治干预对民营企业过度投资的影响。

$$OverInv_t = \kappa_0 + \kappa_1 qpollganyu_{t-1} + \kappa_2 leverage_{t-1} + \kappa_3 eps_{t-1} + \kappa_4 growth_{t-1} + \kappa_5 TinQ_{t-1} + \kappa_6 size_{t-1} + \kappa_7 age_{t-1} + \kappa_8 \sum industry + \delta_{it} \quad (4-3)$$

模型（4-3）中，$OverInv_t$ 是被解释变量，表示本年过度投资水平，定义为"实际投资减去适度投资的正的差额"；$qpollganyu_{t-1}$ 是解释变量，表示上一年的全国性政治干预水平，全国性政治干预水平用樊纲等（2011）市场化指数全国平均得分中的"政府与市场的关系"① 总得分表示。

$$OverInv_t = \beta_0 + \beta_1 dpollganyu_{t-1} + \beta_2 leverage_{t-1} + \beta_3 growth_{t-1} + \beta_4 TinQ_{t-1} + \beta_5 size_{t-1} + \beta_6 age_{t-1} + \beta_7 \sum industry + \delta_{it} \quad (4-4)$$

模型（4-4）中，$OverInv_t$ 是被解释变量，表示本年过度投资水平，定义为"实际投资减去适度投资的正的差额"；$dpollganyu_{t-1}$ 是解释变量，表示上一年度的地区政治干预水平，地区政治干预水平用樊纲等（2011）各省市场化各方面指数中的"政府与市场的关系"表示。

本书在借鉴理查德森（2006）、姜付秀和伊志宏（2009）、梁莱歆和冯延超（2010）、李传宪等（2013）等的研究基础上，构建模型（4-5）检验政治联系对过度投资的影响，构建模型（4-6）检验政治联系层级对过度投资的影响，构建模型（4-7）检验政治联系规模对过度投资的影响，构建模型（4-8）检验政治联系强度对过度投资的影响。

$$OverInv_t = \eta_0 + \eta_1 poll_{t-1} + \eta_2 leverage_{t-1} + \eta_3 growth_{t-1} + \eta_4 TinQ_{t-1} + \eta_5 size_{t-1} + \eta_6 age_{t-1} + \xi_{it} \quad (4-5)$$

模型（4-5）中，$OverInv_t$ 是被解释变量，表示本年过度投资水平，定义为"实际投资减去适度投资的正的差额"；$poll_{t-1}$ 是解释变量，定义为上一年度的政治联系。其他变量与上述相同。

$$OverInv_t = \lambda_0 + \lambda_1 eps_{t-1} + \kappa_2 cash_{t-1} + \kappa_3 pollcj_{t-1} + \kappa_4 leverage_{t-1} + \kappa_5 growth_{t-1} + \kappa_6 TinQ_{t-1} + \kappa_7 size_{t-1} + \kappa_8 age_{t-1} + \kappa_9 \sum industry + \delta_{it} \quad (4-6)$$

模型（4-6）中，$OverInv_t$ 是被解释变量，表示本年过度投资水平，定义为"实际投资减去适度投资的正的差额"；$pollcj_{t-1}$ 是解释变量，定义为上一年度的政治联系层级。其他变量与上述相同。

---

① 由于樊纲等（2011）的报告中没有包含2010年和2011年的市场化指数，本书参照徐虹等的做法，把2010年的指数用2009年的指数加上2006年、2007年、2008年这三年相对于前一年指数增加值的平均数来替代，把2011年的指数用2010年的指数加上2007年、2008年、2009年这三年相对于前一年指数增加值的平均数来替代，从而得到近似值。下面其他2010年和2011年市场化相关指数计算方法与此相同。

$$OverInv_t = \mu_0 + \mu_1 poll-guimo_{t-1} + \mu_2 leverage_{t-1} + \mu_3 TinQ_{t-1} + \mu_4 size_{t-1} + \mu_5 age_{t-1} + \mu_6 industry + \delta_{it} \quad (4-7)$$

模型（4-7）中，$OverInv_t$ 是被解释变量，表示本年过度投资水平，定义为"实际投资减去适度投资的正的差额"；$poll\text{-}guimo_{t-1}$ 是解释变量，定义为上一年度的政治联系规模。其他变量与上述相同。

$$OverInv_t = \gamma_0 + \gamma_1 pol\text{-}index_{t-1} + \gamma_2 leverage_{t-1} + \gamma_3 TinQ_{t-1} + \gamma_4 size_{t-1} + \gamma_5 age_{t-1} + \gamma_6 industry + \zeta_{it} \quad (4-8)$$

模型（4-8）中，$OverInv_t$ 是被解释变量，表示本年的过度投资水平，定义为"实际投资减去适度投资的正的差额"；$pol\text{-}index_{t-1}$ 是解释变量，定义为上一年度的政治联系强度指数。其他变量与上述相同。

为了检验假设4-7，我们构建模型（4-9）。

$$pollcj_t = \omega_0 + \omega_1 eps_{t-1} + \omega_2 OverInvest_{t-1} + \omega_3 growth_{t-1} + \omega_4 size_{t-1} + \omega_5 age_{t-1} + \kappa_6 industry + \tau_{it} \quad (4-9)$$

模型（4-9）中，$pollcj_t$ 是被解释变量，定义为本年度的政治联系层级；$OverInv_{t-1}$ 是解释变量，表示上一年度的过度投资水平，定义为"实际投资减去适度投资的正的差额"。其他变量与上述相同。

为了检验假设4-8，我们构建模型（4-10）。

$$poll\text{-}index_t = \theta_0 + \theta_1 OverInvest_{t-1} + \theta_2 cash_{t-1} + \theta_3 TinQ_{t-1} + \theta_4 size_{t-1} + \theta_5 age_{t-1} + \theta_6 industry + \zeta_{it} \quad (4-10)$$

模型（4-10）中，$pol\text{-}index_t$ 是被解释变量，代表本年度的政治联系强度，定义为本年度的政治联系强度指数；$OverInv_{t-1}$ 是解释变量，表示上一年度的过度投资水平，定义为"实际投资减去适度投资的正的差额"。其他变量与上述相同。

4.3 实证结果与分析

4.3.1 描述性统计结果与分析

表4-1报告了主要变量的描述性统计结果，$poll\text{-}index_{t-1}$ 的最大值为

29，最小值为 0，均值为 8.4354，说明具有政治联系的民营企业政治联系强度存在较大差异；$pollguimo_{t-1}$ 最大值为 18，最小值为 0，均值为 4.1336，表明具有政治联系的民营企业政治联系规模存在较大差异；$pollcj_{t-1}$ 最大值为 9，最小值为 0，均值为 3.1325，也表明具有政治联系的民营企业政治联系层级存在不小的差异；$qpollganyu_{t-1}$ 最大值为 71.8，最小值为 0，均值为 24.3，显示了在过去近十年里，我国政治干预水平存在较大差异；$dpollganyu_{t-1}$ 最大值为 280.4，最小值为 -53.7，中位数为 70.8，表明各个省份之间政治干预水平存在非常显著的差异。

表 4-1　　　　　　　　　主要变量描述性统计结果

变量	观察值	均值	中位数	最大值	最小值	标准差
$leverage_{t-1}$	961	0.50	0.51	5.97	0.051	0.27
eps_{t-1}	961	0.29	0.23	5.89	-5.63	0.60
$tinq_{t-1}$	961	1.56	1.20	7.58	0.57	0.95
$growth_{t-1}$	961	0.38	0.081	34.87	-4.08	1.91
$poll\text{-}index_{t-1}$	961	8.43	9.00	29.00	0.00	5.79
$pollguimo_{t-1}$	961	4.13	3.00	18.00	0.00	2.93
$pollcj_{t-1}$	961	3.13	3.00	9.00	0.00	1.31
$qpollganyu_{t-1}$	961	24.30	23.70	71.80	0.00	10.30
$dpollganyu_{t-1}$	961	73.90	70.08	280.40	-53.70	52.30

4.3.2　政治干预下的民营企业过度投资效应

表 4-2 中第（1）列报告了具有政治联系的全样本民营企业适度投资水平。以该适度投资水平的正残差表示过度投资水平，在总样本中具有正残差的样本数量为 961，占总体研究样本 1 691 的 58.8%，然后以具有正残差的 961 家民营企业为过度投资研究样本，分别研究政治联系对过度投资的影响、公司治理对过度投资的治理效应、产品市场竞争对过度投资的治理效应、负债融资对过度投资的治理效应。

第4章 民营企业政治联系与过度投资关系的实证检验

表4-2 政治干预和政治联系下的民营企业过度投资效应检验结果

变量	(1) 具有政治联系样本组	(2) 无政治联系样本组	(3)	(4)
C	0.177*** (6.42)	-0.129* (-2.47)	0.65*** (5.22)	3.36*** (7.39)
$cash_{t-1}$	-0.026*** (-4.05)	-0.026* (-1.97)		0.15** (3.26)
$Invest_{t-1}$	0.209*** (14.55)	-0.025* (-1.65)		
$size_{t-1}$	-0.008** (-2.68)	0.02* (2.32)	-0.06*** (-4.18)	-0.34*** (-6.84)
age_{t-1}	-0.002*** (-6.62)	-0.003** (-3.61)	0.003** (2.67)	
$leverage_{t-1}$	-0.008** (-2.97)	-0.018** (-3.63)	-0.06** (-3.30)	-0.26*** (-4.86)
eps_{t-1}	-0.065*** (-9.93)	-0.016** (-3.14)	0.02** (2.61)	
$tinq_{t-1}$	0.021*** (5.59)	0.005** (3.43)	0.04*** (5.55)	0.04*** (5.23)
$growth_{t-1}$	0.0122*** (7.68)	-0.0001* (-2.02)	-0.003* (-1.97)	
$qpollganyu_{t-1}$			0.0001* (2.22)	
$dpollganyu_{t-1}$				0.001* (2.06)
industry	控制	控制	控制	控制
$ad-R^2$	0.3954	0.0175	0.2597	0.4338
F值	130.7	8.729	15.104	2.93324
样本数	1 691	3 126	961	961

注：***、**、*分别表示在1%、5%、10%水平上显著，括号内为t值。

表4-2中第(2)列报告了无政治联系样本组的适度投资水平。从实证结果可以看出，无政治联系样本组中的民营企业适度投资检验结果不显

著，同时查看残差还发现几乎都为负，这表明我国大部分民营上市公司呈现投资不足，这与已有研究结论一致。将具有政治联系样本组中的民营企业和无政治联系样本组中的民营企业的检验结果对比分析，可以发现具有政治联系的民营上市公司更加容易产生过度投资行为。

为了检验政治干预对民营企业过度投资的影响，采用面板数据分析，经过豪斯曼检验选择个体固定时间效应。表4-2中第（3）列报告了全国政治干预水平对过度投资的影响检验结果。由第（3）列可知全国政治干预水平的系数为0.0001，且在10%水平上显著，表明了全国政治干预水平与过度投资正相关，政府部门及其官员对过度投资会产生正向影响，政治干预也会导致具有政治联系的民营企业实施过度投资行为。假设4.1通过检验。

表4-2中第（4）列报告了地区政治干预水平对过度投资的影响检验结果。由第（4）列可知地区政治干预水平的系数为0.001，且在10%水平上显著，说明地区政治干预水平与过度投资正相关，显示了地区政治干预水平会导致具有政治联系的民营企业产生过度投资行为。假设4.2获得检验。

4.3.3 民营企业政治联系下的过度投资效应

为了检验政治联系、政治联系强度、政治联系规模、政治联系层级对过度投资的影响，采用面板数据分析，经过豪斯曼检验选择个体固定时间效应，实证结果如表4-3所示。

表4-3　　　民营企业政治联系下的过度投资效应检验结果

变量	(1)	(2)	(3)	(4)
C	0.32 ** (2.87)	0.33 ** (2.91)	2.60 *** (6.41)	0.60 *** (2.41)
$cash_{t-1}$			0.16 *** (3.71)	
$size_{t-1}$	-0.03 * (-2.42)	-0.03 * (-2.43)	-0.28 *** (-5.98)	-0.04 *** (-3.90)
age_{t-1}	0.005 *** (3.45)	0.005 *** (3.35)	0.02 *** (4.55)	0.004 *** (3.47)
$leverage_{t-1}$	-0.05 * (-2.68)	-0.05 * (-2.75)	-0.26 *** (-4.03)	-0.03 * (-2.66)

续表

变量	(1)	(2)	(3)	(4)
eps_{t-1}			-0.03* (-2.45)	
$tinq_{t-1}$	0.03*** (3.75)	0.03*** (3.84)	0.01* (2.89)	0.02*** (4.34)
$growth_{t-1}$			-0.01*** (-3.40)	-0.005* (-2.06)
$poll\text{-}index_{t-1}$	0.002* (2.02)			
$pollguimo_{t-1}$		0.004* (2.70)		
$pollcj_{t-1}$			0.01* (2.07)	
$poll_{t-1}$				0.42*** (4.79)
industry	控制	控制	控制	控制
$ad-R^2$	0.2201	0.2189	0.4440	0.2540
F值	11.2620	11.1468	4.8366	0.2540
样本数	961	961	961	961

注：***、**、*分别表示在1%、5%、10%水平上显著；括号内为t值。

由表4-3中第（1）列可以看出，政治联系强度的系数为0.002，且在10%水平上显著，表明民营企业上市公司的政治联系强度与过度投资正相关，政治联系强度越大，过度投资越严重。假设4.3获得检验。

由表4-3中第（2）列可知，政治联系规模的系数为0.004，且在10%水平上显著，表明政治联系规模与过度投资正相关，说明政治联系规模越大，民营企业与地方政府及其官员的联系越密切，越容易导致民营企业过度投资行为。假设4.4获得验证。

由表4-3中第（3）列可知，政治联系层级的系数为0.01，且在10%水平上显著，说明政治联系层级与过度投资正相关，显示了民营企业政治联系层级越高，民营企业与地方政府及其官员的政治联系范围越广，政治联系层级会导致较高行政级别的官员干预民营企业的投资决策和行为，更加容易导致民营企业过度投资。假设4.5获得验证。

由表4-3中第（4）列可知，政治联系的系数为0.42，且在1%水平上显著，表明民营企业具有政治联系后，政治联系成为地方政府及其官员干预和寻租民营企业的通道，民营企业利用政治联系这个通道实施寻租，实现自身利益最大化，这往往导致了民营企业过度投资行为。假设4.6得到验证。

4.3.4 民营企业过度投资下的政治联系效应

以本期政治联系层级为因变量，以上一期过度投资为自变量，采用模型（4-9）检验过度投资对未来期间政治联系层级的影响；采用面板数据分析，经过豪斯曼检验选择个体固定时间效应，实证结果如表4-4中第（1）列所示。

表4-4　民营企业过度投资下的政治联系效应检验结果

变量	（1）因变量：$pollcj_{t-1}$	（2）因变量：$poll\text{-}index_{t-1}$
C	-2.944* (-2.468)	-32.95*** (-7.207)
$cash_{t-1}$		4.683* (2.244)
$size_{t-1}$	0.653*** (5.014)	4.550*** (8.869)
age_{t-1}	-0.035* (-2.519)	-0.272*** (-4.274)
eps_{t-1}	0.239** (2.809)	
$tinq_{t-1}$		-0.619* (-2.066)
$growth_{t-1}$	-0.049* (-2.162)	
$OverInvest_{t-1}$	0.831** (3.173)	2.547* (2.142)
industry	控制	控制
$ad-R^2$	0.2087	0.2097
F值	14.36	2.07
样本数	961	961

注：***、**、*分别表示在1%、5%、10%水平上显著；括号内为t值。

从表4-4中的第（1）列可知，过度投资的系数为0.831，且在5%水平上与未来政治联系层级显著正相关，表明民营企业已经实施的过度投资在满足地方政府政治上的投资需求之后，民营企业的政治层级通常会得到提升。假设4.7获得验证。

以本期政治联系强度为因变量，以上一期过度投资为自变量，采用模型（4-10）检验已有过度投资对未来期间政治联系强度的影响；采用面板数据分析，经过豪斯曼检验选择个体固定时间效应，实证结果如表4-4中第（2）列所示。

从表4-4中的第（2）列可知，过度投资的系数为2.547，且在10%水平上与政治联系强度显著正相关，表明已经实施的过度投资在帮助地方政府及其官员实现社会目标、政治目标、政绩目标和个人效用后，过度投资效应会加强民营企业与地方政府及其官员的联系密度，也会提升民营企业的政治地位，过度投资效应会增强民营企业的政治联系强度。假设4.8获得验证。

4.3.5 稳健性检验

为了验证上述研究结论的可靠性，我们按照下列方法进行稳健性检验：选择具有一年以上政治联系的民营企业为研究样本，然后重复上述的操作步骤。稳健性检验结果如表4-5、表4-6所示。由表4-5、表4-6的检验结果可知，稳健性检验结果与上述结论一致。

表4-5　　　　　　政府干预与过度投资稳健性检验结果

变量	(1)	(2)	(3)
$Constant$	0.153 *** (4.90)	0.60 *** (4.91)	0.78 ** (4.03)
$Invest_{t-1}$	0.197 *** (12.97)		
$cash_{t-1}$	-0.031 *** (-5.67)		
$size_{t-1}$	-0.01 ** (-3.09)	-0.05 ** (-3.8)	-0.06 ** (-2.72)
age_{t-1}		0.004 ** (2.82)	

续表

变量	(1)	(2)	(3)
$leverage_{t-1}$	-0.03*** (-6.35)	-0.07** (-3.88)	-0.19*** (-4.42)
eps_{t-1}	0.016*** (5.67)	0.02* (2.55)	
$tinq_{t-1}$	0.009*** (6.65)	0.04*** (5.72)	0.04*** (7.50)
$growth_{t-1}$	-0.002* (-2.01)		-0.009* (-2.08)
$qpogyu_{t-1}$		0.0002* (1.76)	
$dpogyu_{t-1}$			0.0002* (1.87)
industry	控制	控制	控制
$ad-R^2$	0.2289	0.2616	0.30045
F值	140.8	16.39	2.10
样本	1 095	831	828

注：***、**、*分别表示在1%、5%、10%水平上显著；括号内的数值为 t 值。

表4-6　政治联系下的过度投资效应稳健性检验结果

变量	(1)	(2)	(3)	(4)
Constant	0.40*** (3.61)	2.43*** (8.20)	3.52*** (7.72)	1.25*** (3.17)
$cash_{t-1}$		0.09* (2.29)	0.13** (3.06)	0.26** (2.06)
$size_{t-1}$	-0.03* (-2.37)	-0.23*** (-7.37)	-0.35*** (-7.12)	-0.07*** (-5.12)
age_{t-1}	0.004** (2.78)			0.003** (2.63)
$leverage_{t-1}$	-0.09** (-3.22)	-0.31*** (-5.27)	-0.38*** (-6.06)	-0.06** (-3.23)
eps_{t-1}				0.02** (2.72)

· 128 ·

续表

变量	(1)	(2)	(3)	(4)
$poindex_{t-1}$	0.002 * (1.72)			
$tinq_{t-1}$	0.04 *** (5.48)	0.03 *** (5.92)	0.02 * (2.46)	0.03 *** (5.82)
$growth_{t-1}$		-0.009 ** (-2.62)		-0.004 * (-1.80)
$poguimo_{t-1}$			0.01 * (1.98)	
$pollcj_{t-1}$		0.009 * (1.94)		
$poll_{t-1}$				0.80 *** (6.54)
$ad-R^2$	0.2577	0.6736	0.682	0.0997
F 值	15.07	5.39	5.51	6.37
样本	817	816	817	828

注：*** 、** 、* 分别表示在1%、5%、10%水平上显著；括号内的数值为 t 值。

4.4 本章小结

本章以民营上市公司为研究样本，从民营企业和地方政府两个层面实证分析政治联系、政治干预对过度投资的影响，同时进一步探究民营企业过度投资之后对未来政治联系的影响。实证结果显示：（1）在现有制度背景和市场环境下，地方政府及其官员经济社会发展目标和政绩目标会驱使他们对辖区内民营企业的决策和行为进行干预，从而使民营企业的投资决策与地方政府的经济社会发展目标一致，这会促使民营企业扩大投资规模，进而导致民营企业过度投资，这与张功富（2011）、王立国等（2012）、裘益政等（2013）、赵卿（2013）等的研究结论相近；（2）民营企业受到资源、投资机会等限制，为了经济利益最大化，通常会积极主动与地方政府及其官员建立政治联系，在政治联系的驱使下，民营企业往往会满足地方政府及其官员在政治上的投资需求，实施过度投资，这与梁莱歆等（2010）、李传宪等（2013）的研究结论相似；（3）将具有政治联系的民营企业和不具有政治联系的民营企业进行比较分析发现，具有政治联系的民营企业样本中，有超过50%的民营企业实施了过度投资，而不具有政治联系的民营企业更多是投资不足，整体上看，上市的民营企业普遍存在投资不足；（4）在政治联系引起民营企业过度投资之后，民营企业已经实施的过度投资能够提升未来期间的政治地位和政治联系强度，还能够提高政治联系的层级；（5）民营企业政治联系与过度投资是双向相互影响关系。

  与已有相关研究文献相比，本章的主要贡献有两个方面。一是同时从民营企业政治联系和地方政府政治干预两个方面探析对过度投资的影响，这样能够完整地认识民营企业为了自身经济利益主动与地方政府及其官员建立政治联系；地方政府及其官员为了经济社会发展目标，往往利用政治联系干预民营企业的决策和行为；民营企业过度投资是民营企业向地方政府及其官员寻租后，民营企业所付出的寻租成本和政治成本。这拓展了传统基于政府理论的"扶持之手"和"掠夺之手"的经典分析模式，更加切合中国转型经济环境下的政治联系与过度投资场景，有助于深化和丰富政治联系与过度投资的理论研究。二是在实证分析政治联系容易导致民营企业过度投资之后，进一步深化研究了民营企业过度投资对未来期间的政治联系强度和政治联系层级都有正向影响，揭示了民营企业政治联系与过度投资之间不是单向影响关系，而是双向相互影响的关系。

第 5 章

政治联系下过度投资的内部治理效应实证检验

在第 3 章中民营企业政治联系下过度投资的内部治理效应的机理分析基础上，本章以民营上市公司为研究样本，分别从公司治理结构、公司治理机制、公司治理质量三个方面对公司治理抑制政治联系下的过度投资的效果与作用进行实证分析，最后得出结论并分析原因。

5.1 研究假设

5.1.1 民营企业过度投资与股权治理

股权集中度是公司全部股东由于持股比例的不同所表现出来的是股权分散还是股权集中的数量化指标。股权分散是指一个企业的股东持股比例比较分散，任何一个股东的行为都无法对企业产生实质性的影响。企业所有权与经营权的两权分离，管理层在企业经营管理、董事提名等方面居于主导地位，管理者实质上拥有公司的控制权，再加上每个股东的力量都非常弱，各个股东很难有权力对经营者进行有效监督，造成了有效监督的缺失。股权集中是指企业股权常常集中在一个或几个大股东手中。大股东既有能力控制董事会，也有能力和动力来监督管理者，公司最大的股东常常控制公司的经营决策权。第一大股东的持股比例越高其控股股东的地位就越稳固，在投资决策中的话语权就越多，有能力操纵公司投资决策，尤其公司经营者又是控股股东本人时，小股东对经理层的监督也将会变得十分困难。同时，由于控股股东获得了绝对控股权，公司的总经理通常是由大股东直接任命的，股东大会形同虚设，董事会也往往被架空。

中国绝大多数民营上市公司的股权普遍比较集中，大股东控制是我国民营上市公司的主要特征。在我国制度不完善和市场机制不健全的环境下，民营上市公司大股东和高管为了自身的根本利益，往往会与地方政府及其官员建立政治联系，政治联系往往会对股东这一核心治理结构产生直接冲击，使得政治联系成为公司治理因素，导致民营企业的经营决策和投资决策常常会在一定程度上受到政府部门及其官员的利益牵制（连军，2012）。这些具有较强要价能力的民营上市公司会以政治联系为纽带，满足地方政府及其官员政治上的投资（黄怒波，2013），积极扩大投资规模。这时的投资已经很少以企业价值最大化为目标了，而是为了承担政策性任务和帮助提升地方政府官员政绩，这往往会导致民营企业过度投资。民营企业通过过度投资的方式向地方政府及其官员索取各种稀缺资源和获得各种经济利益。在这个过程中，政治联系催生的过度投资成为民营上市公司向地方政府及其官员寻租获取经济利益所付出的一种寻租成本和政治成本（冯延超，2011）。民营企业过度投资之后所获得的各种资源效应足以弥补过度投资带来的效率损失，而且还能够巩固和提升民营企业与地方政府及其官员之间的联系程度。

基于以上的分析，本章提出如下假设：

假设 5.1 第一大股东持股比例与投资过度正相关；

假设 5.2 前三大股东持股比例与投资过度正相关；

假设 5.3 前五大股东持股比例与过度投资正相关；

假设 5.4 前三大股东持股比例平分与投资过度正相关；

假设 5.5 前五大股东持股比例平分与投资过度正相关。

股权制衡是企业的控制权由几个大股东相互监督的股权安排模式，也是一种重要的上市公司内部治理机制，通常定义为第二至第五大股东持股比例之和与第一大股东持股比例之比。股权制衡通过权益效应与折中效应平衡对大股东监督过度导致的低效率和成本降低的治理效果（Gomes and Novaes，2005）。权益效应是指由于股权的转让使控制性股东内在化了企业的价值；折中效应是指在少数控制性股东之间讨价还价的折中（Bennedsen et al.，2000）。当公司没有一个占据明显优势的控股股东时，公司的主要决策和行为往往需要取得几个大股东的一致同意才能够进行，几个大股东之间存在制衡和控制权的分享，没有哪个大股东能够单独控制公司的决策，多个大股东的存在可以通过相互监督来弱化控股股东谋取控制权私利的能力（Gugler and Yurtoglu，2003）。其他大股东能够有效地对第一大股东发挥监督制衡作用，大股东之间股权分布得越均衡，相互之间的制衡就越有效（Laeven and Levine，2004；Maury and Pajuste，2005）。这种股权结构具有一定的集中度，存在相对控股股东和其他大股东，有利于公司治理机制发挥作用（孙永祥和黄祖辉，2000），能够对股权制衡所带来的提高公平和损失效率这两种效应之间进行权衡，确定最优股权制衡度（张光荣和曾勇，2008）。

由于中国特殊的国情，在民营上市公司中，股权集中度往往非常高，通常第一大股东的持股比例会高于第二至第五大股东到持股比例之和，是典型的金字塔型控制结构。股权制衡效应在民营上市公司中普遍不理想，股权制衡结构不能提高我国民营上市公司的治理效率（朱红军和汪辉，2004）。当大股东为了个人或者企业利益与地方政府及其官员建立政治联系后，民营企业与地方政府两者相互存在资源依赖和发展目标，民营企业往往会满足地方政府政治上的投资需求而实施过度投资，这种过度投资不是增加企业价值，而是毁损了企业价值。但是这种过度投资常常可以让民营企业获得地方政府给予的各项资源的支持，地方政府提供给民营企业的各种资源效应能够间接弥补过度投资带来的效率损失，最终的综合结果是增加了民营企业的价值。政治联系下的过度投资效应最后增加了民营企业综合收益，无损其他股东的经济利益，其他股东一般也较少抑制政治联系下的过度投资行为。

基于上述分析，提出如下假设：

假设5.6 在政治联系的作用下，股权制衡度与过度投资正相关。

通常，为了预防董事会或者经理层的投资决策损害股东利益，股东大会需要对企业的重大投资项目进行专门审议。股东大会也有权利采用投票方式确定董事会最大投资额度授权，董事会需要根据股东大会最大投资额度授权实施购买资产、技术改造、生产建设、追加投资等项目。另外，董事会也可以对经理层实施投资额度授权，并监督和审议经理层是在其被授权范围内提出的投资方案及投资项目，确保其对投资方案的决策权。当民营企业大股东和高管建立政治联系之后，民营企业因满足地方政府及其官员政治上的投资需求而获得了各种资源效应与规模效应，但是长期却导致民营企业陷入资源依赖及无创新境地，无助于民营企业可持续成长。所以，股东大会往往是从战略高度审视和决策投资项目，通常会对政治联系下的过度投资项目给予约束。

基于上述分析，提出如下假设：

假设5.7 股东会议与政治联系下的过度投资负相关。

流通股股东可以采用"用手投票"和"用脚投票"两种方式发挥公司治理作用。但是因为我国上市公司在监管成本和监管收益不匹配，大部分流通股股东存在"搭便车"动机，再加上许多上市公司在召开股东大会时，都对参会者具有最小持股数量的限制，鉴于绝大多数流通股持股主体是小股东，导致流通股股东无法通过参加股东大会投票选举或者更换董事会成员对公司管理层实施监控，从而无法通过"用手投票"的方式来维护自身的权益。不过，在流通股股东的利益与大股东或经理的利益发生冲突的情况下，尽管流通股股东没有能力而且缺乏动力通过公司的内部治理机制对经理层或大股东实施直接的监督，但流通股股东可以采用"用脚投票"的方式间接地影响大股东或者经理的决策。当流通股股东大量地抛售股票后，上市公司的股价必然下跌；另外，流通股股东也可以采用拒绝购买上市公司股票的方式对上市公司的内部人施加影响。因此，当具有政治联系的上市公司实施过度投资后，流通股股东可能会认为过度投资行为有损公司价值，而抛售公司股票或者拒绝购买公司股票，从而抑制公司过度投资。

基于上述分析，提出如下假设：

假设5.8 流通股比例与过度投资负相关。

5.1.2 民营企业过度投资与董事会治理

企业基于建立健全监督机制和降低外部资源依赖的需要往往会建立董事会。董事会的主要职能之一是监督经理层，减少代理成本。并且董事会也是企业与外界环境的信息桥梁，是企业管理外部变量和减少环境不确定性的一种机制，在这种机制的作用下，董事会的董事们可以发挥各自在行业内和社会上的声誉，帮助企业获得必需的各种资源。正是董事会特有的职能和作用，使得董事会成为现代公司法人治理结构的核心，联结股东与经理层，关系着企业广大股东的利益与公司的长远发展。所以董事会成为公司治理的核心，它代表股东来行使公司治理，而且也是保证和激励经营者对全体股东履行代理职责的一种人事、职位、组织和制度安排，成为代表股东对职业经理人监督的一种有效机制，也是企业的最高内部控制机制。这使得董事会治理通过对董事会形成、组织、运作、效率、董事职责等机制的设计，保障董事会科学决策、监督、高效运行，确保了董事会在现代公司制度中发挥承上启下的枢纽作用。对于股东来说，董事会是公司的代理人，董事会代表股东的利益，通过制定科学地经营、投资、管理等方面的决策来管理公司的重大事项。并且《公司法》赋予董事会具有投资方案决策权和监督权，董事会决定企业的经营计划和投资方案，董事会对公司事务独立及客观的判断成为衡量董事会治理的有效标准。

就委托代理理论而言，董事长与总经理两种职务分离有助于维护董事会的独立性、监督的有效性，有利于建立一个有效的监督和制约机制，防止代理人的道德风险和逆向选择行为。董事长和总经理两职分离可以在一定程度上起到互相监督制衡的作用，董事长可以通过监督聘任和解聘总经理，可以评价总经理业绩，这有助于对经理人运用现金流的情况进行监督，抑制经理人的机会主义动机，可以在一定程度上减少过度投资。

而董事长与总经理两职合一容易导致权力过度集中于总经理手中，使得总经理很难在不考虑自身利益的情况下有效履行董事长的监督职责（Jesen，1993）。董事长与总经理两职合一加强了总经理在出任董事的过程中发言权的影响力，董事长与总经理两职合一使得本来董事长和总经理分别作为决策机构和日常经营机构的领导者的相互职能被混为一谈，容易导致内部人控制，降低了董事会对经理人监督的有效性，导致总经理拥有较大企业的决策执行权和控制权。两职合一严重削弱了董事会监督公司高层管理人员机会主义行为的有效性，增加了总经理对企业的控制幻觉，这可能使总经理认为他有能力控制企业经营决策的后果，低估经营决策失败的可能性。并且当总经理兼任董事长时，公司董事会的警惕性会有所减弱（Mace，1986），导致总经理对企业经营决策的判断偏差得不到及时的纠正，可能会使经理人滥用公司资金，加剧了过度投资。

基于上述分析，提出如下假设：

假设5.9 董事长与总经理两职兼任促进了企业过度投资。

董事会结构常常决定了董事会监督效果和决策效应，董事会结构需在一定程度上独立于管理层，有合适的人员，在规模上便于管理才能较好地运作（Fama and Jensen，1983）。董事会监督，也就是独立董事对执行董事和其他管理层成员的监督居于公司内部治理机制中的核心地位。独立董事是董事会结构中很重要的一部分，在西方国家通常被看成能够站在客观公正的立场保护企业利益的一个重要角色，独立董事独立于企业之外，企业的一切事务都不会影响独立董事做出独立判断，这是由独立董事的自身利益与经理人自身利益没有直接关系、与企业也无业务和职业关系、不是公司经营层的成员或公司前员工的特点决定的。独立董事的监督职能不仅来自于其独立性，而且还来自于独立董事的专业水平，其专业水准能够多角度、多领域对公司的经营活动提出公正的建议和参考意见，在考察企业投资决策时常常具有相对客观独立的看法。独立董事能在决策过程中给管理层提供信息和知识，促进投资决策更加科学合理，帮助决策方案形成，协助及监督管理层规划与执行公司发展战略。同时，独立董事由于受到"声誉"机制的制约，能够履行董事的一般职责，对经理人也能够实施有效监督，还能够针对公司的董事、高管与公司关联交易进行制衡、审查和评价，这为监管公司管理方面及雇佣契约设计提供了更加安全的保障。

目前，独立董事机制成为我国公司治理机制的重要组成部分，在董事会中独立董事的比例越高，董事会的独立性越强，内部人控制程度就越弱，可以更有效地对经理层实施监督（John and Senbet，1998），加强对大股东、内部董事和管理层的约束，使公司投资规模决策更加有效，独立董事监督成为影响公司投资决策的一种行之有效的治理机制。相反，如果独立董事占董事会人数的比例比较低，由于人微言轻，不能对董事会的有关投资决策产生明显影响，这时独立董事可能会成为公司治理的摆设，无法有效制约管理层做出侵害股东权益的投资决策，也就丧失了作为独立董事应起的监督作用。这表明独立董事比例和独立董事的规模在很大程度上反映了董事会的独立性特征。独立董事在董事会的投资决策会议中利用其专业特长和高度的责任感发挥着重要作用（Chung et al.，2003；Gugler et al.，2003），独立董事能够监督投资项目的审议资料中是否包含资质机构提供的各种可行性报告，并且对投资项目有异议时可以直接组织适当的中介机构进行评估，这确保了企业投资决策都是经过详细和客观的论证后作出的。独立董事比例可显著改善上市公司的投资效率，对民营上市公司投资效率的影响尤其显著（程柯等，2012），这确保投资支出方案与公司战略和增长机会相符，所以提高独立董事的比例能够改善公司资源配置的效率，具有独立董事的大公司的经理较少过度投资（Richardson，2006）。

基于上述分析，提出如下假设：

假设 5.10 独立董事占董事会人数比例越高,独立董事对公司过度投资的约束作用越明显;

假设 5.11 独立董事人数越多越能抑制企业过度投资行为。

董事会职能的发挥需要依靠董事会活动,董事会活动是董事会运行的重要维度,董事会职能与公司治理结构紧密相连。董事会会议频率常常用来作为董事会活跃程度的替代变量。董事会活动频率越高则董事讨论的时间越多,设置战略和监督管理层的时间也越多,增加董事会会议时间能提高董事会的有效性(Lipton and Lorsch,1992),更能有效按照股东利益执行其职责。但延森(1993)认为董事会会议并没有发挥应有的功能,董事们相对也不活跃,往往是公司出问题之后,董事会才维持更高的活动水平,所以董事会会议具有反应性,而不是提高公司治理能力的先知先觉措施。同时,尼克斯瓦费斯(Nikos Vafeas,1999)也发现董事会会议次数与企业价值呈负相关的关系,公司差的业绩往往造成更加活跃的董事会活动,随着公司董事会会议频率的显著增加,企业经营业绩也会上升,通常公司业绩改善最多的企业也是先前公司业绩比较差的公司。在企业投资决策的过程中,董事会会议频繁通常意味着董事会对拟投资方案可以获得更多的相关信息和进行更加充分的交流,这能够较好地代表股东的利益,控制和制约投资规模扩张。尤其是董事持有公司股份时,出于维护自身利益和公司利益,会有更强的动机监督经理层的投资决策,促使经理层放弃净现值为负的投资项目,抑制管理层的过度投资冲动。

基于上述分析,提出如下假设:

假设 5.12 薪资最高的前三名董事金额自然对数与过度投资负相关;

假设 5.13 董事会会议次数与民营企业过度投资负相关。

5.1.3 民营企业过度投资与管理层激励

管理层激励机制是公司治理机制的重要组成部分,包括管理层持股和管理层货币薪酬。管理层持股使管理层成为公司剩余收益的拥有者,能促进管理层与股东的利益趋于一致,减少二者的矛盾,这就是管理者持股的协同效应;但当管理者的持股比例持续增加后,管理层具有更大的权力来控制公司,在受外界约束的程度比较小时,管理者会为了自身的利益做出偏离股东价值最大化的投资决策,这就是管理者持股的防御效应。管理层货币薪酬是公司对管理层工资、奖金及其他相关事宜做出的制度安排，是管理层激励机制在物质上的具体体现，管理层货币薪酬将管理层的个人利益和公司的长远利益联系在一起，从而使管理层为公司和股东价值的最大化而尽心尽力。薪酬激励是管理层激励的重要组成部分，将管理层薪酬与企业业绩直接挂钩，有助于效率投资。最佳薪酬体系除了包括年薪奖金等货币性收益，还需要包括长期的薪酬激励机制，如管理层持股和期权计划。有效的激励契约需要采用股票和现金相结合的方式来激励管理层提高投资效率，这既可以对管理层的努力与才能给予尽可能的补偿，又可以将管理层的利益与股东的利益紧密地联系起来。在上市公司的投资行为常常是企业管理层决策的结果环境下，股权激励计划实施恰当时，经理人与股东的利益一致，有助于提高投资效率，增加公司价值，表现为持股的协同效应；但当经理人受到行权的约束时，出于达到方案中规定的业绩标准、利润指标等行权约束条件，经理人为实现个人利益的最大化有动机操控其经营和投资行为，有可能出现过度投资行为。当管理层持股比例为零或很少时，管理者会从自身的利益出发，在投资决策时，选择有益于自己而非有益于股东的扩大企业规模的投资项目，使企业出现过度投资（Jensen and Meckling，1976）。在管理层激励强度过低时，管理层可能会为了得到较高的私人收益实施更多的投资，获取管理者私人收益成为过度投资的动机。所以，将管理层的薪酬与企业的业绩联系起来，以此协调管理层与股东的利益，降低管理层自利行为，这有助于制约管理层投资于净现值为负的项目，约束管理层的过度投资冲动（Murphy，1985）。

中国民营上市公司绝大多数是大股东控制，大股东常常也是管理层成员。包含了大股东和其他高管人员组成的管理层为了解决企业发展中的稀缺资源限制及实现他们自身经济利益最大化的目标，积极与地方政府及其官员建立政治联系，通常会满足地方政府及其官员政治上的投资需求，这些投资往往偏离企业价值最大化的目标，导致民营企业过度投资。但是这种过度投资是管理层为了向地方政府及其官员进行寻租、交换资源的一种方式和寻租成本，最后则获得了各种资源效应与规模效应。所以，建立在政治联系上的过度投资能够使民营企业获得超额的综合收益，这不但实现了大股东的经济利益，而且也满足了其他高管人员经济利益最大化的目标，从而导致管理层为了自身的根本利益支持基于相互寻租和资源交换的过度投资行为。

基于上述分析，提出如下假设：

假设5.14 管理者持股比例与民营企业过度投资正相关；

假设5.15 管理层薪酬与民营企业过度投资正相关。

5.1.4 民营企业过度投资与监事会治理

监事会是履行公司监督权的核心机构，监事会对经理层的决策和行为行使监督权。因此，监事会具有两大职责：一是监督董事、高管人员是否有违反法规、公司章程、法律的行为；二是对于董事、高管人员损害公司利益的行为进行纠正，在必要的时候向股东大会或者有关主管机构报告（高雷，2007）。可见，监事会作为公司治理的一种监督的制度安排，监事会治理机制能够起到对董事会的监督和制衡作用，也能够提高对管理层的治理作用，监事会治理机制有助于抑制民营上市公司过度投资行为。

基于上述分析，提出下列假设：

假设5.16 监事会会议能够对民营企业过度投资行为产生抑制作用；

假设5.17 监事持股比例能够对民营企业过度投资行为产生抑制作用；

假设5.18 监事会规模能够对民营企业过度投资行为产生抑制作用。

5.1.5 民营企业过度投资与公司治理质量

公司治理是一系列为了保证公司决策的科学化和维护公司各方利益的制度安排，这种制度安排能够形成科学的制衡机制。在民营上市公司，通常股东大会最终决定企业的投资计划和经营方针，董事会最终决定企业的投资方案和经营计划，最后由经理对投资方案和年度经营计划组织实施。企业的投资决策主要由董事会和股东大会决定。表面上看公平投票的方式代表了广大股东的意见，实质上这种投票表决的方式在实践中因为控股股东的存在而发生扭曲。因为公司股权结构决定着产权属性，股权分布决定着投资决策规则实施的具体格局，企业投资决策规则取决于持有多数股权股东的意见与决策。形式上采取投票表决制规则，实际上控制性股东掌握着投资项目的决策权，控股股东的投资动机和投资项目前景预期决定着投资决策方向。鉴于中小股东因利益目标的不同导致的投资决策也各异，大股东掌握着多数股权，中小股东在决策过程中实际上成为控股大股东意志的附庸，并且控股股东通常会安排自己的代表到公司董事会中，董事会所提出的投资决策会被控股股东控制的股东大会表决通过，中小股东在决策中无法发挥意见。因此，我国民营企业大股东控制下的公司治理机制削弱了企业内部的相互制衡效应，降低了公司治理质量。

另外，公司治理环境影响公司的制衡机制和监督激励制度，公司治理环境在很大程度上决定公司治理质量。在民营上市公司的治理环境中，制度环境是公司治理环境的基础，而政治联系和政府干预是制度环境中十分重要的因素。政治联系往往会对董事会、股东、经理层这一核心治理结构产生直接冲击，使得政治联系成为公司治理因素，从而把政府部门及其官员的利益与民营企业的利益联系在一起去实现双方各自的利益诉求，导致民营企业的经营决策和投资决策常常会在一定程度上受到政府部门及其官员的利益牵制，造成公司治理与董事会失去独立性（连军，2012）。所以，政治联系也会降低民营上市公司的公司治理质量。

正是民营企业大股东控制导致企业内部制衡机制缺乏有效性，再加上政治联系软化了公司治理的独立性，当民营企业与地方政府及其官员为了各自的利益诉求而进行相互寻租后，因为满足政治上的投资需求而实施过度投资的过程中，较弱的公司治理质量难以对政治联系下的过度投资产生约束作用。

因此，基于以上分析，本章提出假设：

假设 5.19 在政治联系的影响下，公司治理质量与过度投资正相关。

公司常常处于特定的制度环境中，通常会采用趋利避害的方式适应所处的特定环境。公司治理结构在相当大的程度上内生于企业所处的特定制度环境，公司治理质量受到特定制度环境的影响。在公司所处的特定制度环境中，市场化程度是特定制度环境中比较重要的一部分。市场化程度影响公司治理质量，尤其是市场化水平下的政府干预水平对于具有政治联系的企业过度投资有重要影响。因为政治干预通常会削弱公司治理的独立性，降低公司治理质量。

另外，市场化程度中的要素市场化水平直接影响到民营企业获取生产所需要素的方式和途径。当要素市场化水平比较低时，民营企业往往难以利用市场交易获取所需的各种生产资源，这时民营企业通常会借助非正式制度取得所需的各种资源，尤其是借助政治联系获得各种资源；当要素市场化水平比较高时，民营企业可以直接利用市场交易获得各项生产要素，非正式制度对生产所需的各项要素影响较少，尤其是政治联系在要素市场化水平较高的环境下，所发挥的作用相对比较小。针对我国转型经济背景，市场化水平还比较低，要素市场化水平也比较低，民营企业无法完全利用市场交易获得生产所需的各项要素资源。在政府对要素资源具有控制权、定价权和配置权的背景下，民营企业往往会与政府建立政治联系，采用寻租方式获取生产所需的各项要素资源。民营企业在向地方政府及其官员寻租获取各项资源的过程中，公司治理独立性被政治联系大大减弱了，公司治理质量也被降低；地方政府也有自己的利益诉求和目标，地方政府常常会干预民营企业的决策及行为，从而导致民营企业过度投资；在政治联系驱使民营企业过度投资的过程中，失去独立性的公司治理难以发挥对过度投资的制约效应。

基于上述分析，本章提出下列假设：

假设 5.20 全国市场化水平与过度投资行为正相关；

假设 5.21 地区市场化水平与过度投资行为正相关；

假设 5.22 全国政府干预水平下的公司治理质量与过度投资正相关；

假设 5.23 地区政府干预水平下的公司治理质量与过度投资正相关；

假设 5.24 全国产品市场化水平下的公司治理质量与过度投资正相关；

假设 5.25 地区产品市场化水平下的公司治理质量与过度投资正相关；

假设 5.26 全国要素市场化水平下的公司治理质量与过度投资正相关；

假设 5.27 地区要素市场化水平下的公司治理质量与过度投资正相关。

5.2 研究设计

5.2.1 样本选择与数据来源

本章以第 4 章中模型（4-2）分析的民营上市公司适度投资水平的正残差表示过度投资，共筛选出 961 个具有正残差的样本，最后以这 961 个过度投资样本为本章的实证研究样本。

公司治理数据是通过手工方式整理 CSMAR 中的治理结构数据后获得；2004~2012 年财务数据来自 CSMAR 数据库。数据处理采用 Excel2010，统计分析在 Stata11.0 统计分析软件中进行。

5.2.2 公司治理机制度量

公司内部治理包括了监督和激励两大机制，考虑到我国公司治理水平的现状，本章从监督和激励两个方面广泛选择公司治理的各个维度变量，借鉴已有研究成果，将公司治理机制划分为股权治理维度、董事会治理维度、管理层激励维度、监事会治理维度。各个维度的指标如表 5-1 所示。

表 5-1　　　　　　　　公司治理变量名称与变量定义

维度	指标代码	指标名称	指标定义
股权治理	$dydbl_{t-1}$	第一大股东比例	第一大股东占总股本的比例
	$qsdbl_{t-1}$	前三大股东比例和	占总股本比例最大的前三名股东持股比例相加
	$qwdbl_{t-1}$	前五大股东比例和	占总股本比例最大的前五名股东持股比例相加
	$dydblpf_{t-1}$	第一大股东比例平方	第一大股东占总股本的比例的平方
	$qsdpf_{t-1}$	前三大股东平方和	第一大股东持股比例的平方+第二大股东持股比例的平方+第三大股东持股比例的平方
	$qwdpf5_{t-1}$	前五大股东平方和	前三大股东持股比例的平方和+第四大股东持股比例的平方+第五大股东持股比例的平方
	$ltgbl_{t-1}$	流通股比例	已流通的股份/总股本
	$gddhcs_{t-1}$	股东会议次数	股东大会召开的次数
	$gqzhd_{t-1}$	股权制衡度	第二到第四大股东持股数总和/第一大股东持股数
董事会治理	$dshsc_{t-1}$	董事会次数	事会召开的次数
	$jianren_{t-1}$	董事长和总经理兼任	董事长与总经理是否由一人担任，是赋值为1，否则为0
	$dldsbl_{t-1}$	独立董事比例	独立董事人数占董事会人数的百分比
	$dldsrs_{t-1}$	独立董事人数	董事会中独立董事的人数
	$cygfjsbl_{t-1}$	前三名董事金额自然对数	前三名高管报酬的自然对数
管理层激励	$ggcgbl_{t-1}$	高管持股比例	高管持股数/总股本
	$ggqsln_{t-1}$	前三名高管金额自然对数	前三名高管报酬的自然对数
监事会治理	$jshhycs_{t-1}$	监事会会议次数	监事会召开的次数
	$cygfjsbl_{t-1}$	持有股份的监事比例	持有股份的监事占董事会总规模的百分比
	$jshgm_{t-1}$	监事会规模	监事会的人数
	$jshcgbl_{t-1}$	监事会持股比例	监事会成员持有的股数占总股本的百分比

5.2.3 公司治理质量指数设计与度量

鉴于公司治理是协调监督各方利益的一种制度安排，单一指标或者单一公司维度难以较好地衡量公司整体的治理质量，因此，借鉴蒋琰（2009）、白重恩等（2005）、张会丽和陆正飞（2012）、雷光勇等（2012）构建反映公司综合治理质量的指数方法，选用第一大股东持股比例、流通股占总股本的比例、第二至第五股东持股比例之和与第一大股东持股比例的比值、董事会的人数、年度召开的董事会会议次数、两职兼任（董事长和总经理两职兼任时为1，否则为0）、董事会中独立董事的人数、独立董事占总董事会人数的比例、监事会的人数、年度召开的监事会会议次数、高管人员持股比例、金额最高的前三名高级管理人员的报酬总额的自然对数等17个指标，运用主成分分析法构建公司治理质量指数，以此来衡量公司治理水平。

公司治理质量指数在上述17个指标中都有可能得到反映，通常只要几个主成分的累积贡献率达到一定比例，主成分的个数就能够少于指标的个数以进行降维。本章将对上述17个指标提取6个主成分，用6个主成分的因子得分和方差贡献率来构造公司治理质量指数。因子分析结果如表5-2、表5-3和表5-4所示。

表5-2　　　　　　　　　　KMO 和 Bartlett

取样足够的 Kaiser-Meyer-Olkin 度量	0.636
Bartlett 的球形度检验　近似卡方	2 042.730
df	136
Sig.	0.000

表5-3　　　　　　　　　　成分矩阵

	成分					
	1	2	3	4	5	6
董事会规模	-0.059	0.365	-0.533	0.358	0.172	0.152
董事会会议次数	-0.325	0.300	0.120	-0.509	0.488	0.080
董事长与总经理兼任情况	0.350	-0.284	0.300	-0.043	-0.187	0.412
独立董事比例	0.091	-0.141	0.608	-0.094	-0.388	-0.047
持有本公司股份的董事比例	0.737	0.211	-0.239	0.004	0.106	-0.297

续表

	成分					
	1	2	3	4	5	6
金额最高的前三名董事报酬总额的自然对数	0.330	0.657	0.517	0.246	0.115	0.012
董事会持股比例	0.686	-0.221	-0.116	-0.257	0.172	0.219
第一大股东比例	-0.118	-0.434	0.417	0.438	0.477	0.050
流通股比例	-0.498	0.415	0.004	-0.299	-0.295	-0.154
股权制衡度	-0.321	-0.333	0.213	0.300	0.464	-0.198
是否同时在H股或B股上市	-0.115	0.279	-0.111	0.251	-0.153	0.581
高管人员持股比例	0.749	-0.281	-0.032	-0.190	0.074	0.287
高管前三名薪酬总额自然对数	0.286	0.677	0.527	0.247	0.026	0.139
监事会会议次数	-0.168	0.323	0.115	-0.608	0.404	0.169
监事会的规模	-0.309	0.128	-0.417	0.255	0.076	0.322
监事会持股比例	0.590	-0.012	-0.169	-0.110	0.131	-0.039
持有本公司股份的监事比例	0.613	0.342	-0.159	0.184	0.043	-0.346

注：提取方法为主成分分析法。

表 5-4　　　　　　　　　　解释的总方差

成分	初始特征值			提取平方和载入		
	合计	方差的百分比	积累的百分比	合计	方差的百分比	积累的百分比
1	3.231	19.003	19.003	3.231	19.003	19.003
2	2.173	12.779	31.782	2.173	12.779	31.782
3	1.846	10.860	42.642	1.846	10.860	42.642
4	1.537	9.039	51.682	1.537	9.039	51.682
5	1.255	17.383	69.065	1.255	17.383	69.065
6	1.097	16.452	85.517	1.097	16.452	85.517
7	0.850	5.003	70.520			
8	0.839	4.936	75.456			
9	0.774	4.551	80.007			
10	0.731	4.300	84.306			
11	0.647	3.803	88.110			
12	0.557	3.275	91.385			
13	0.509	2.996	94.380			
14	0.317	1.865	96.246			
15	0.294	1.729	97.975			
16	0.235	1.381	99.356			
17	0.110	0.644	100.000			

注：提取方法为主成分分析法。

由表 5-2、表 5-3、表 5-4 可知，在提取了 6 个因子后，累计特征值占到总方差的 85.51%，基本上取 6 个因子就可以代表 17 个变量了。由表 5-3 可以得到各个成分的计算函数。

$$Y_1 = -0.059X_1 - 0.325X_2 + 0.35X_3 + 0.091X_4 + 0.737X_5 + 0.33X_6 + 0.686X_7 - 0.118X_8 - 0.498X_9 - 0.321X_{10} - 0.115X_{11} + 0.749X_{12} + 0.286X_{13} - 0.168X_{14} - 0.309X_{15} + 0.59X_{16} + 0.613X_{17} \quad (5-1)$$

$$Y_2 = 0.365X_1 + 0.3X_2 - 0.284X_3 - 0.141X_4 + 0.211X_5 + 0.657X_6 - 0.211X_7 - 0.434X_8 + 0.415X_9 - 0.333X_{10} + 0.279X_{11} - 0.281X_{12} + 0.677X_{13} + 0.323X_{14} + 0.128X_{15} - 0.012X_{16} + 0.342X_{17} \quad (5-2)$$

$$Y_3 = -0.533X_1 + 0.12X_2 + 0.3X_3 + 0.608X_4 - 0.239X_5 + 0.517X_6 - 0.116X_7 + 0.417X_8 + 0.004X_9 + 0.213X_{10} - 0.111X_{11} - 0.032X_{12} + 0.527X_{13} + 0.115X_{14} - 0.417X_{15} - 0.169X_{16} - 0.159X_{17} \quad (5-3)$$

$$Y_4 = 0.358X - 0.509X_2 - 0.043X_3 - 0.094X_4 + 0.004X_5 + 0.246X_6 - 0.257X_7 + 0.438X_8 - 0.299X_9 + 0.3X_{10} + 0.251X_{11} - 0.19X_{12} + 0.247X_{13} - 0.608X_{14} + 0.255X_{15} - 0.11X_{16} + 0.184X_{17} \quad (5-4)$$

$$Y_5 = 0.172X_1 + 0.488X_2 - 0.187X_3 - 0.388X_4 + 0.106X_5 + 0.115X_6 + 0.172X_7 + 0.477X_8 - 0.295X_9 + 0.464X_{10} - 0.153X_{11} + 0.074X_{12} + 0.026X_{13} + 0.404X_{14} + 0.076X_{15} + 0.131X_{16} + 0.043X_{17} \quad (5-5)$$

$$Y_6 = 0.152X_1 + 0.08X_2 + 0.412X_3 - 0.047X_4 - 0.297X_5 + 0.012X_6 + 0.219X_7 + 0.05X_8 - 0.154X_9 - 0.198X_{10} + 0.581X_{11} + 0.287X_{12} + 0.139X_{13} + 0.169X_{14} + 0.322X_{15} - 0.039X_{16} - 0.346X_{17} \quad (5-6)$$

根据表 5-4 解释的总方差的百分比数值，可以进行因子提取，由此可以得到公司治理质量指数为：

$$gov\text{-}index_t = 0.19003Y_1 + 0.12779Y_2 + 0.1086Y_3 + 0.09039Y_4 + 0.17383Y_5 + 0.16452Y_6 \quad (5-7)$$

5.2.4 研究模型

本章借鉴张功富（2009）、窦炜等（2011）、俞红海等（2010）、胡国柳等（2012）的研究模型基础上，构建模型（5-8）检验股权治理对过度投资的治理效应。

$$Overinvest_t = \beta_0 + \beta_1 cash_{t-1} + \beta_2 leverage_{t-1} + \beta_3 gqzl_{t-1} + \beta_4 TinQ_{t-1} +$$
$$\beta_5 size_{t-1} + \beta_6 age_{t-1} + \beta_7 eps_{t-1} + \beta_8 \sum industry + \beta_9 poll_{t-2} + \varepsilon_{it}$$
$$(5-8)$$

在模型（5-8）中，$OverInv_t$ 是被解释变量，表示本年过度投资水平，定义为"实际投资减去适度投资的正的差额"；$gqzl_{t-1}$ 是解释变量，表示上一年度的股权治理水平，分别定义为"第一大股东比例、前三大股东比例和、前五大股东比例和、第一大股东比例平方、前三大股东平方和、前五大股东平方和、流通股比例、股东会议次数、股权制衡度"；$cash_{t-1}$ 是控制变量，表示上一年货币资金，定义为"年初货币资金持有量/年初总资产"；$leverage_{t-1}$ 是控制变量，表示上一年负债水平，定义为"总负债/年初总资产"；eps_{t-1} 是控制变量，表示上一年每股收益，定义为"净利润/总股数"。其他变量与上述相同。$TinQ_{t-1}$ 是控制变量，表示上一年托宾 Q 值，定义为"市场价值/期末总资产"；$size_{t-1}$ 是控制变量，表示上一年公司规模，定义为"年初总资产的自然对数"；age_{t-1} 是控制变量，表示上一年企业年龄，定义为"IPO 年度到上年末为止的年数"；$poll_{t-2}$ 是控制变量，表示具有两年或两年以上政治联系，定义为"董事长、总经理、副董事长、副总经理中的一位或多位具有政治联系时，赋值为1，否则为0"。$industry$ 为行业虚拟变量，制造业赋值为1，否则为0。其中，t 表示本年，$t-1$ 表示上一年；下同。

本章借鉴张栋等（2008）等的研究方法，构建模型（5-9）检验董事会对过度投资的治理效应。

$$Overinvest_t = \alpha_0 + \alpha_1 cash_{t-1} + \alpha_2 leverage_{t-1} + \alpha_3 dshzl_{t-1} + \alpha_4 TinQ_{t-1} +$$
$$\alpha_5 size_{t-1} + \alpha_6 age_{t-1} + \alpha_7 \sum industry + \alpha_8 poll_{t-2} + \varepsilon_{it}$$
$$(5-9)$$

在模型（5-9）中，$OverInv_t$ 是被解释变量，表示本年过度投资水平，定义为"实际投资减去适度投资的正的差额"；$dshzl_{t-1}$ 是解释变量，表示上一年度的董事会治理水平，分别定义为"两职兼任、独立董事比例、独立董事人数、持有股份的董事比例、前三名董事金额自然对数、董事会次数"。

本章借鉴强国令（2012）、汪健等（2013）等的研究方法，构建模型（5-10）检验管理层激励对过度投资的治理效应。

$$Overinvest_t = \lambda_0 + \lambda_1 cash_{t-1} + \lambda_2 leverage_{t-1} + \lambda_3 glcjl_{t-1} + \lambda_4 TinQ_{t-1} +$$
$$\lambda_5 size_{t-1} + \lambda_6 eps_{t-1} + \lambda_7 poll_{t-2} + \varepsilon_{it} \quad (5-10)$$

在模型（5-10）中，$OverInv_t$是被解释变量，表示本年过度投资水平，定义为"实际投资减去适度投资的正的差额"；$glcjl_{t-1}$是解释变量，表示上一年度的管理层激励，分别定义为"高管持股比例、前三名高管金额自然对数"。其他变量与上述相同。

构建模型（5-11）检验监事会对过度投资的治理效应。

$$Overinvest_t = \eta_0 + \eta_1 cash_{t-1} + \eta_2 leverage_{t-1} + \eta_3 jshzl_{t-1} + \eta_4 TinQ_{t-1} + \eta_5 size_{t-1} + \eta_6 age_{t-1} + \eta_7 eps_{t-1} + \eta_8 \sum industry + \eta_9 poll_{t-2} + \xi_{it} \quad (5-11)$$

在模型（5-11）中，$OverInv_t$是被解释变量，表示本年过度投资水平，定义为"实际投资减去适度投资的正的差额"；$jshzl_{t-1}$是解释变量，表示上一年度的监事会治理水平，分别定义为"监事会会议次数、持有股份的监事比例、监事会规模、监事会持股比例"。其他变量与上述相同。

本章在借鉴蒋琰（2009）、白重恩等（2005）、张会丽和陆正飞（2012）研究基础上，构建模型（5-12）检验公司治理质量对政治联系引起的过度投资治理效应。

$$Overnvest_t = \varepsilon_0 + \varepsilon_1 govindex_{t-1} + \varepsilon_2 cash_{t-1} + \varepsilon_3 leverage_{t-1} + \varepsilon_4 poll_{t-2} + \varepsilon_5 growth_{t-1} + \varepsilon_6 TinQ_{t-1} + \varepsilon_7 size_{t-1} + \varepsilon_8 age_{t-1} + \varepsilon_9 \sum industry + \varepsilon_{it} \quad (5-12)$$

在模型（5-12）中，$OverInv_t$是被解释变量，表示本年过度投资水平，定义为"实际投资减去适度投资的正的差额"；$govindex_{t-1}$是解释变量，表示上一年度的公司治理水平，定义为公司治理质量指数。$industry$为行业虚拟变量，制造业赋值为1，否则为0。其他变量与上述相同。

本章在借鉴简建辉等（2010）等的研究基础上，构建模型（5-13）检验全国市场化水平对过度投资的影响，构建模型（5-14）检验地区市场化水平对过度投资的影响。

$$Overnvest_t = \phi_0 + \phi_1 gmarketlevel_{t-1} + \phi_2 cash_{t-1} + \phi_3 leverage_{t-1} + \phi_4 poll_{t-2} + \phi_5 growth_{t-1} + \phi_6 TinQ_{t-1} + \phi_7 size_{t-1} + \phi_8 age_{t-1} + \phi_9 \sum industry + \varepsilon_{it} \quad (5-13)$$

在模型（5-13）中，$OverInv_t$是被解释变量，表示本年过度投资水平，定义为"实际投资减去适度投资的正的差额"；$gmarketlevel_{t-1}$是解释变量，表示上一年度的全国市场化水平，定义为"市场化指数全国总得分"。其他变量与上述相同。

$$Overnvest_t = \varphi_0 + \varphi_1 smarketlevel_{t-1} + \varphi_2 cash_{t-1} + \varphi_3 leverage_{t-1} + \varphi_4 poll_{t-2} + \varphi_5 growth_{t-1} + \varphi_6 TinQ_{t-1} + \varphi_7 size_{t-1} + \varphi_8 age_{t-1} + \varphi_9 \sum industry + \varepsilon_{it} \tag{5-14}$$

在模型（5-14）中，$OverInv_t$是被解释变量，表示本年过度投资水平，定义为"实际投资减去适度投资的正的差额"；$smarketlevel_{t-1}$是解释变量，表示上一年度的地区市场化水平，定义为"各省的市场化指数"。其他变量与上述相同。

为了检验政府干预水平下公司治理质量对过度投资的影响，构建模型（5-15）检验全国政府干预水平下的公司治理质量对过度投资的影响，构建模型（5-16）检验地区政府干预水平下的公司治理质量对过度投资的影响。

$$Overnvest_t = \kappa_0 + \kappa_1 qzfgy_{t-1} * govindex_{t-1} + \kappa_2 cash_{t-1} + \kappa_3 leverage_{t-1} + \kappa_4 poll_{t-2} + \kappa_5 growth_{t-1} + \kappa_6 TinQ_{t-1} + \kappa_7 size_{t-1} + \kappa_8 age_{t-1} + \kappa_9 \sum industry + \varepsilon_{it} \tag{5-15}$$

在模型（5-15）中，$OverInv_t$是被解释变量，表示本年过度投资水平，定义为"实际投资减去适度投资的正的差额"；$qzfgy_{t-1} * govindex_{t-1}$是解释变量，表示上一年度的全国政府干预水平下公司治理水平，定义为"全国政府干预指数与公司治理质量指数的乘积"；$qzfgy_{t-1}$表示上一年度的全国政府干预水平，定义为"政府与市场关系的全国总得分"。

$$Overnvest_t = \mu_0 + \mu_1 dzfgy_{t-1} * govindex_{t-1} + \mu_2 cash_{t-1} + \mu_3 leverage_{t-1} + \mu_4 poll_{t-2} + \mu_5 growth_{t-1} + \mu_6 TinQ_{t-1} + \mu_7 size_{t-1} + \mu_8 age_{t-1} + \mu_9 \sum industry + \tau_{it} \tag{5-16}$$

在模型（5-16）中，$OverInv_t$是被解释变量，表示本年过度投资水平，定义为"实际投资减去适度投资的正的差额"；$dzfgy_{t-1} * govindex_{t-1}$是解释变量，表示上一年度的地区市场化水平下公司治理水平，定义为"地区政府干预水平与公司治理质量指数的乘积"；$dzfgy_{t-1}$表示上一年度的各省政府干预水平，定义为"政府与市场关系的各省总得分"。

第5章 政治联系下过度投资的内部治理效应实证检验

为了检验产品市场化水平下的公司治理质量对过度投资的影响，本章构建模型（5-17）检验全国产品市场化水平下公司治理质量对过度投资的影响，构建模型（5-18）检验地区产品市场化水平下公司治理质量对过度投资的影响。

$$Overnvest_t = \psi_0 + \psi_1 qproductlevel_{t-1} * govindex_{t-1} + \psi_2 cash_{t-1} + \psi_3 leverage_{t-1} + \psi_4 poll_{t-2} + \psi_5 growth_{t-1} + \psi_6 TinQ_{t-1} + \psi_7 size_{t-1} + \psi_8 age_{t-1} + \psi_9 \sum industry + \zeta_{it} \quad (5-17)$$

在模型（5-17）中，$OverInv_t$ 是被解释变量，表示本年过度投资水平，定义为"实际投资减去适度投资的正的差额"；$qproductlevel_{t-1} * govindex_{t-1}$ 是解释变量，表示上一年度的全国产品市场化水平下公司治理水平，定义为"全国产品市场化指数与公司治理质量指数的乘积"；$qproductlevel_{t-1}$ 表示上一年度的全国产品市场化水平，定义为"产品市场发育程度的全国总得分"。

$$Overnvest_t = \rho_0 + \rho_1 dproductlevel_{t-1} * govindex_{t-1} + \rho_2 cash_{t-1} + \rho_3 leverage_{t-1} + \rho_4 poll_{t-2} + \rho_5 growth_{t-1} + \rho_6 TinQ_{t-1} + \rho_7 size_{t-1} + \rho_8 age_{t-1} + \rho_9 \sum industry + \varepsilon_{it} \quad (5-18)$$

在模型（5-18）中，$OverInv_t$ 是被解释变量，表示本年过度投资水平，定义为"实际投资减去适度投资的正的差额"；$dproductlevel_{t-1} * govindex_{t-1}$ 是解释变量，表示上一年度的地区产品市场化水平下公司治理水平，定义为"地区产品市场化指数与公司治理质量指数的乘积"；$dproductlevel_{t-1}$ 表示上一年度的各省产品市场化水平，定义为"产品市场发育程度的各省总得分"。

为了检验要素市场化水平下的公司治理质量对过度投资的影响，本章构建模型（5-19）检验全国要素市场化水平下公司治理质量对过度投资的影响，构建模型（5-20）检验地区要素市场化水平下的公司治理质量对过度投资的影响。

$$Overnvest_t = \chi_0 + \chi_1 qyslevel_{t-1} * govindex_{t-1} + \chi_2 cash_{t-1} + \chi_3 leverage_{t-1} + \chi_4 poll_{t-2} + \chi_5 growth_{t-1} + \chi_6 TinQ_{t-1} + \chi_7 size_{t-1} + \chi_8 age_{t-1} + \chi_9 \sum industry + \varepsilon_{it} \quad (5-19)$$

在模型（5-19）中，$OverInv_t$ 是被解释变量，表示本年过度投资水平，定义为"实际投资减去适度投资的正的差额";$qyslevel_{t-1} * govindex_{t-1}$是解释变量,表示上一年度的全国要素市场化水平下的公司治理水平,定义为"全国要素市场化指数与公司治理质量指数的乘积";$qyslevel_{t-1}$表示上一年度的全国要素市场化指数,定义为"要素市场发育程度的总得分"。

$$Overnvest_t = \vartheta_0 + \vartheta_1 dyslevel_{t-1} * govindex_{t-1} + \vartheta_2 cash_{t-1} + \vartheta_3 leverage_{t-1} + \vartheta_4 poll_{t-2} + \vartheta_5 growth_{t-1} + \vartheta_6 TinQ_{t-1} + \vartheta_7 size_{t-1} + \vartheta_8 age_{t-1} + \vartheta_9 \sum industry + \varepsilon_{it} \quad (5-20)$$

在模型(5-20)中,$OverInv_t$是被解释变量,表示本年过度投资水平,定义为"实际投资减去适度投资的正的差额";$dyslevel_{t-1} * govindex_{t-1}$是解释变量,表示上一年度的地区要素市场化水平下的公司治理水平,定义为"地区要素市场化指数与公司治理质量指数的乘积";$qyslevel_{t-1}$表示上一年度的地区要素市场化指数,定义为"要素市场发育程度的总得分"。

5.3 实证结果与分析

5.3.1 描述性统计结果与分析

表5-5是过度投资样本公司的主要变量描述性统计结果。股东会议次数均值为2.823,中位数为3,最大值为9,最小值为1,表明过度投资样本公司股东大会会议次数差别较大,过度投资样本公司每年最少召开一次股东大会会议,最多召开9次股东大会会议。第一大股东比例均值为35.975%,中位数为33.02%,最大值为80.6%,最小值为6.14%,说明过度投资样本公司的第一大股东持股比例差异较大,最多持股达到80.6%,最少持股达到6.14%,但普遍持股比例较高。流通股比例均值为48.5%,中位数为43.7%,最大值为100%,最小值为8%,显示了过度投资样本公司的流通股比例存在较大差异,从均值48.5%和中位数为43.7%可以看出流通股比例占总股本的比例偏低。股权制衡度均值为4.693,中位数为1.714,最大值80.775,最小值为0.284,说明过度投资样本公司的股权制衡度差异较大,从股权制衡度的均值和中位数看,过度投资样本公司的股权制衡度偏低。董事会次数均值为8.97,中位数为8,最大值为23,最小值为2,揭示

第 5 章 政治联系下过度投资的内部治理效应实证检验

了过度投资样本公司每年的董事会会议次数存在较大差异。前三名董事金额自然对数均值为 13.475，中位数为 13.43，最大值为 15.591，最小值为 9.591，表明薪酬最高的前三名董事薪酬和自然对数差别不大。监事会会议次数价值为 4.38，中位数为 4，最大值为 11，最小值为 1，揭示监事会会议次数差别较大。持有股份的监事比例均值为 22.3%，中位数 0，最大值为 50%，最小值为 0，说明持有过度投资样本公司股份的监事比例差别较大。高管持股比例均值为 2.23%，中位数为 1%，最大值为 69.2%，最小值为 0，说明过度投资样本公司中高管持股比例差异较大，反映了过度投资样本公司高管持股比例普遍偏低。

表 5-5　　　　　　　　描述性统计结果

变量	过度投资样本	均值	中位数	最大值	最小值	标准差
$leverage_{t-1}$	961	0.441	0.464	0.80	0.022	0.198
$growth_{t-1}$	961	0.564	0.229	0.745	-0.573	0.926
$gddhcs_{t-1}$	961	2.823	3	9	1	1.346
$dydbl_{t-1}$	961	35.975	33.02	80.6	6.14	14.49
$qsdbl_{t-1}$	961	50.769	51.11	90.31	15.53	13.228
$qwdbl_{t-1}$	961	55.642	57.075	91.42	17.22	13.391
$qsdpf5_{t-1}$	961	0.169	0.141	0.658	0.008	0.112
$qwdpf5_{t-1}$	961	0.171	0.143	0.658	0.012	0.111
$ltgbl_{t-1}$	961	0.485	0.437	1	0.08	0.208
$gqzhd_{t-1}$	961	4.693	1.714	80.775	0.284	8.454
$dshcs_{t-1}$	961	8.97	8	23	2	3.482
$dsqsln_{t-1}$	961	13.475	13.43	15.591	9.903	0.94
$jshhycs_{t-1}$	961	4.384	4	11	1	1.921
$cygfjsbl_{t-1}$	961	0.223	0	0.50	0	0.312
$ggqsln_{t-1}$	961	13.481	13.442	16.039	10.915	0.86
$jianren_{t-1}$	961	0.227	0	2	0	0.467
$ggcgbl_{t-1}$	961	0.0223	0.001	0.692	0	0.071

从控制变量的描述性统计结果看,资产负债水平均值为44.1%,中位数为46.4%,最大值为80%,最小值为2.2%,说明过度投资样本公司lev_{t-1}资产负债率差异较大,且普遍资产负债率比较高。成长性均值为56.4%,中位数为22.9%,最大值为74.5%,最小值为-57.3%,揭示过度投资样本公司中有56.4%以上的公司成长性较好,且过度投资样本公司的成长性差别太大。

从表5-6可知,公司治理质量指数的均值为10.25,中位数为9.64,最大值为23.04,最小值为1.82,说明政治联系下公司治理质量指数在过度投资样本公司中存在较大差异。全国市场化水平的均值为0.69,中位数为0.65,最大值为1.65,最小值为0.11,表明全国市场化水平在2004~2012年之间存在较大差异。地区市场化水平的均值为0.89,中位数0.85,最大值为13.53,最小值为0.02,显示了在2004~2012年之间地区市场化水平存在较大差别。

表5-6 描述性统计结果

变量	观察值	均值	中位数	最大值	最小值	标准差
$govindex_{t-1}$	829	10.25	9.64	23.04	1.82	4.13
$qmarketlevel_{t-1}$	829	0.69	0.65	1.65	0.11	0.28
$qzfgy_{t-1} * govindex_{t-1}$	829	0.80	0.74	1.80	0.13	0.32
$qyslevel_{t-1} * govindex_{t-1}$	829	0.47	0.44	1.17	0.07	0.19
$smarketlevel_{t-1}$	829	0.89	0.85	13.53	0.02	0.58
$dzfgy_{t-1} * govindex_{t-1}$	829	0.93	0.89	2.27	-0.25	0.39
$dproductlevel_{t-1} * govindex_{t-1}$	829	0.87	0.82	2.19	-0.25	0.38
$dyslevel_{t-1} * govindex_{t-1}$	829	0.60	0.58	1.66	0.10	0.27

5.3.2 民营企业政治联系下过度投资的股权治理效应

运用模型(5-8)检验股权治理对过度投资的抑制效应,采用面板数据分析,经过豪斯曼检验,选择了个体时间固定效应,实证结果如表5-7、表5-8所示。

表 5-7　政治联系下过度投资的股权治理效应实证检验结果

变量	(1)	(2)	(3)	(4)
$constant$	3.24*** (7.55)	1.99*** (7.76)	3.28*** (7.50)	1.96*** (7.56)
$cash_{t-1}$	0.16*** (4.69)	0.09** (2.83)	0.17*** (4.70)	0.09** (2.83)
eps_{t-1}	-0.05*** (-3.19)	-0.03** (-2.29)	-0.05*** (-3.21)	-0.03** (-2.24)
$leverage_{t-1}$	-0.35*** (-5.6)	-0.23*** (-3.97)	-0.34*** (-5.81)	-0.23*** (-3.97)
$TinQ_{t-1}$		0.02*** (3.88)		0.02*** (3.84)
$dydbl_{t-1}$	0.001* (1.96)			
$qsdbl_{t-1}$		0.002** (2.34)		
$qsdpf5_{t-1}$			0.16** (2.79)	
$qwdbl_{t-1}$				0.002** (2.38)
$size_{t-1}$	-0.32*** (-6.82)	-1.98*** (-7.47)	-0.32*** (-6.77)	-0.20*** (-7.34)
industry	控制	控制	控制	控制
$poll_{t-2}$	控制	控制	控制	控制
$ad-R^2$	0.6815	0.6528	0.6812	0.6529
F 值	5.2592	4.7867	5.2536	4.7894
样本数	961	961	961	961

注：***、**、* 分别表示在1%、5%、10%水平上显著，括号内为 t 值。

表 5-8　政治联系下过度投资的股权治理效应实证检验结果

变量	(5)	(6)	(7)	(8)
$constant$	3.28 *** (7.49)	2.35 *** (3.71)	2.16 *** (9.35)	3.14 *** (7.56)
$cash_{t-1}$	0.17 *** (4.71)	0.15 ** (2.67)	0.09 ** (2.81)	0.16 *** (4.59)
eps_{t-1}	-0.05 *** (-3.20)	-0.11 *** (-6.82)	-0.04 ** (-2.44)	-0.04 ** (-2.84)
$leverage_{t-1}$	-0.34 *** (-5.80)	-0.09 *** (-2.78)	-0.26 *** (-4.41)	-0.35 *** (-6.02)
$TinQ_{t-1}$		0.02 *** (3.34)	0.02 *** (3.59)	
$qwdpf_{t-1}$	0.16 ** (2.80)			
$ltgbl_{t-1}$		-0.07 ** (-2.69)		
$gqzhd_{t-1}$			-0.004 *** (-3.42)	
$gddhcs_{t-1}$				-0.01 ** (-2.55)
$size_{t-1}$	-0.33 *** (-6.77)	0.03 *** (14.15)	-0.21 *** (-8.11)	-0.31 *** (-6.77)
industry	控制	控制	控制	控制
$poll_{t-2}$	控制	控制	控制	控制
$ad-R^2$	0.6812	0.2618	0.6577	0.6634
F 值	5.2537	5.240	4.8707	5.3016
样本数	961	961	961	961

注：***、**、* 分别表示在1%、5%、10%水平上显著，括号内为 t 值。

由表 5-7 和表 5-8 可知，第一大股东比例的系数 0.001，且在 10% 水平上与过度投资正相关；前三大股东比例和、前五大股东比例和、前三大股东平方和、前五大股东平方和的系数分别为 0.002、0.002、0.16、0.16，且在 5% 水平上与过度投资正相关，说明过度投资样本公司的股权集中度对过度投资行为产生了激励效应，假设 5.1、假设 5.2、假设 5.3、假设 5.4、假设 5.5 得到验证。

股权制衡度的系数为-0.004，且在1%水平上与过度投资负相关，揭示对于具有多个大股东的公司，由于多个大股东之间的互相牵制和分享控制权，导致任何一个大股东都难以单独控制公司的决策，管理层的投资决策及投资行为会受到多个大股东的有力监督（Maury and Pajuste，2005），从而抑制了政治联系导致的过度投资行为，实证结果与假设5.6相反。

股东大会会议次数的系数为-0.01，且在5%水平上与过度投资负相关，显示股东大会次数越多，越能够对企业的经营决策方案产生影响，从而制约了政治联系下的过度投资，假设5.7得到验证。

流通股比例的系数为-0.07，且在5%水平上与过度投资负相关，表明流通股比例越大，过度投资水平越低，假设5.8通过检验。

5.3.3 民营企业政治联系下过度投资的董事会治理效应

采用模型（5-9）检验董事会治理对政治联系下过度投资的治理效应，经过豪斯曼检验，本章采用了面板数据的个体时间固定效应检验董事会治理效应，实证结果如表5-9所示。

表5-9 政治联系下过度投资的董事会治理效应实证检验结果

变量	(1)	(2)	(3)	(4)	(5)
constant	0.52*** (4.47)	2.48*** (5.76)	3.18*** (7.70)	2.17*** (9.27)	2.44*** (10.02)
$cash_{t-1}$	0.06* (1.98)		0.17*** (3.61)	0.10*** (3.11)	0.09** (2.75)
$size_{t-1}$	-0.04** (-3.22)	-0.24*** (-5.28)	-0.33*** (-7.10)	-0.26*** (-9.39)	-0.24*** (-8.93)
age_{t-1}	0.002** (2.53)		0.02*** (3.24)		
$leverage_{t-1}$	-0.08*** (-4.56)	-0.29*** (-5.6)	-0.26*** (-4.69)	-0.21*** (-3.57)	-0.21*** (-3.57)
$TinQ_{t-1}$	0.04*** (5.81)	0.04*** (5.01)	0.04*** (6.37)	0.02*** (4.01)	0.02*** (4.01)
$jianren_{t-1}$	-0.02* (-1.97)				

续表

变量	(1)	(2)	(3)	(4)	(5)
$dldsbl_{t-1}$		0.18** (2.82)			
$dldsrsbl_{t-1}$			0.02** (2.85)		
$dsqsIn_{t-1}$				0.03*** (3.59)	
$dshcs_{t-1}$					0.005** (2.66)
industry	控制	控制	控制	控制	控制
$poll_{t-2}$	控制	控制	控制	控制	控制
$ad-R^2$	0.16	0.42	0.37	0.6632	0.6541
F值	16.15	2.84	2.50	4.9095	4.8085
样本数	961	961	961	961	961

注：***、**、* 分别表示在1%、5%、10%水平上显著，括号内为 t 值。

由表5-9中第（1）列可知，两职兼任的系数为-0.02，且在10%水平上与过度投资水平显著负相关，表明董事长与总经理兼任能够抑制过度投资行为。实证结果与假设5.9相反。

由表5-9中第（2）列可以看出，独立董事比例的系数为0.18，并在5%水平上与过度投资正相关；再由表5-9中第（3）列可以看出，独立董事人数系数为0.002，且在5%水平上与过度投资正相关，揭示了董事会中的独立董事对于政治联系引起的过度投资起到了支持作用。实证结果与假设5.10、假设5.11相反。

由表5-9中第（4）列可知，薪资最高的前三名董事金额自然对数的系数为0.03，且在1%水平上与过度投资正相关，表明政治联系引起过度投资后，企业获得的投资规模效应和资源效应能够增加企业价值，高管可以实现经营目标，保证获得预期薪酬目标，所以高管薪酬对过度投资发挥了激励效应。由表5-9中第（5）列可知，董事会会议次数的系数为0.005，且在5%水平上与过度投资正相关，说明董事会作为上市公司决策和监督的核心机构，为了谋求利益相关者社会总福利的最大化而突破委托代理与契约的约束（傅道庆，2004），支持企业投资到政府部分要求的过度投资项目上，从而让企业获得投资规模效应和资源效应，政府部门获得了 GDP 增长及政绩，通过政治联系方式实现过度投资，让企业和政府部门都获得了收益，保证利益相关者利益最大化。实证结果与假设 5.12、假设 5.13 相反。

5.3.4 民营企业政治联系下过度投资的管理层激励治理效应

采用模型（5-10）检验假设 5.14、假设 5.15，经过豪斯曼检验，选择面板数据的个体时间固定效应，实证结果如表 5-10 中第（1）列和第（2）列所示。从表 5-10 中第（1）列可知，过度投资样本公司中薪酬最高的前三名高管薪酬之和的自然对数系数为 0.04，且在 1% 水平上与过度投资正相关；表 5-10 中第（2）列可以看出，高管持股比例的系数为 0.03，且在 5% 水平上与过度投资正相关。表明管理层激励是实现管理者和股东利益趋同的一种重要的激励手段，采用管理层持股有助于改善公司业绩及增加公司价值，实现了经营者与所有者利益均衡与协调统一，股东和管理者的目标函数趋于一致（Jensen and Meckling，1976）。在政治联系的影响下，企业和政府部门采用过度投资的方式实现双向寻租目标，民营企业可以获得各种资源效应和规模效应，这些资源效应和规模效应在扣除过度投资效率损失后，往往还会有巨额剩余，这有助于实现民营企业经济利益的最大化目标，也符合高管的经济利益。另外，还可以满足地方政府部门 GDP 增长的政治目标和社会目标。所以管理层对于政治联系导致的过度投资行为产生了促进效应。实证结果分别验证了假设 5.14、假设 5.15。

表 5-10　政治联系下过度投资的管理层激励和监事会治理效应实证检验结果

变量	管理层激励治理效应		监事会治理效应		
	(1)	(2)	(3)	(4)	(5)
$constant$	1.77*** (7.49)	2.15*** (8.94)	2.99*** (11.35)	0.62*** (6.66)	3.32*** (7.34)
$cash_{t-1}$	0.11*** (3.28)	0.09** (2.69)	0.14*** (4.17)	0.13*** (3.99)	0.17*** (3.91)
$size_{t-1}$	-0.24*** (-8.63)	-0.25*** (-8.87)	-0.30*** (-9.87)	-0.25*** (-5.82)	-0.34*** (-6.84)

续表

变量	管理层激励治理效应		监事会治理效应		
	(1)	(2)	(3)	(4)	(5)
eps_{t-1}	0.04** (2.65)	-0.04** (-2.33)	-0.03** (-2.22)	-0.05*** (-3.63)	
$leverage_{t-1}$	-0.26*** (-5.16)	-0.23*** (-3.79)	-0.28*** (-5.00)	-0.32*** (-5.96)	-0.24*** (-4.53)
$TinQ_{t-1}$	-0.01*** (-3.17)	0.02*** (3.50)	0.01*** (3.12)		0.04*** (4.75)
$ggqsIn_{t-1}$	0.04*** (3.97)				
$ggcgbl_{t-1}$		0.03** (2.58)			
$jshhycs_{t-1}$			0.01*** (4.44)		
$cygfjsbl_{t-1}$				-0.06** (-2.86)	
$jshgm_{t-1}$					0.02** (2.89)
industry	控制	控制	控制	控制	控制
$poll_{t-2}$	控制	控制	控制	控制	控制
$ad-R^2$	0.6500	0.6515	0.6500	0.7237	0.43
F 值	4.7456	4.7291	4.7456	6.2002	2.91
样本数	961	961	961	961	961

注：***、**、*分别表示在1%、5%、10%水平上显著，括号内为 t 值。

5.3.5 民营企业政治联系下过度投资的监事会治理效应

采用模型（5-11）检验监事会治理效应，经过豪斯曼检验，选择面板数据分析中的个体时间固定效应，回归结果如表 5-10 中第（3）列和第（4）列所示。从回归结果可知，监事会会议次数的系数为 0.01，且在 1% 水平上与过度投资正相关。这表明足够多的监事会会议是监事会充分发挥内部监督职责和形成有效决策的保障，当政治联系导致企业过度投资后能够给企业带来正向的综合收益，监事会会议支持了政治联系带来的过度投资行为，而没有制约这种过度投资行为。假设5.16没有通过检验。

从表5-10中第（4）列可以看出，持有股份的监事比例的系数为-0.06，且在5%水平上与过度投资负相关。表明持股的监事对政治联系引起的过度投资行为有制约效应，假设5.17获得检验。

从表5-10中第（5）列可以看出，监事会规模的系数为0.02，且在5%水平上与过度投资正相关。说明监事会规模支持了政治联系引起的过度投资行为，而没有约束这种过度投资行为。假设5.18与实证结果相反，假设5.18没有通过检验。

5.3.6 市场化水平、公司治理质量与民营企业过度投资治理效应

采用面板数据分析公司治理质量、全国市场化水平对政治联系引起的过度投资行为的影响，经过豪斯曼检验，选择个体时间固定效应，实证结果如表5-11所示。

表5-11　全国市场化水平、公司治理质量与过度投资治理效应实证结果

变量	(1)	(2)	(3)	(4)	(5)
$constant$	2.55*** (6.08)	2.58*** (6.13)	2.58*** (6.15)	2.50*** (5.98)	2.54*** (6.03)
$cash_{t-1}$	0.14*** (3.40)	0.14*** (4.06)	0.14*** (4.06)	0.14*** (3.92)	0.14*** (3.99)
$size_{t-1}$	-0.26*** (-5.66)	-0.27*** (-5.72)	-0.27*** (-5.75)	-0.26*** (-5.55)	-0.26*** (-5.61)
$leverage_{t-1}$	-0.25*** (-4.57)	-0.25*** (-4.54)	-0.25*** (-4.57)	-0.26*** (-4.58)	-0.25*** (-4.55)
$TinQ_{t-1}$	-0.02** (-2.43)	-0.02** (-2.32)	-0.02** (-2.39)	-0.02** (-2.47)	-0.02** (-2.37)
$growth_{t-1}$	-0.02* (-1.97)	-0.02* (-1.95)	-0.02* (-1.97)	-0.02* (-1.98)	-0.02* (-1.95)
$govindex_{t-1}$	0.005*** (2.13)				

续表

变量	(1)	(2)	(3)	(4)	(5)
$qmarketlevel_{t-1}$		0.09** (2.28)			
$qzfgy_{t-1} * govindex_{t-1}$			0.08** (2.39)		
$qproductlevel_{t-1} * govindex_{t-1}$				0.06** (2.79)	
$qyslevel_{t-1} * govindex_{t-1}$					0.11* (1.95)
$poll_{t-2}$	控制	控制	控制	控制	控制
industry	控制	控制	控制	控制	控制
$ad-R^2$	0.6531	0.6536	0.6540	0.6194	0.6524
F 值	4.7196	4.7288	4.3758	4.7015	4.7097
样本数	829	829	829	829	829

注：***、**、* 分别表示在1%、5%、10% 水平上显著，括号内为 t 值。

由表5-11中第（1）列可知，公司治理质量的系数为0.005，且在1% 水平上与过度投资行为正相关。表明在政治联系的作用下，民营企业与政府部门通过资源交换和双向寻租，以过度投资的方式实现了各自利益的最大化，在这个过程中，在过度投资能够给民营企业带来超额收益的情形下，过度投资能够帮助大股东和高管实现经济利益最大化的目标，公司治理固有的监督和制衡功能不是抑制政治联系下的过度投资，而是支持了这种过度投资行为。假设5.19得到验证。

由表5-11中第（2）列可知，全国市场化水平的系数为0.09，且在5% 水平上与过度投资行为正相关。说明在过去近十年的时间里，我国市场化水平比较低，政府干预市场行为比较显著，要素价格扭曲，产品市场化水平也非完全市场化。在这样的市场水平下，政府官员的考核指标唯GDP是从，在政治联系的作用下，政府官员有很强的动机干预企业决策和行为，企业也有强烈的动机通过寻租方式获得资源、市场准入权以及政策优惠等。企业与政府部门及其官员的交易方式，最好的选择就是扩大投资规模，民营企业为了实现自身利益的最大化，通常以政府官员的偏好作为投资决策的标准，为了提升政府官员的政绩通常选择过度投资项目，导致了过度投资行为的发生。假设5.20得到验证。

第 5 章 政治联系下过度投资的内部治理效应实证检验

由表 5-11 中第（3）列可知，全国政府干预水平下的公司治理质量的系数为 0.08，且在 5% 水平上与过度投资正相关。揭示了政府干预水平越高，企业过度投资越严重，公司治理对这种过度投资方式不是制约，而是支持，从而导致政府干预下的公司治理质量对过度投资行为产生了正向影响。假设 5.21 通过验证。

由表 5-11 中第（4）列可知，全国产品市场化水平下的公司治理质量的系数为 0.06，且在 5% 水平上与过度投资正相关，显示了由市场决定产品价格的约束机制没有制约政治联系导致的过度投资行为，也进一步揭示了民营企业过度投资之后，民营企业的产品可能会得到较多的地方保护，这造成产品市场化水平下的公司治理质量对过度投资产生了激励效应。假设 5.22 通过验证。

由表 5-11 中第（5）列可知，要素市场化水平下的公司治理质量的系数为 0.11，且在 10% 水平上与过度投资正相关。表明我国在过去近十年中，市场化水平低下，要素价格不是由市场供求决定，而是由政府官员决定和配置，导致要素价格扭曲。要素价格扭曲，催生了企业采用非市场交易手段获得各种要素，在政治联系的影响下，民营企业与政府部门在资源相互依赖的情形下，双方可以通过过度投资的方式实现资源交换和双向寻租。所以要素市场化水平越低，过度投资越严重。假设 5.23 得到验证。

采用面板数据分析地区市场化水平、公司治理质量对过度投资治理的影响，经过豪斯曼检验，选择个体时间固定效应，实证结果如表 5-12 所示。

表 5-12   地区市场化水平、公司治理质量与过度投资治理效应实证结果

变量	(1)	(2)	(3)	(4)
$constant$	2.51 *** (6.05)	2.54 *** (6.08)	2.51 *** (6.02)	2.50 *** (6.08)
$cash_{t-1}$	0.14 *** (4.03)	0.14 *** (4.06)	0.14 *** (3.96)	0.14 *** (4.11)
$size_{t-1}$	-0.26 *** (-5.64)	-0.26 *** (-5.67)	-0.26 *** (-5.60)	-0.26 *** (-5.71)
$leverage_{t-1}$	-0.25 *** (-4.59)	-0.25 *** (-4.45)	-0.25 *** (-4.56)	-0.26 *** (-4.66)
$TinQ_{t-1}$	-0.02 ** (-2.35)	-0.02 ** (-2.35)	-0.02 ** (-2.37)	-0.02 ** (-2.14)

续表

变量	（1）	（2）	（3）	（4）
$growth_{t-1}$	-0.02* (-1.99)	-0.02* (-1.94)	-0.02** (-2.05)	-0.02* (-1.93)
$smarketlevel_{t-1}$	0.06** (2.12)			
$dzfgy_{t-1} * govindex_{t-1}$		0.06** (2.17)		
$dproductlevel_{t-1} * govindex_{t-1}$			0.05* (1.96)	
$dyslevel_{t-1} * govindex_{t-1}$				0.10** (2.63)
$ad-R^2$	0.6530	0.6532	0.6525	0.6550
F 值	4.7194	4.7221	4.7104	4.7526
样本数	829	829	829	829

注：***、**、*分别表示在1%、5%、10%水平上显著，括号内为 t 值。

由表5-12中第（1）列可知，地区市场化水平的系数为0.06，且在5%水平上与过度投资正相关。表明在过去的近十年中，在地方市场化水平渐进过程中，我国强政府、弱市场的市场化水平对企业的决策和行为产生了关键的影响，在政治联系的影响下，我国地区市场化水平的差异性与地区市场化水平的低下对政治联系引起的过度投资行为产生了正向效应。假设5.24得到验证。

由表5-12中第（2）列可知，地区政府干预水平下的公司治理质量的系数为0.06，且在5%水平上与过度投资正相关。说明地区政府干预水平越高，在政治联系的影响下，民营企业过度投资行为越严重，政府干预下的公司治理质量对过度投资产生了促进效应。假设5.25得到验证。

由表5-12中第（3）列可知，地区产品市场化水平下的公司治理质量的系数为0.05，且在10%水平上与过度投资正相关。揭示了市场决定产品价格的制约机制并没有对政治联系下的过度投资产生负向影响，当政治联系削弱了公司治理独立性之后，地区产品市场化水平下的公司治理质量促进了政治联系下的过度投资行为。假设5.26得到验证。

由表5-12中第（4）列可知，地区要素市场化水平下公司治理质量的系数为0.10，且在5%水平上与过度投资正相关。说明要素市场发育程度越低，在政治联系的影响下民营企业过度投资行为越严重。假设5.27得到验证。

5.3.7 稳健性检验

为了验证上述研究结论的可靠性，本章按照下列方法进行稳健性检验：选择具有一年以上政治联系的董事长、总经理、副总经理、副董事长作为研究样本，然后重复上述操作，稳健性结果如表5-13和表5-14所示，从稳健性检验结果可知，上述检验结果是可靠的。

表5-13　政治联系下过度投资的股权治理效应稳健性检验

变量	(1)	(2)	(3)	(4)
$constant$	0.02*** (3.71)	0.41** (2.16)	0.29*** (3.51)	0.5*** (4.29)
$cash_{t-1}$	0.09* (1.96)			
$size_{t-1}$	0.01*** (4.36)	0.024*** (8.82)	0.02*** (8.84)	-0.03** (-2.74)
age_{t-1}	0.002** (2.14)	0.0005* (1.99)	0.004* (1.95)	0.0004** (2.68)
$leverage_{t-1}$	-0.08*** (-4.56)	-0.08*** (-4.7)	-0.08*** (-4.6)	-0.08*** (-4.89)
$TinQ_{t-1}$	0.04*** (7.21)	0.04*** (7.76)	0.04*** (7.8)	0.04*** (6.64)
$growth_{t-1}$			-0.0002** (-2.67)	
$qsdbl_{t-1}$	0.001** (2.77)			
$qsdpf5_{t-1}$		0.0002** (2.87)		
$qwdpf_{t-1}$			0.003** (2.38)	
$ltgbl_{t-1}$				-0.07** (-2.22)
$industry$	控制	控制	控制	控制
$poll_{t-1}$	控制	控制	控制	控制
$ad-R^2$	0.317	0.264	0.348	0.316
F值	4.76	5.43	6.98	17.21
样本数	1 132	1 132	1 132	1 132

注：***、**、*分别表示在1%、5%、10%水平上显著，括号内为t值。

表 5-14　政治联系下过度投资的董事会和监事会治理效应稳健性检验结果

变量	(1)	(2)	(3)	(4)
$constant$	1.44 *** (4.37)	1.7 *** (3.89)	2.50 *** (9.49)	1.70 *** (7.46)
$cash_{t-1}$		012 *** (3.50)	0.15 *** (4.35)	0.10 ** (2.97)
eps_{t-1}		0.03 * (1.92)	0.04 ** (2.86)	0.04 ** (2.55)
$leverage_{t-1}$	-0.21 *** (-3.85)	-0.3 *** (-5.29)	-0.27 *** (-5.27)	-0.26 *** (-5.24)
$TinQ_{t-1}$	0.03 *** (6.05)	-0.02 ** (-2.23)	-0.01 *** (-3.25)	-0.01 ** (-2.41)
$dshcs_{t-1}$	-0.004 * (-1.91)			
$dldsbl_{t-1}$		0.05 ** (2.48)		
$dsqsIn_{t-1}$		0.05 *** (5.14)		
$jshhycs_{t-1}$			0.01 *** (4.60)	
$cygfjsbl_{t-1}$				-0.07 ** (-2.13)
$size_{t-1}$	0.075 * (1.93)	-0.24 *** (-5.24)	-0.26 *** (-8.95)	-0.17 *** (-6.75)
$poll_{t-1}$	控制	控制	控制	控制
$industry$	控制	控制	控制	控制
$ad-R^2$	0.31	0.6518	0.6333	0.6433
F 值	2.16	4.6772	4.4923	4.6373
样本数	961	961	961	961

注：***、**、* 分别表示在1%、5%、10%水平上显著，括号内为 t 值。

为了检验上述结论的可靠性，借鉴余怒涛（2009）的公司治理指数构建方法，重新构造公司治理质量指数，重复上述操作步骤，检验结果如表 5-15、表 5-16 所示。由表 5-15 和表 5-16 可知，稳健性检验结果与上述结果一致。

表 5-15　地区市场化水平、公司治理质量与过度投资治理稳健性检验结果

变量	(1)	(2)	(3)	(4)	(5)
$constant$	1.88 *** (4.34)	2.04 *** (4.71)	2.02 *** (4.70)	1.93 *** (4.51)	2.05 *** (4.77)
$cash_{t-1}$	0.10 ** (2.73)	0.11 *** (3.05)	0.11 *** (3.09)	0.10 ** (2.79)	0.12 *** (3.34)
$size_{t-1}$	-0.21 *** (-4.62)	-0.22 *** (-4.68)	-0.22 *** (-4.84)	-0.21 *** (-4.62)	-0.21 *** (-4.67)
$leverage_{t-1}$	-0.32 *** (-5.35)	-0.32 *** (-5.30)	-0.30 *** (-5.03)	-0.31 *** (-5.29)	-0.33 *** (-5.59)
$TinQ_{t-1}$	-0.02 *** (-3.45)	-0.02 *** (-3.51)	-0.02 *** (-3.21)	-0.02 *** (-2.90)	-0.02 *** (-3.13)
$growth_{t-1}$	-0.03 *** (-3.21)	-0.03 *** (-3.38)	-0.03 *** (-3.09)	-0.03 *** (-3.53)	-0.03 *** (-2.96)
$smarketlevel_{t-1}$		0.22 *** (3.27)			
$dzfgy_{t-1} * govindex_{t-1}$			0.28 *** (3.71)		
$dproductlevel_{t-1} * govindex_{t-1}$				0.30 *** (4.42)	
$dyslevel_{t-1} * govindex_{t-1}$					0.29 *** (3.73)
$ad-R^2$	0.6764	0.6698	0.6723	0.6770	0.6724
$ad-R^2$	0.6764	0.6698	0.6723	0.6770	0.6724
industry	控制	控制	控制	控制	控制
$poll_{t-1}$	控制	控制	控制	控制	控制
F 值	5.0487	4.9281	4.9732	5.0593	4.9757
样本数	795	795	795	795	795

注：***、**、* 分别表示在1%、5%、10%水平上显著，括号内为 t 值。

表 5-16　全国市场化水平、公司治理质量与过度投资稳健性检验结果

变量	(1)	(2)	(3)
C	2.68*** (6.63)	2.71*** (6.69)	2.71*** (6.71)
$cash_{t-1}$	0.14*** (4.19)	0.14*** (4.25)	0.14*** (4.25)
$size_{t-1}$	-0.26*** (-5.91)	-0.27*** (-5.98)	-0.27*** (-6.01)
eps_{t-1}	-0.05** (-3.44)	-0.05*** (-3.42)	-0.05*** (-3.47)
$leverage_{t-1}$	-0.26*** (-5.09)	-0.26*** (-5.09)	-0.26*** (-5.10)
$govindex_{t-1}$	0.004** (2.70)		
$qmarketlevel_{t-1}$		0.07* (1.97)	
$qmarketlevel * govindex_{t-1}$			0.06* (1.98)
industry	控制	控制	控制
$poll_{t-1}$	控制	控制	控制
$ad-R^2$	0.7161	0.7166	0.7168
F 值	6.0081	6.0211	6.0253
样本数	833	833	833

注：***、**、* 分别表示在1%、5%、10%水平上显著，括号内为 t 值。

5.4　本章小结

本章在第3章中民营企业政治联系与过度投资内部治理效应的作用机理分析基础上进行的实证检验。以 2004~2012 年间在沪深 A 股上市的民营上市公司为研究对象，在借鉴公司治理与企业过度投资的主流研究模型的基础上构建了相关研究模型，考察具有较强要价能力的大型民营企业在满足地方政府及其官员政治上的投资需求过程中，公司治理是否能够约束这种非正式

制度带来的过度投资行为。

实证检验之后我们得到如下结论。

第一，民营企业的股权集中度并没有抑制政治联系下的过度投资行为，反而促进了政治联系下的过度投资行为。这与格尔根和阿恩博格（Goergen and Renneboog，2001）、皮恩达和托尔（Pindad and Torre，2005）、袁玲和杨兴全（2008）、李鑫（2007）、简建辉和黄平（2010）、杨清香等（2010）的研究结论相似。股权制衡对于政治联系引起的过度投资行为具有抑制效应，说明政治联系引起的过度投资虽然能够短期内给民营企业带来资源效应和超额收益，但是从长远看则侵蚀了民营企业的创新能力和可持续发展能力，容易导致企业陷入依靠关系和资源生存及发展的境地，所以非控股股东从长远考虑则往往会约束这种过度投资行为。股东会议次数也对政治造成的过度投资行为具有制约效应，表明了股东大会能够代表广大股东从企业大局和长远考虑，抑制政治联系导致的过度投资行为。流通股比例能够制约政治联系下的过度投资行为。

第二，政治联系削弱了民营上市公司董事会的独立性，使得董事会的监督和决策职能容易受到地方政府及其官员的牵制，独立董事对政治联系导致的过度投资没有约束功能，这与覃家琦（2010）研究结论相似；董事薪酬和董事持股都对政治联系造成的过度投资行为具有促进效应，董事长与总经理两职兼任能抑制政治联系导致的过度投资行为，这与郭胜等（2011）的研究结论相似；总体上看政治联系使得政府部门及其官员与民营上市公司的利益捆绑到一起，董事会固有的监督和决策职能在政治联系的作用下其职能被弱化，从而导致董事会对政治联系造成的过度投资整体看不是约束而是促进，这与张栋等（2008）的研究结论相似。

第三，民营上市公司管理层激励对政治联系引起的过度投资具有促进效应，这与阿加沃尔和维克（Aggarwal and Samwick，2006）、汪健等（2013）等研究结论相似，表明了民营上市公司大股东及其高管建立政治联系的根本目的是为经济利益最大化。既然企业在满足了地方政府及其官员在政治上的投资需求之后，地方政府及其官员能够给企业带来有形资源和无形资源，产生的超额收益符合大股东及其高管的根本利益，使得管理层激励在面对政治联系引起的过度投资行为时不是抑制而是支持。

第四，民营企业和政府部门及其官员建立了政治联系后，由此强化了民营企业与政府部门之间的利益联系，政治联系往往会对董事会、股东、经理层这一核心治理结构产生直接冲击，使得政治联系成为公司治理因素，从而把政府部门及其官员的利益与民营企业的利益联系到一起去实现双方各自的利益诉求，导致民营企业的经营决策和投资决策常常会在一定程度上受到政府部门及其官员的利益牵制，造成公司治理和董事会失去独立性（连军，2012）。公司治理质量相对降低，低质量的公司治理难以抑制政治联系导致的过度投资行为，相反支持了政治联系导致的过度投资行为，这与比利特等（Billett et al.，2011）、吉鲁和米勒（Giroud and Mueller，2011）、冯延超（2011）等的研究结论相似。

第6章

政治联系下过度投资的外部治理效应实证检验

本章在第3章中政治联系下过度投资的外部治理机理分析的基础上,以民营上市公司为研究样本,选择民营企业外部治理要素中最重要的产品市场竞争和负债两个外部治理要素,实证分析产品市场竞争和负债固有的治理属性对政治联系下的过度投资的治理效应,最后提炼结论并进行深入分析。

6.1 政治联系下过度投资的产品市场竞争治理效应实证检验

6.1.1 研究假设

民营企业投资是提升综合竞争实力的一种手段,良好的投资行为能够增强其竞争力,为企业发展赢得更大的竞争空间。但是,在政治联系的作用下,企业的投资行为受到了寻租和行政干预的共同影响而变得扭曲了,投资扭曲的结果导致了民营企业过度投资。政治联系引起的过度投资加剧了市场竞争的激烈程度,产品市场竞争的存在使得企业竞争力变弱,随着企业竞争力变弱,产品市场竞争程度的加剧通过价格与竞争机制影响企业,企业的现金流量波动较大,经营风险较高(Hou and Robinson,2006)。甚至陷入恶性竞争,引起平均利润率下降,造成企业利润减少,经营效率、生产效率低下,边际收益降低,导致企业亏损,从而可能给企业带来经营风险和财务风险,导致企业经营效益过低而失去市场竞争力,还可能因为经营绩效差而更加容易成为接管的目标（Kruse and Rennie，2006）。并且，在产品市场竞争激烈的情况下，政治联系引起的过度投资项目需要大量资本，竞争程度的增加确实导致了企业负债比率的增加（刘志彪等，2003）。激烈的产品市场竞争减少了企业留存收益，迫使企业不得不更多地依靠举债来维持经营（Beinera et al.，2005）。过度投资项目在产品市场竞争的作用下提升了企业负债比例，负债比例的上升加剧了公司的财务风险，所以竞争提高了公司破产清算的可能性（Schmidt，1997）。不过，政治联系引起的过度投资与其他动因造成的过度投资不同，政治联系引起的过度投资是民营企业和地方政府基于资源相互依赖与双向寻租基础上的经济利益交换行为。政治联系引起的过度投资在满足地方政府政治上的投资需求之后，民营企业也能够获得地方政府给予的各种资源支持，最终民营企业获得了规模效应和资源效应，这些资源效应在弥补过度投资造成的效率损失后还会有较多剩余。这种过度投资行为实质上并未给企业绩效带来损失，但是容易让民营企业陷入依赖关系和资源生存的境地，削弱了民营企业研发能力、创新能力及核心竞争力，不利于民营企业可持续成长。而企业实现可持续成长需要有自身的竞争优势，竞争优势又来自于企业的创新能力和核心竞争能力。因此，在产品市场竞争的影响下，具有自主性和经济理性的民营企业，一般会避免过度投资，提高企业运营效率（Holmstrom，1982），提高公司的生产率，促进资源的配置效率（周中胜，2009）。可见，产品市场竞争的固有治理机制能够抑制政治联系引起的过度投资行为。

基于上述分析，本书提出假设如下假设：

假设 6.1 产品市场竞争程度与民营企业过度投资行为负相关；

假设 6.2 产品市场差异与民营企业过度投资行为负相关；

假设 6.3 企业垄断势力与民营企业过度投资行为负相关；

假设 6.4 行业产品差异与民营企业过度投资行为负相关；

假设 6.5 行业中的产品优势与民营企业过度投资行为负相关；

假设 6.6 行业中的竞争优势与民营企业过度投资行为负相关。

假设 6.7 行业垄断程度与民营企业过度投资行为负相关。

对于在产品市场竞争激烈中占据较大市场规模的企业，就更加容易处于市场的主导地位，被接管和破产威胁的可能性也比较小。企业往往会积极主动地扩大投资规模，利用规模效应进一步提升企业的市场竞争力，产品市场竞争也能够给占据市场主导地位的企业提供更大的过度投资空间。在政府部门提高 GDP 和企业扩大投资规模的双重作用下,处于市场主导地位的公司过度投资水平更严重,尤其是行业市场规模比较大时,在政治联系的作用下,民营企业会和地方政府进行资源交换及双向寻租,通过扩大投资规模,既可以获得规模效应,又能够获得资源效应,还可以维护和提升政治联系密切度,就会更加积极主动地实施过度投资,导致产品市场竞争所固有的破产清算效应对政治联系造成的过度投资的治理效应被弱化和软化了。

基于上述分析,本书提出如下假设:

假设 6.8 企业市场规模与民营企业过度投资行为正相关;

假设 6.9 行业市场规模与民营企业过度投资行为正相关。

6.1.2 研究设计

1. 样本选择与数据来源

本书以第 4 章中模型 (4-2) 分析民营上市公司适度投资水平的正残差表示过度投资,在总体样本中具有正残差的样本数为 961 个,然后以这 961 个过度投资样本为本部分实证研究样本。

2004~2012 年的产品市场竞争数据均来自 2012 年《中国统计年鉴》和《中国经济贸易年鉴》;2004~2012 年财务数据来自 CSMAR 数据库。数据处理采用 Excel2010,统计分析在 Stata11.0 统计分析软件中进行。

2. 产品市场竞争度量

在产业组织理论的研究过程中,因为产品市场竞争受市场规模、产品差异化和进入成本 (Raith, 2003) 等众多种因素的综合影响,很难形成一个全面、科学、客观、统一的指标衡量产品市场竞争。产品市场竞争的度量方法和指标到目前为止还没有达成共识,但总体上看大概分为两类:一类是衡量市场集中度方面的指标,主要包括赫芬达尔指数 (HHI)、产业内企业数目、交叉价格弹性、市场集中度比率、市场份额等;另一类是事后指标、衡量产品市场竞争程度、像主营业务利润率等。这两类产品市场竞争的度量方法都各有其优缺点。

在产品市场竞争度量方法和指标还没有取得一致的情况下,本章选择了目前产品市场竞争度量的主流方法和指标,所选择指标如下所示,以此分析产品市场竞争对政治联系下过度投资的制约效应。

赫芬达尔指数（HHI）。HHI 指标能够有效地反映行业的集中状况与市场的规模分布情况，显示行业垄断程度，不过计算这个指标需要全部公司的销售收入数据，而当前我国的数据库还不能提供如此大量的数据。所以，用 HHI 算出的结果容易过高地估计大公司的市场份额和过低地估计小公司的市场份额。HHI 计算公式为：$HHI = \sum (X_i/X)^2, X = \sum X_i, X$ 为 i 企业的销售额。

企业勒纳指数（pmc_{t-1}）。许多文献将勒纳指数称为价格成本边际，价格与边际成本的偏离程度可以体现出企业在边际成本以上的定价能力，表明企业垄断能力的强弱。企业价格成本边际大表明垄断势力比较强，企业面临的竞争程度比较小。在完全竞争市场环境下，企业价格边际成本为 0，其计算公式为 $PMC = (p - mc)/p$。由于边际成本度量困难，已有研究文献通常用平均成本代替边际成本，用销售额代表产品价格，本章也采用这种方法度量勒纳指数。

企业产品差异性（$cpcy_{t-1}$）。企业产品差异性表示企业产品可替代性，表明企业产品竞争程度。通常用营业收入除以营业成本表示，该指标越大，说明企业产品市场竞争程度越高。

行业市场规模（$hygm_{t-1}$）。行业市场规模通常表示一个行业中某一产品的需求程度，一般用行业中的年度销售额表示行业中消费者的密集度。当一个行业市场规模比较大时，将会有更多厂商加入这个行业，竞争加剧，该行业的竞争程度会更加激烈。本章的市场规模计算公式为：$scgm_{t-1} = \ln$（行业销售额）。

行业产品差异（$hycy_{t-1}$）。行业产品差异性表明行业产品可替代性。行业产品可替代性一般表示在行业中某种产品的大概替代程度。通常，某个行业中的产品可替代性越低，表明产品差异性越高，也就是价格成本差额越大，说明产品市场竞争程度越低。一般情况下行业产品差异性与价格成本差异性正相关，行业差异性越小表示产品差异性也越小，产品市场竞争程度越高。这与恩沃（Nevo，2001）的研究一致。本章用价格与成本的比值度量产品差异性，鉴于数据的可得性，本章采用 2004~2012 年《中国经济贸易年鉴》中的销售额除以运营成本计算产品差异性。

企业市场规模（$scgm_{t-1}$）。企业市场规模能够体现企业产品的需求程度，通常企业产品的需求程度越高，表明企业在市场中的竞争力越强。本章用企业营业收入的自然对数表示企业市场规模。

第6章 政治联系下过度投资的外部治理效应实证检验

行业中的产品优势（$cyce_{t-1}$）。行业中的产品优势表示企业产品差异与行业产品差异的差额。行业中的产品优势越大，表明企业在市场中的竞争力越强。本章用企业产品差异减去行业产品差异的差额表示行业中的产品优势。

行业中的竞争优势（$gmce_{t-1}$）。行业中的竞争优势表示企业规模与行业市场规模的差额，行业中的竞争优势越大，说明企业在市场中的竞争力越强。本章用企业市场规模减去行业市场规模的差额表示。

产品市场竞争综合评价指标（$zhzbl_{t-1}$）。单一指标只是从某一侧面反映产品市场竞争强度，不够全面，误差也大（张功富，2009）。不同行业需用不同的生产资源、劳动力等，而资源总量的有限性必然导致不同行业的竞争激烈程度存在差异，而用综合评价体系来代替单一指标，能够更客观、合理地反映产品市场竞争强度。因此，本章运用因子分析法，选择主营业务利润率、营业费用与主营业务收入比、存货周转率、应收账款周转率、主营业务收入增长率、净资产收益率、净利润波动率等9个指标测算产品市场竞争程度。

产品市场竞争程度在上述的9个指标中都有可能得到反映，通常只要几个主成分的累积贡献率达到一定比例，主成分的个数就能够少于指标的个数以进行降维。本章将对上述9个指标提取4个主成分，用4个主成分的因子得分和方差贡献率来构造产品市场竞争综合评价指数。主成分分析结果如表6-1、表6-2、表6-3所示。由表6-1、表6-2、表6-3可知，在提取了4个因子后，累计特征值占到总方差的63.983%，基本上取4个因子就可以代表9个变量了。由表6-2可以得到各个成分的计算函数。

$$Y_1 = -0.097X_1 + 0.966X_2 + 0.981X_3 + 0.234X_4 - 0.024X_5 - 0.024X_6 - 0.101X_7 + 0.218X_8 + 0.045X_9 \tag{6-1}$$

表6-1　　　　　　　　　　KMO 和 Bartlett

取样足够的 Kaiser-Meyer-Olkin 度量		0.626
Bartlett 的球形度检验	近似卡方	1 988.871
	df	36
	Sig.	0.000

表6-2　　　　　　　　　　　成分矩阵

		成分			
		1	2	3	4
营业利润率	X1	-0.097	0.779	-0.143	-0.161
营业收入	X2	0.966	-0.020	-0.090	0.120
销售费用	X3	0.981	-0.047	-0.015	0.047
销售费用所占比重	X4	0.234	-0.143	0.348	-0.506
应收账款周转率	X5	-0.024	-0.014	-0.201	0.734
存货周转率	X6	-0.024	0.213	-0.748	-0.124
营业收入增长率	X7	-0.101	0.157	0.459	0.415
净资产收益率	X8	0.218	0.775	0.068	-0.032
净利润增长率	X9	0.045	0.572	0.332	0.096

注：提取方法为主成分分析法。

表6-3　　　　　　　　　　　解释的总方差

成分	初始特征值			提取平方和载入		
	合计	方差的百分比	累积（%）	合计	方差的百分比	累积（%）
1	2.020	22.449	22.449	2.020	22.449	22.449
2	1.627	18.080	40.529	1.627	18.080	40.529
3	1.076	21.957	52.486	1.076	21.957	62.486
4	1.035	21.497	63.983	1.035	21.497	83.983
5	0.968	10.759	74.741			
6	0.922	10.249	84.990			
7	0.798	8.872	93.862			
8	0.514	5.715	99.577			
9	0.038	0.432	100.000			

$$Y_2 = 0.779X_1 - 0.02X_2 - 0.047X_3 - 0.143X_4 - 0.014X_5 + 0.213X_6 + 0.157X_7 + 0.775X_8 + 0.725X_9 \quad (6-2)$$

$$Y_3 = -0.143X_1 - 0.09X_2 - 0.015X_3 + 0.348X_4 - 0.201X_5 - 0.748X_6 + 0.459X_7 + 0.068X_8 + 0.332X_9 \quad (6-3)$$

$$Y_4 = -0.161X_1 + 0.12X_2 + 0.047X_3 - 0.506X_4 + 0.734X_5 - 0.124X_6 + 0.415X_7 - 0.032X_8 + 0.096X_9 \quad (6-4)$$

根据表6-3解释的总方差的百分比数值，可以进行因子提取，由此可以得到产品市场竞争综合评价指数为：

$$zhzbl_t = 0.22449Y_1 + 0.1808Y_2 + 0.21957Y_3 + 0.21497Y_4 \quad (6-5)$$

3. 研究模型

本章在借鉴弗得柏和蒂罗尔（Fudenber and Tirole，1984）、格鲁利翁和米开里（Grullon and Michaely，2008）、张栋等（2008）、刘凤委等（2013）的研究基础上，构建模型（6-6）检验产品市场竞争对政治联系下过度投资的治理效应。

$$\begin{aligned} OverInvest_t = & \beta_0 + \beta_1 cpsj_{t-1} + \beta_2 cash_{t-1} + \beta_3 eps_{t-1} + \beta_4 leverage_{t-1} + \\ & \beta_5 growth_{t-1} + \beta_6 TinQ_{t-1} + \beta_7 size_{t-1} + \beta_8 poll_{t-2} + \beta_9 age_{t-1} + \\ & \beta_{10} \sum industry + \delta_{it} \end{aligned} \quad (6-6)$$

模型（6-6）中，$OverInv_t$ 是被解释变量，表示本年过度投资水平，定义为"实际投资减去适度投资的正的差额"；$cpsj_{t-1}$ 是解释变量，表示上一年度的产品市场竞争治理水平，分别定义为"企业勒纳指数、企业产品差异、企业市场规模、行业产品差异、行业市场规模、行业中的产品优势、行业中的竞争优势、企业竞争优势、行业垄断程度、产品市场竞争综合评价指数"；$cash_{t-1}$ 是控制变量，表示上一年货币资金，定义为"年初货币资金持有量/年初总资产"；$leverage_{t-1}$ 表示上一年负债水平，定义为"总负债/年初总资产"；eps_{t-1} 是控制变量，表示上一年每股收益，定义为"净利润/总股数"；$growth_{t-1}$ 是控制变量，表示上一年成长机会，定义为"（本年营业收入 – 本年年初营业收入）/本年年初营业收入"；$TinQ_{t-1}$ 是控制变量，表示上一年托宾 Q 值，定义为"市场价值/期末总资产"；$size_{t-1}$ 是控制变量，表示上一年公司规模，定义为"年初总资产的自然对数"；$poll_{t-2}$ 是控制变量，表示具有两年或者两年以上的政治联系，具有两年或者两年以上政治联系赋值为 1，否则为 0；age_{t-1} 是控制变量，表示上市时间，定义为"IPO 年度到上年末为止的年数"；$industry$ 为行业虚拟变量，制造业赋值为 1，否则为 0。其中，t 表示本年，$t-1$ 表示上一年。

6.1.3 实证结果与分析

1. 描述性统计结果与分析

表 6-4 报告了本章主要变量的描述性统计结果。政治联系强度的均值

为 4.1336，中位数为 3.0000，最大值为 18，说明具有政治联系的民营上市公司的政治联系强度存在较大差异。解释变量 $cpcy_{t-1}$ 的均值为 1.5569，中位数为 1.2834，最大值为 14.1817，说明具有政治联系的民营上市公司产品差异较大。$cyce_{t-1}$ 均值为 0.1975，中位数为 0.1049，最大值为 3.5087，民营上市公司与行业产品差异的差额存在较大差异。HHI_{t-1} 均值为 0.0493，中位数为 0.0329，最大值为 0.8410，说明具有政治联系的民营上市公司产品市场竞争程度存在较大差异。$gmce_{t-1}$ 均值为 -7.9507，中位数为 -7.7282，最大值为 -4.0459，说明具有政治联系的民营上市公司在行业中的竞争优势不明显。$hycy_{t-1}$、$hygm_{t-1}$、$scgm_{t-1}$ 从均值、中位数和最大值看，具有政治联系的民营上市公司在行业产品差异、行业市场规模、企业市场规模方面的差异不大。

表 6-4　　　　　　　　主要变量描述性统计结果

变量	观察值	均值	中位数	最大值	最小值	标准差
$leverage_{t-1}$	961	0.5006	0.5147	5.9700	0.0512	0.2754
eps_{t-1}	961	0.2959	0.2300	5.8932	-5.638	0.6042
$tinq_{t-1}$	961	1.5609	1.2057	7.5832	0.5707	0.9572
$growth_{t-1}$	961	0.3881	0.0816	34.878	-4.089	1.9156
$zzzs2_{t-1}$	961	4.1336	3.0000	18.0000	0.0000	2.9378
$cpcy_{t-1}$	961	1.5569	1.2834	14.1817	0.8288	1.2054
$scgm_{t-1}$	961	20.7806	20.7416	24.6332	16.5785	1.2117
$hycy_{t-1}$	961	1.1908	1.1535	1.7385	1.0229	0.1134
$hygm_{t-1}$	961	28.8354	28.8978	38.6284	25.7642	1.4208
$cyce_{t-1}$	961	0.1975	0.1049	3.5087	-0.4634	0.3653
$gmce_{t-1}$	961	-7.9507	-7.7282	-4.0459	-18.4982	1.6535
$scfe_{t-1}$	961	0.0010	0.0005	0.0175	3.55E-09	0.0021
hhi_{t-1}	961	0.0493	0.0329	0.8410	2.34E-02	0.0481

从控制变量的描述性统计结果看，$growth_{t-1}$ 均值为 0.3881，表明 38.81% 以上具有政治联系的民营上市公司成长性较好，$leverage_{t-1}$ 的均值为 0.5006，说明具有政治联系的民营上市公司的资产负债率都超过了 50.06%。

2. 政治联系下过度投资的产品市场竞争治理效应实证结果与分析

本章选择了制造业和非制造业作为全行业样本，采用面板数据分析对假设6.1至假设6.9进行检验，经过豪斯曼检验，本章选择了个体时间固定效应，模型整体上显著，实证结果如表6-5和表6-6所示。

表6-5　全行业样本政治联系下过度投资的产品市场竞争治理效应实证结果

变量	(1)	(2)	(3)	(4)	(5)
$constant$	2.01*** (7.22)	2.41*** (7.45)	2.71*** (7.58)	2.00*** (7.28)	3.24*** (7.10)
$cash_{t-1}$	0.14*** (3.45)	0.12*** (3.13)	0.17*** (4.44)	0.17*** (4.77)	0.16*** (4.30)
$size_{t-1}$	-0.21*** (-6.77)	-0.26*** (-7.19)	-0.29*** (-6.96)	-0.44*** (-8.99)	-0.29*** (-6.89)
age_{t-1}			0.01*** (3.25)		0.01*** (3.26)
$leverage_{t-1}$	-0.15** (-2.57)	-0.09* (-1.97)	-0.10** (-2.15)		-0.14** (-2.68)
eps_{t-1}				-0.02** (-2.36)	-0.02** (-2.00)
$tinq_{t-1}$	0.01* (1.97)	0.01* (1.93)		0.01** (2.81)	
$growth_{t-1}$	-0.008** (-2.40)	-0.0087*** (-2.61)	-0.01*** (-2.82)	-0.01*** (-3.21)	-0.008** (-2.21)
pmc_{t-1}	-0.08** (-2.65)				
$zhzbl_{t-1}$		-0.001** (-2.17)			
$cpcy_{t-1}$			-0.07** (-2.82)		
$scgm_{t-1}$				0.10*** (5.93)	
$hycy_{t-1}$					-0.47** (-2.48)
$poll_{t-2}$	控制	控制	控制	控制	控制
$industry$	控制	控制	控制	控制	控制
$ad-R^2$	0.4913	0.4934	0.5022	0.5201	0.5013
F值	3.3883	3.4083	3.4943	3.6794	3.4730
样本数	961	961	961	961	961

注：***、**、*分别表示在1%、5%、10%水平上显著，括号内为t值。

表6-6　全行业样本政治联系下过度投资的产品市场竞争治理效应实证结果

变量	(6)	(7)	(8)	(9)
$constant$	2.18 *** (5.07)	2.61 *** (7.31)	2.25 *** (7.23)	1.97 *** (7.02)
$cash_{t-1}$	0.18 *** (4.85)	0.17 *** (4.34)	0.10 ** (2.74)	
$size_{t-1}$	-0.32 *** (-7.43)	-0.28 *** (-6.90)	-0.22 *** (-6.79)	-0.20 *** (-6.58)
age_{t-1}	0.01 ** (2.51)	0.01 *** (3.17)		
$leverage_{t-1}$			-0.02 ** (-2.85)	
$tinq_{t-1}$			0.01 ** (2.79)	0.01 ** (2.10)
$growth_{t-1}$	-0.02 *** (-3.44)	-0.01 ** (-2.93)		
$hygm_{t-1}$	0.03 * (1.96)			
$cyce_{t-1}$		-0.06 ** (-2.48)		
$gmce_{t-1}$			0.02 ** (2.58)	
hhi_{t-1}				-0.58 ** (-2.25)
$poll_{t-2}$	控制	控制	控制	控制
$industry$	控制	控制	控制	控制
$ad-R^2$	0.4957	0.5004	0.4902	0.4796
F值	3.4330	3.4762	3.3728	3.2843
样本数	961	961	961	961

注：***、**、*分别代表在1%、5%、10%水平上显著，括号内为t值。

表6-5第（1）列显示pmc_{t-1}系数为-0.08，t值为-2.65，表明企业勒纳指数pmc_{t-1}与$OverInvest_t$在5%水平上显著负相关，说明了企业垄断势力的强弱与过度投资有密切关系，企业垄断势力的强弱对过度投资具有抑制

效应。假设 6.3 获得验证。

表 6-5 第（2）列中 $zhzbl_{t-1}$ 系数为 -0.001，t 值为 -2.17，揭示产品市场竞争强度 $zhzbl_{t-1}$ 与 $OverInvest_t$ 在 5% 水平上显著负相关，说明产品市场竞争强度能够制约过度投资行为。假设 6.1 得到验证。

表 6-5 第（3）列中 $cpcy_{t-1}$ 系数为 -0.07，t 值为 -2.82，揭示企业产品差异 $cpcy_{t-1}$ 与 $OverInvest_t$ 在 5% 水平上显著负相关，说明企业产品可替代性能够对过度投资行为产生挤出效应。假设 6.2 得到验证。

表 6-5 第（4）列中 $scgm_{t-1}$ 系数为 0.1，t 值为 5.93，揭示企业市场规模 $scgm_{t-1}$ 与 $OverInvest_t$ 在 1% 水平上显著正相关，表明企业产品的需求程度促进了过度投资。假设 6.8 得到验证。

表 6-5 第（5）列中 $hycy_{t-1}$ 系数为 -0.47，t 值为 -2.48，揭示行业产品差异 $hycy_{t-1}$ 与 $OverInvest_t$ 在 5% 水平上显著负相关，说明由行业产品差异所产生的行业产品可替代性对过度投资产生了约束效应。假设 6.4 得到验证。

表 6-6 第（6）列中 $hygm_{t-1}$ 系数为 0.03，t 值为 1.96，揭示行业市场规模 $hygm_{t-1}$ 与 $OverInvest_t$ 在 10% 水平上显著正相关，表明行业产品的需求程度对过度投资产生了激励效应。假设 6.9 得到验证。

表 6-6 第（7）列中 $cyce_{t-1}$ 系数为 -0.06，t 值为 -2.48，揭示行业中的产品优势 $cyce_{t-1}$ 与 $OverInvest_t$ 在 5% 水平上显著负相关，说明行业中的产品优势能够对过度投资具有抑制效应。假设 6.5 得到验证。

表 6-6 第（8）列中 $gmce_{t-1}$ 系数为 0.02，t 值为 2.58，揭示行业中的竞争优势 $gmce_{t-1}$ 与 $OverInvest_t$ 在 5% 水平上显著正相关，表明行业中的竞争优势对过度投资产生了支持效应。假设 6.6 得到验证。

表 6-6 第（9）列中 hhi_{t-1} 系数为 -0.58，t 值为 -2.25，揭示赫芬达尔指数 hhi_{t-1} 与 $OverInvest_t$ 在 5% 水平上显著正相关，表明行业垄断程度对过度投资产生了约束效应。假设 6.7 得到验证。

为了分析产品市场竞争对制造业和非制造业过度投资的治理效应，本章进一步将过度投资样本划分为制造业过度投资样本组和非制造业过度投资样本组，选择产品市场竞争程度与市场规模两个变量，探究产品市场竞争对政治联系下的过度投资的治理效应。

采用面板数据分析，经过豪斯曼检验，选择个体时间固定效应，实证结果如表 6-7 所示。从表 6-7 第（1）列可知，制造业市场规模的系数为

0.08，在1%水平上显著，调整的 R^2 为 0.4385。从表 6-7 第（3）列可以看到，非制造业市场规模的系数为 0.08，在 5% 水平上显著，调整的 R^2 为 0.5155，表明市场规模对制造业和非制造业过度投资都有促进作用，市场规模对非制造业过度投资的激励效应大于制造业过度投资的支持效应。从表 6-7 第（2）列可知，制造业产品市场竞争强度的系数为 -0.001，在 5% 水平上显著，调整的 R^2 为 0.259；非制造业产品市场竞争强度的系数为 -0.003，在 1% 水平上显著，调整的 R^2 为 0.2866。表明产品市场竞争强度对制造业和非制造业过度投资都有约束效应，产品市场竞争强度对非制造业过度投资的抑制效应大于对制造业过度投资的制约效应。

表 6-7　制造业和非制造业样本过度投资的产品市场竞争治理效应实证结果

变量	制造业		非制造业	
	(1)	(2)	(3)	(4)
$constant$	2.72 *** (8.66)	2.72 *** (4.31)	4.94 *** (6.20)	0.02 ** (2.46)
$cash_{t-1}$	0.14 *** (3.34)		0.40 *** (3.84)	0.20 ** (2.70)
$tinq_{t-1}$		0.16 *** (3.08)	-0.30 * (-1.99)	-0.32 ** (-2.22)
age_{t-1}			0.02 * (1.93)	0.005 * (1.98)
$leverage_{t-1}$	-0.09 * (-1.94)	-0.11 *** (-4.32)	-0.37 *** (-3.10)	0.05 ** (1.92)
$tinq_{t-1}$	0.03 *** (4.25)	0.02 ** (2.72)	0.07 *** (6.45)	0.09 *** (5.67)
$growth_{t-1}$			-0.02 *** (-3.78)	
$scgm_{t-1}$	0.08 *** (3.87)		0.08 ** (2.71)	
$zhzbl_{t-1}$		-0.001 ** (-2.37)		-0.003 *** (-4.50)
$poll_{t-2}$	控制	控制	控制	控制
$ad-R^2$	0.4385	0.259	0.5155	0.2866
F 值	2.9201	3.54	3.6936	13.55
样本数	731	731	230	230

注：***、**、* 分别代表在 1%、5%、10% 水平上显著，括号内为 t 值。

3. 稳健性检验

为了证实本章研究结论的可靠性，我们采用下列方法进行稳健性检验：选择具有一年以上政治联系的公司为研究样本，重复上述的研究步骤，检验结果如表6-8、表6-9、表6-10所示，从表6-8、表6-9、表6-10可知，稳健性检验结果与上文结论一致。

表6-8　全行业样本政治联系下过度投资的产品市场竞争治理效应稳健性检验结果

变量	(1)	(2)	(3)	(4)
$constant$	0.86 *** (5.60)	3.15 *** (9.68)	2.83 *** (10.12)	2.86 *** (10.32)
$cash_{t-1}$	0.06 *** (2.40)	0.17 *** (4.68)	0.18 *** (4.90)	0.20 *** (5.27)
$size_{t-1}$	-0.08 *** (-4.42)	-0.33 *** (-9.20)	-0.29 *** (-9.30)	-0.45 *** (-8.70)
$leverage_{t-1}$	-0.01 *** (-2.12)	-0.13 ** (-2.74)	-0.15 *** (-3.18)	-0.09 * (-1.97)
$tinq_{t-1}$	-0.02 ** (-2.78)	0.02 *** (4.25)	0.03 *** (4.45)	0.02 *** (4.19)
$growth_{t-1}$	-0.11 *** (-3.00)	-0.009 ** (-2.53)	-0.009 ** (-2.55)	-0.01 ** (-2.89)
pmc_{t-1}	-0.11 ** (-2.80)			
$zhzbl_{t-1}$		-0.001 ** (-2.05)		
$cpcy_{t-1}$			-0.05 * (-1.94)	
$scgm_{t-1}$				0.07 *** (3.75)
$industry$	控制	控制	控制	控制
$poll_{t-1}$	控制	控制	控制	控制
$ad-R^2$	0.07	0.5507	0.5503	0.5596
F值	10.08	4.0306	4.0255	4.1423
样本数	1 147	1 147	1 147	1 147

注：***、**、*分别表示在1%、5%、10%水平上显著，括号内为t值。

表6-9 全行业样本政治联系下过度投资的产品市场竞争治理效应稳健性检验结果

变量	(5)	(6)	(7)	(8)
$constant$	2.52*** (7.76)	2.77*** (9.88)	3.06*** (9.77)	3.36*** (8.67)
$cash_{t-1}$	0.20*** (4.96)	0.18*** (4.84)	0.15*** (4.08)	0.18*** (4.57)
$size_{t-1}$	-0.33*** (-8.74)	-0.29*** (-9.28)	-0.30*** (-9.53)	-0.35*** (-7.98)
age_{t-1}				0.009* (1.98)
$leverage_{t-1}$	-0.13** (-2.68)	-0.15*** (-3.09)	-0.12** (-2.63)	-0.15*** (-3.12)
$tinq_{t-1}$	0.02*** (4.13)	0.03*** (4.39)	0.02*** (4.14)	0.02*** (3.47)
$growth_{t-1}$	-0.01*** (-3.10)	-0.09** (-2.61)		
$hygm_{t-1}$	0.02** (2.79)			
$cyce_{t-1}$		-0.04** (-2.69)		
$gmce_{t-1}$			0.02** (2.23)	
hhi_{t-1}				-0.99*** (-3.53)
industry	控制	控制	控制	控制
$poll_{t-1}$	控制	控制	控制	控制
$ad-R^2$	0.5500	0.5494	0.5457	0.5520
F值	4.0162	4.0153	3.97	4.0359
样本数	1 147	1 147	1 147	1 147

注：***、**、*分别表示在1%、5%、10%水平上显著，括号内为t值。

表 6-10　制造业和非制造业样本过度投资的产品市场竞争
治理稳健性检验结果

变量	制造业过度投资与产品市场竞争实证结果		非制造业过度投资与产品市场竞争实证结果	
$constant$	0.45 *** (3.43)	2.86 *** (6.33)	0.02 ** (2.16)	4.94 *** (6.20)
$cash_{t-1}$	0.11 * (1.96)	0.17 *** (3.93)	-0.32 ** (-2.22)	-0.30 * (-1.99)
$size_{t-1}$	-0.03 ** (-2.03)	-0.51 *** (-7.63)		-0.69 *** (-6.39)
$leverage_{t-1}$	-0.10 *** (-4.08)			-0.37 *** (-3.10)
$growth_{t-1}$				0.07 *** (6.45)
$tinq_{t-1}$	0.02 ** (2.28)	0.02 ** (2.40)	0.09 *** (5.67)	-0.02 *** (-3.78)
$zhzbl_{t-1}$	-0.004 ** (-2.75)		-0.003 *** (-4.50)	
$scgm_{t-1}$		0.09 *** (4.38)		0.08 ** (2.71)
industry	控制	控制	控制	控制
$poll_{t-1}$	控制	控制	控制	控制
$ad-R^2$	0.0845	0.4396	0.2866	0.5155
F 值	6.4486	2.8893	13.55	3.6936
样本数	824	824	323	323

注：***、**、* 分别表示在1%、5%、10%水平上显著，括号内为 t 值。

6.2　民营企业政治联系下过度投资的负债治理效应实证检验

6.2.1　研究假设

负债从两个方面影响民营企业：一是负债本息的支付能够减少企业自由现金流量，降低流动性，增大了企业经营风险和破产风险的可能性，这促使民营企业在利用负债进行过度投资时,民营企业往往会保持谨慎性;二是债权人对民营企业具有监督效应,债权人对民营企业的监督会造成民营企业的过度投资由于难以得到外部融资而被制约。正是负债具有还本付息的属性,使得负债具有相机治理功能,债务对过度投资具有约束作用(John and Senbet, 1988; Shleifer and Vishny, 1997; Ferdinand A. Gul, 2001; 唐雪松等, 2007)。

但是,发挥负债的治理功效需要有健全的债权制约机制和破产机制,我国破产机制不完善,地方政府还常常直接或间接对商业银行和偿债保障机制进行干预,这使得负债具有非理性及行政性,会导致负债对我国企业过度投资没有明显的约束作用。不过,不管外界因素如何影响负债,民营企业的负债最终都还必须由其自身来偿还,地方政府不会帮助民营企业还本付息,负债本身所具有的硬约束属性仍然对政治联系下的过度投资具有治理效应。

基于上述分析,本书提出如下假设:

假设6.10 负债水平与民营企业过度投资负相关。

银行借款包括短期借款和长期借款。短期借款具有流动性比较强、利息高、还款期限比较短等特点。短期借款的治理效应主要表现在制约管理层对自由现金流的随意处置上和增加企业财务风险的可能性(Hart, 1995),由于短期债务的经常性到期,债权人便可以不断地监督与约束债务人(Diamond, 1984),使得债务人要蒙骗债权人变得更加不容易(Myers, 1977)。如果民营企业在短期借款到期时难以偿还借款,将会增加民营企业财务风险,高管层相对难以滥用资金从事"经理人帝国"的创造(Barnea et al., 1980; Hart et al., 1995)。短期借款成为有效监督民营企业机会主义的一种极有力的工具(Stulz, 1990),对过度投资能够发挥实质性的约束作用(李丽君等, 2010)。因此,提出如下假设:

假设6.11 短期借款与民营企业过度投资负相关。

长期借款是企业最主要的负债融资来源,其特点是期限长、金额较大、债权人是专业性的借贷机构。企业向银行等金融机构借款之前,这些金融机构的信贷部门会充分了解企业会计信息和审核企业的借款申请,审核通过后才签订正式借款合同,因而银行等金融机构具有评价融资企业的信息优势,产权制度清晰、市场化机制和法律保护完善的国家银行能够有效监督企业的经营管理者(Diamond, 1984, 1991, 1993),这会对企业的过度投资具有较强的治理效应。但在转型经济背景下,没有彻底对国有商业银行进行市场化改革，也没有完善破产机制，银行的理性行为依旧以服从政府利益为要求（田利辉，2005），企业的投资决策和银行贷款决策都深受政府行为的影响（李朝霞，2003；辛清泉和林斌，2007）。政治联系虽然能够增加民营企业长期借款的可得性，但是政府部门不会帮助民营企业偿还到期的银行借款，银行借款依然对过度投资具有约束功能（黄乾富和沈红波，2009）。

基于上述分析，本章提出如下假设：

假设6.12 长期借款与民营企业过度投资负相关；

假设6.13 银行借款与民营企业过度投资负相关。

商业信用主要包括预收账款、应付票据、应付账款，是一种短期负债，其特点是债权人比较分散、债务期限比较短、事前没有保障、事后难以监控和维权，这导致商业信用的相机治理作用比较薄弱。但是，民营企业如果无法偿还到期的商业信用，往往会在商业活动中丧失诚信，影响民营企业正常运行，甚至给民营企业带来经营风险，作为经济理性的民营企业一般不会利用商业信用实施过度投资行为。

基于上述分析，本章提出如下假设：

假设6.14 预收账款与民营企业过度投资负相关；

假设6.15 应付账款与民营企业过度投资负相关；

假设6.16 应付票据与民营企业过度投资负相关；

假设6.17 商业信用与民营企业过度投资负相关。

债务期限结构通常指长短期负债资金所占比例，具有"硬约束"的属性。一般来说，短期债务期限对民营企业未来期间和当期的现金流量有较高要求，民营企业在债务期限比较短的条件下往往面临较大的再融资压力，短期债务期限有助于制约民营企业对自由现金流量的随意处置，民营企业常常不会将短期负债投入到过度投资项目中，所以短期负债往往能够抑制过度投资行为。短期负债期限结构因为约束了民营企业对自由现金流量的随意处置权而起到抑制过度投资的功效。长期债务虽然期限比较长，近期又无还本付息的压力，但民营企业长期负债常常通过抵押已有资产取得，资产的收益性往往对无效率投资产生抑制。因此，长期债务期限结构因为能够约束民营企业无效率扩张而能对过度投资发挥治理效应（Hart，1998）。

基于上述分析，本章提出如下假设：

假设6.18 短期债务期限结构与民营企业过度投资负相关；

假设6.19 长期债务期限结构与民营企业过度投资负相关。

民营企业为了满足地方政府政治上的投资需要而实施过度投资之后,过度投资项目往往需要继续追加资本投入,在过度投资项目后期的收益难以补偿前期资本投入收益的情况下,过度投资项目会对民营企业未来期间负债融资产生显著影响。虽然具有政治联系的民营企业能够获得地方政府及其官员的隐性担保,能够利用地方政府解决与银行之间的信息不对称问题,减少银行对民营企业的信贷歧视,有利于民营企业与银行进行顺畅沟通,从而提高民营企业银行贷款的便利性(Friedman, 2002; Porta et al., 2003)、增加银行贷款的可获得性(Bai, Lu and Tao, 2006)、获得的借款期限也更长(余明桂,2008)、以较低的融资成本获得更多的银行贷款(张兆国等,2011)、能够具有较强的融资能力(段云等,2012),但是政治联系驱使下的过度投资还是会对未来期间的负债规模和债务期间结构产生较大影响,通常会增加未来期间的负债规模,提高未来期间的负债水平,延长债务期间。

基于上述分析,本章提出下列假设:

假设 6.20 上一期过度投资行为与本期短期借款正相关;

假设 6.21 上一期过度投资行为与本期长期借款正相关;

假设 6.22 上一期过度投资行为与本期银行借款正相关;

假设 6.23 上一期过度投资行为与本期预收账款正相关;

假设 6.24 上一期过度投资行为与本期应付账款正相关;

假设 6.25 上一期过度投资行为与本期应付票据正相关;

假设 6.26 上一期过度投资行为与本期商业信用正相关;

假设 6.27 上一期过度投资行为与本期的短期债务期限结构正相关;

假设 6.28 上一期过度投资行为与本期的长期债务期限结构正相关。

6.2.2 研究设计

1. 样本选择与数据来源

本章以第4章中模型(4-2)分析的民营上市公司适度投资水平的正残差表示过度投资,在总体样本中具有正残差的样本个数为961个,然后以这961个过度投资样本为本书最终实证研究样本。

2004~2012年负债数据和其他财务数据均来自CSMAR数据库。数据处理采用Excel2010,统计分析在Stata11.0统计分析软件中进行。

2. 研究模型

本章借鉴黄乾富和沈红波（2009）、张兆国等（2011）、黄珺和黄妮（2012）的研究模型，构建模型（6-7）检验不同来源的负债及其债务期限结构对过度投资的治理效应。

$$OverInv_t = \kappa_0 + \kappa_1 eps_{t-1} + \kappa_2 poll_{t-1} + \kappa_3 fz_{t-1} + \kappa_4 growth_{t-1} + \kappa_5 TinQ_{t-1} +$$
$$\kappa_6 size_{t-1} + \kappa_7 poll_{t-2} + \kappa_8 \sum industry + \zeta \quad (6-7)$$

模型（6-7）中，$OverInv_t$ 是被解释变量，表示本年过度投资水平，定义为"实际投资减去适度投资的正的差额"；fz_{t-1} 是解释变量，表示上一年度的负债治理水平，分别定义为"上一期的负债水平（$leverage_{t-1}$）、上一期的银行贷款（$bloan_{t-1}$）、上一期的长期借款（$lloan_{t-1}$）、上一期的短期借款（$sloan_{t-1}$）、上一期的预收账款（$yszk_{t-1}$）、上一期的应付账款（$yfzk_{t-1}$）、上一期的应付票据（$yfpj_{t-1}$）、上一期的商业信用（$cloan_{t-1}$）、上一期的短期负债比率（dqx_{t-1}）、上一期的长期负债比率（lqx_{t-1}）"。其他变量与上述变量相同。

为了检验政治联系引起的过度投资对负债融资的影响，在借鉴马娜钟和田丽（2013）研究模型的基础上，构建模型（6-8）检验政治联系引起的过度投资对不同来源的负债及其债务期限结构的影响。

$$fz_t = \mu_0 + \mu_1 overI_{t-1} + \mu_2 eps_{t-1} + \mu_3 growth_{t-1} + \mu_4 tinq_{t-1} + \mu_5 size_{t-1} + \mu_6 age_{t-1} +$$
$$\mu_7 cashflow_{t-1} + \mu_8 poll_{t-2} + \mu_9 \sum industry + \varepsilon \quad (6-8)$$

在模型（6-8）中，$OverInv_{t-1}$ 是解释变量，表示上一期过度投资水平，定义为"实际投资减去适度投资的正的差额"；fz_t 是被解释变量，表示本期负债水平，分别定义为"本期的负债水平（$leverage_t$）、本期的银行贷款（$bloan_t$）、本期的长期借款（$lloan_t$）、本期的短期借款（$sloan_t$）、本期的预收账款（$yszk_t$）、本期的应付账款（$yfzk_t$）、本期的应付票据（$yfpj_t$）、本期的商业信用（$cloan_t$）、本期的短期负债比率（dqx_t）、本期的长期负债比率（lqx_t）"。$Cashflow$ 是控制变量，表示经营活动产生的现金流量净额。其他变量与上述变量相同。

模型（6-7）、模型（6-8）中负债融资各变量所代表的含义、计算方法如表6-11所示。

表6-11　　　　　　　　　　　主要变量及其定义

变量名	变量含义	计算方法
leverage	负债水平	总负债/年初总资产
sloan	短期借款的存量	短期借款/期初总资产
cloan	商业信用的存量	(应付票据+应付账款+预收账款)/期初总资产
bloan	银行贷款的存量	(短期借款+长期借款)/期初总资产
lloan	长期借款的存量	长期借款/期初总资产
lqx	长期负债比率	长期负债/总负债

6.2.3 实证研究结果及其分析

1. 民营企业政治联系下过度投资的负债治理效应实证结果与分析

本章采用模型（6-7）检验不同来源的负债和不同的债务期限结构对政治联系下的过度投资的治理效应。采用面板数据分析，经过豪斯曼检验，选择个体时间固定效应，实证结果如表6-12和表6-13所示。

表6-12　　民营企业政治联系下过度投资的负债治理效应实证检验结果

变量	(1)	(2)	(3)	(4)	(5)
constant	1.07*** (5.74)	0.435*** (3.74)	0.46*** (3.98)	0.413*** (3.57)	0.414*** (3.59)
eps_{t-1}	0.01** (2.72)	-0.019** (-2.17)	-0.018** (-2.13)	-0.018** (-2.12)	-0.015** (-2.92)
$leverage_{t-1}$	-0.038** (-2.97)				
$sloan_{t-1}$		-0.052 (-1.47)			
$lloan_{t-1}$			0.135*** (3.36)		
$bloan_{t-1}$				0.021** (2.88)	
$yszk_{t-1}$					-0.077 (-1.39)

第6章　政治联系下过度投资的外部治理效应实证检验

续表

变量	(1)	(2)	(3)	(4)	(5)
$tinq_{t-1}$	0.06*** (8.41)	0.002** (2.21)	0.005** (2.68)	0.006** (2.68)	0.004** (2.43)
$growth_{t-1}$	0.01** (2.19)	-0.02*** (-3.27)	-0.23** (-2.73)	-0.02*** (-3.06)	-0.01** (-2.84)
$size_{t-1}$	-0.12*** (-5.69)	-0.031** (-2.49)	-0.03** (-2.88)	-0.03** (-2.47)	-0.029** (-2.41)
$poll_{t-2}$	控制	控制	控制	控制	控制
industry	控制	控制	控制	控制	控制
$ad-R^2$	0.3617	0.3606	0.3625	0.3413	0.3604
F值	2.371	2.151	2.222	2.054	2.148
样本数	961	961	961	961	961

注：***、**、*分别表示在1%、5%、10%水平上显著，括号内为t值。

由表6-12第（1）列可以看出，负债水平的系数为-0.038，且在5%水平上显著。说明负债融资与过度投资负相关，揭示了债务的还本付息的硬约束对过度投资具有抑制效应。假设6.10获得验证。

由表6-12第（2）列可知，短期借款系数为0.052，t值为-1.47，表明短期借款对政治联系引起的过度投资没有显著影响。假设6.11未通过验证。

由表6-12第（3）列可知，长期借款的系数为0.135，且在1%水平上显著，表明长期借款与过度投资正相关，揭示了长期借款对政治联系造成的过度投资具有促进效应。实证检验结果与假设6.12相反，假设6.12未通过检验。

由表6-12第（4）列可知，银行借款的系数为0.021，且在5%水平上显著。说明银行借款与政治联系引起的过度投资正相关，揭示了银行借款不是抑制了过度投资行为，而是激励了政治联系引起的过度投资行为。实证结果与假设6.13相反，假设6.13未通过检验。

由表6-12第（5）列可知，预收账款的系数为-0.077，t值为-1.397，显示了预收账款对政治联系引起的过度投资行为没有显著影响。假设6.14未得到验证。

由表6-13第（6）列可知，应付账款的系数为-0.089，且在5%水平上显著。表明应付账款与政治联系下的过度投资负相关，揭示了应付账款能够抑制政治联系下的过度投资行为。假设 6.15 得到验证。

表 6-13　政治联系下过度投资的负债治理效应实证检验结果

变量	(6)	(7)	(8)	(9)	(10)
$constant$	0.397*** (3.43)	0.349*** (3.02)	0.3795*** (3.28)	0.780*** (4.88)	0.462*** (3.99)
$yfzk_{t-1}$	-0.089** (-2.06)				
$yfpj_{t-1}$		-0.22*** (-3.72)			
$cloan_{t-1}$			-0.074*** (-3.14)		
dqx_{t-1}				-0.128*** (-3.29)	
lqx_{t-1}					0.131*** (3.19)
$tinq_{t-1}$	0.004** (2.56)	0.008** (2.092)	0.005** (2.61)	0.005** (2.65)	0.007** (2.79)
$growth_{t-1}$	-0.02*** (-3.24)	-0.02*** (-3.29)	-0.021*** (-3.08)	-0.025*** (-3.62)	-0.24*** (-3.59)
$size_{t-1}$	-0.02** (-2.21)	-0.02** (-1.93)	-0.025** (-2.94)	-0.057*** (-3.87)	-0.036** (-2.93)
eps_{t-1}	-0.013** (-2.76)	-0.011** (-2.64)			
$poll_{t-2}$	控制	控制	控制	控制	控制
$industry$	控制	控制	控制	控制	控制
$ad-R^2$	0.3623	0.3705	0.3670	0.3678	0.3673
F 值	2.167	2.244	2.211	2.219	2.214
样本数	961	961	961	961	961

注：***、**、* 分别表示在1%、5%、10%水平上显著，括号内为 t 值。

由表 6-13 第（7）列可知，应付票据的系数为 -0.223，且在1%水平上显著。表明应付票据与政治联系下的过度投资负相关，揭示了应付票据能够约束政治联系下的过度投资行为。假设 6.16 得到验证。

由表 6-13 第（8）列可知，商业信用的系数为 -0.074，且在1%水平上显著。表明商业信用与政治联系下的过度投资负相关，揭示了商业信用能够制约政治联系下的过度投资行为。假设 6.17 得到验证。

第6章 政治联系下过度投资的外部治理效应实证检验

由表 6-13 第（9）列可知，短期债务期限结构的系数为 -0.128，且在 1% 水平上显著。表明短期债务期限结构与政治联系下的过度投资负相关，揭示了短期债务期限结构能够制约政治联系下的过度投资行为。假设6.18 得到验证。

由表 6-13 第（10）列可知，长期债务期限结构的系数为 0.131，且在 1% 水平上显著。表明长期债务期限结构与政治联系下的过度投资行为正相关，揭示了长期债务期限结构能够促进政治联系下的过度投资行为。实证结果与假设 6.19 相反，假设 6.19 未通过验证。

2. 民营企业政治联系下过度投资的负债融资效应

为了进一步认识政治联系作用下的过度投资与负债融资之间的内在关系，本章以本期各种来源的负债及其债务期限结构为因变量，以上一期过度投资为自变量，采用面板数据分析，考察政治联系引起的过度投资对未来负债融资及其债务期限结构的影响。经过豪斯曼检验，本章选择个体时间固定效应，实证结果如表 6-14、表 6-15 所示。

表 6-14　　　政治联系下过度投资的负债融资效应实证检验结果

自变量	因变量					
	$sloan_t$	$lloan_t$	$bloan_t$	$yszk_t$	$yfzk_t$	$yfpj_t$
	(1)	(2)	(3)	(4)	(5)	(6)
$constant$	0.685***	-0.059**	0.650***	0.151*	0.037**	-0.164*
	(4.42)	(-2.51)	(3.47)	(2.07)	(2.46)	(-1.93)
$OverInvest_{t-1}$	0.154**	0.382***	0.569***	-0.02	0.08***	0.164*
	(3.36)	(11.12)	(9.83)	(-1.1)	(3.05)	(1.94)
$cashflow_{t-1}$	-0.182**					
	(-2.85)					
eps_{t-1}	-0.047**	-0.028**	-0.055**		0.03**	
	(-2.21)	(-2.83)	(-2.05)		(2.63)	
$tinq_{t-1}$	-0.04***	-0.016**	-0.1***			
	(-4.37)	(-2.67)	(-6.13)			
$growth_{t-1}$	0.025***	0.014**	0.065***	0.3***	0.23***	0.25***
	(3.15)	(2.37)	(5.88)	(6.45)	(4.97)	(15.9)
$size_{t-1}$	-0.048***	0.014**	-0.032**	-0.1**	0.03**	
	(-3.01)	(2.13)	(-2.61)	(-2.7)	(2.42)	

续表

自变量	因变量					
	$sloan_t$	$lloan_t$	$bloan_t$	$yszk_t$	$yfzk_t$	$yfpj_t$
	(1)	(2)	(3)	(4)	(5)	(6)
age_{t-1}		0.004 ***	-0.006 **	0.6 ***		-0.01 **
		(3.13)	(-2.17)	(5.99)		(-2.5)
industry	控制	控制	控制	控制	控制	控制
$poll_{t-2}$	控制	控制	控制	控制	控制	控制
$ad-R^2$	0.2465	0.3344	0.3862	0.3379	0.2144	0.3441
F值	2.27	2.95	2.38	2.93	2.04	2.10
样本数	961	961	961	961	961	961

注：***、**、* 分别表示在1%、5%、10%水平上显著，括号内为 t 值。

表6-15　　政治联系下过度投资的负债融资效应实证检验结果

变量	因变量		
	$cloan_t$	dqx_t	lqx_t
	(7)	(8)	(9)
constant	0.671 **	2.66 ***	-0.504 ***
	(2.05)	(20.85)	(-4.08)
$OverInvest_{t-1}$	0.261 **	-0.344 ***	0.265 ***
	(2.85)	(-8.92)	(7.29)
$cashflow_{t-1}$			0.136 **
			(2.68)
eps_{t-1}			-0.066 ***
			(-3.94)
$tinq_{t-1}$			-0.020 ***
			(-3.12)
$growth_{t-1}$	0.280 ***	0.017 **	
	(3.97)	(2.60)	
$size_{t-1}$	-0.057 **	-0.197 ***	0.072 ***
	(-2.68)	(-2.37)	(5.55)
industry	控制	控制	控制
$poll_{t-2}$	控制	控制	控制
$ad-R^2$	0.2321	0.4413	0.3174
F值	71.3	3.15	2.83
样本数	961	961	961

注：***、**、* 分别表示在1%、5%、10%水平上显著，括号内为 t 值。

由表6-14第（1）列可知，上一期过度投资的系数为0.154，且在5%水平上显著。表明上一期过度投资与本期的短期借款正相关，揭示了过度投资后往往会促进未来期间的短期借款的增加。实证结果与假设6.20一致。

由表6-14第（2）列可知，上一期过度投资的系数为0.382，且在1%水平上显著。表明上一期过度投资与本期长期借款正相关，揭示了政治联系导致过度投资后，过度投资项目往往需要追加资本投入，这会导致民营企业未来长期借款的增加。实证结果与假设6.21一致。

由表6-14第（3）列可知，上一期过度投资的系数为0.569，且在1%水平上显著。表明上一期过度投资与本期银行借款正相关，揭示了政治联系导致民营企业过度投资后，过度投资项目的顺利实施需要有后续资本追加，这促进了债务资本的增加，从而导致银行借款的增加。假设6.22得到验证。

由表6-14第（4）列可知，上一期过度投资的系数为-0.024，t值为-1.10，表明上一期过度投资对本期预收账款没有显著影响。假设6.23没有通过检验。

由表6-14第（5）列可知，上一期过度投资系数为0.08，且在1%水平上显著。表明过度投资与应付账款正相关，揭示了政治联系引起过度投资后，为了保证过度投资项目的顺利完成，后续的资本追加往往会导致企业自有资本的大量减少，这会带来企业经营活动现金流大量减少，从而增加了企业的应付账款数量。假设6.24得到验证。

由表6-14第（6）列可知，上一期过度投资的系数为0.164，且在10%水平上显著。表明上一期过度投资与本期应付票据正相关，揭示了政治联系造成企业过度投资后，过度投资项目的后续资本追加导致企业的经营活动现金流大量减少，企业往往采用延迟支付客户的货款方式缓解经营活动现金流，这样就会增加企业的应付票据数据。假设6.25得到验证。

由表6-15第（7）列可知，上一期过度投资的系数为0.261，且在5%水平上显著。表明上一期过度投资与本期商业信用正相关，揭示了政治联系引起过度投资会造成企业经营现金的减少，这往往会导致经营负债的增加。假设6.26得到验证。

由表6-15第（8）列可知，上一期过度投资的系数为-0.344，且在1%水平上显著。表明上一期过度投资与本期的短期债务期限结构负相关，揭示了过度投资后会大大缩短债务期限结构，增加企业的偿债压力。假设6.27得到验证。

由表 6-15 第（9）列可知，上一期过度投资的系数为 0.265，且在 1% 水平上显著。表明上一期过度投资与本期长期债务期限结构正相关，揭示了政治联系引起过度投资后，过度投资项目的后续资本追加往往会增加企业长期债务资本数量，导致长期债务资本数量增加，同时导致了更多的长期债务期限结构。假设 6.28 获得验证。

3. 稳健性检验结果

为了验证本章结论的可靠性，以资产负债表中的"长期股权投资、固定资产净值、在建工程、无形资产"期末之和减去"长期股权投资、固定资产净值、在建工程、无形资产"期初之和的差额作为当期实际投资数据，然后重新采用上述的模型和方法进行检验，检验的结果见表 6-16、表 6-17。通过与上述检验结果对比可知，各回归系数和显著性都没有发生重大变化，结论也相同。

表 6-16　　　　政治联系下过度投资的负债治理效应稳健性检验结果

变量	(1)	(2)	(3)	(4)	(5)	(6)
C	0.63*** (5.34)	0.68*** (5.59)	0.61*** (5.24)	0.62*** (5.28)	0.60*** (5.10)	0.55*** (4.70)
eps_{t-1}	-0.08*** (-4.5)	-0.07*** (-4.52)	-0.7*** (-4.51)	-0.073*** (-4.22)	-0.1*** (-4.09)	-0.6*** (-4.02)
$sloan_{t-1}$	-0.035 (-0.97)					
$lloan_{t-1}$		0.2*** (4.95)				
$bloan_{t-1}$			0.057** (2.30)			
$yszk_{t-1}$				-0.094** (-2.69)		
$yfzk_{t-1}$					-0.088* (-1.99)	
$yfpj_{t-1}$						-0.2*** (-3.55)
$tinq_{t-1}$	0.31*** (3.52)	0.04*** (4.23)	0.03*** (4.16)	0.03*** (3.62)	0.03*** (3.83)	

续表

变量	(1)	(2)	(3)	(4)	(5)	(6)
$growth_{t-1}$	0.02** (2.72)	0.04*** (3.47)	0.07** (2.87)	0.01** (2.12)	0.05** (2.41)	0.031** (3.65)
$size_{t-1}$	-0.06*** (-5.03)	-0.05*** (-3.97)	-0.04*** (-3.49)	-0.04*** (-3.35)	-0.04*** (-3.14)	-0.03** (-2.78)
industry	控制	控制	控制	控制	控制	控制
$poll_{t-2}$	控制	控制	控制	控制	控制	控制
$ad-R^2$	0.3880	0.4118	0.3915	0.3895	3904	0.3972
F值	2.45	2.67	3.48	2.46	2.47	2.54
样本数	927	927	927	927	927	927

注：***、**、*分别表示在1%、5%、10%水平上显著，括号内为t值。

表6-17 政治联系下过度投资的负债治理效应稳健性检验结果

变量	(1)	(2)	(3)	(4)
C	0.584*** (4.96)	1.02*** (5.67)	1.01*** (6.34)	-0.675*** (-5.46)
$cloan_{t-1}$	-0.076*** (-3.16)			
$leverage_{t-1}$		-0.03** (-2.72)		
dqx_{t-1}			-0.140*** (-3.60)	
lqx_{t-1}				0.133*** (3.13)
$tinq_{t-1}$	0.033*** (3.87)	0.08*** (12.73)	-0.034*** (-4.02)	0.035*** (4.18)
$growth_{t-1}$	0.043*** (2.52)	0.07** (2.11)	0.051*** (3.64)	0.074*** (4.21)
$size_{t-1}$	-0.037** (-2.97)	-0.11*** (-5.81)	-0.073*** (-4.81)	-0.051*** (-3.85)
$poll_{t-2}$	控制	控制	控制	控制
industry	控制	控制	控制	控制
$ad-R^2$	0.3952	0.2456	0.3975	0.4005
F值	2.53	40.4194	2.55	2.55
样本数	927	927	927	927

注：***、**、*分别表示在1%、5%、10%水平上显著，括号内为t值。

6.3 本章小结

本章首先在政治联系下过度投资的产品市场竞争治理效应的机理分析基础上,以民营上市公司为研究样本,借鉴国内外主流的产品市场竞争衡量指标、产品市场竞争与企业过度投资的研究模型,构建了检验政治联系下过度投资的产品市场竞争治理效应的理论模型,采用 2004~2012 年的产品市场竞争数据和相关的财务数据,运用面板数据分析,从产品差异、垄断势力、竞争优势、市场规模等九个方面检验产品市场竞争对政治联系下的过度投资的治理效应。实证结果发现,产品市场竞争程度能够对政治联系引起的过度投资具有抑制效应,这与施密特(Schmidt, 1997)的研究结论相似;企业产品市场差异、行业产品差异、行业中的产品优势、企业竞争优势、行业垄断程度、企业垄断势力都对政治联系造成的过度投资行为具有约束功能,这与胡建平等(2008)、王红艳等(2011)、刘喆等(2013)、刘凤委等(2013)的研究结论相似;但是企业市场规模、行业市场规模、行业中的竞争优势对过度投资行为具有促进效应。

本章第二部分是在政治联系下过度投资的负债治理效应的机理分析基础上,以民营上市公司为研究样本,借鉴负债融资与过度投资研究的主流研究模型,建构了政治联系下过度投资的负债融资治理效应的检验模型,采用 2004~2012 年的财务数据,运用面板数据分析,检验不同的负债来源和债务期限结构对过度投资的治理效应。实证结果发现,短期借款对政治联系下过度投资的治理效应不显著,这与王艳辉和杨帆(2007)研究结论一致;长期借款和银行借款对过度投资具有激励效应,这与李枫和杨兴全(2008)、王建新(2008)等的研究结论一致;而商业信用作为一种短期融资行为,从整体上看对过度投资行为具有抑制效应,这与黄珺和黄妮(2012)的研究结论一致;短期债务期限结构对过度投资具有约束效应,长期债务期限结构对过度投资具有正向效应。同时,本章拓展性地探究了政治联系下的过度投资对未来期间的负债来源和债务期限结构的影响,过度投资对未来期间的银行借款、商业信用、长期债务期限结构都会产生促进效应,即政治联系下的过度投资往往会增加未来期间的负债规模,增加未来期间的长期借款和商业信用,延长未来长期借款的偿债期限;政治联系下的过度投资对未来期间的短期债务期限结构产生负向影响；政治联系下的过度投资对未来期间的预收账款没有明显影响。通过上述实证分析还可以发现，负债融资与民营企业过度投资不是单向影响关系，而是双向相互影响的关系，这深化了负债与过度投资的理论研究。

第 7 章

政治联系下过度投资治理效应的比较分析

在理论分析和实证检验的基础上,本章首先对政治联系下过度投资的内外部治理进行比较分析,然后探讨在治理政治联系下过度投资的过程中民营企业内外部治理机制的内在关系,最后针对政治联系削弱了民营企业内外部治理机制的独立性和有效性的现状,探析了民营企业内外部治理机制发挥治理功效的机理。

7.1 政治联系下过度投资的内外部治理效应比较

7.1.1 政治联系下过度投资的综合治理效应比较

一般情况下,公司治理直接影响着民营企业的投资决策和投资实施,公司治理理论上应该对过度投资具有显著的约束效应;产品市场竞争直接影响到企业在市场中竞争地位和收益,企业过度投资之后,产品供应量与需求量往往会失衡,产品市场竞争的优胜劣汰功能和清算功能对过度投资具有间接的制约作用;负债固有的还本付息的硬约束属性对过度投资的非效率具有抑制功能。但是,当民营企业出于经济利益目的与地方政府及其官员建立了政治联系之后,政治联系催生了民营企业的利益与地方政府及其官员的利益捆绑到一起,政治联系这种非正式制度往往会改变民营企业内外部治理机制的有效性。

当对公司治理、产品市场竞争和负债进行综合评价之后,考察这三个治理机制对政治联系下过度投资的治理效应。实证检验显示,公司治理综合评价指数的检验系数、t 值、显著性水平、调整 R^2 分别为 0.005、2.13、1%、0.6531,公司治理机制不是抑制了过度投资,而是支持了过度投资,从实证的显著性看,公司治理对过度投资具有显著的促进作用。再进一步分析不同政府干预下,公司治理对过度投资的影响后发现,在不同时期的全国性政府干预水平下,公司治理综合水平的检验系数、t 值、显著性水平、调整 R^2 分别为 0.08、2.39、5%、0.6540,在不同地区的政府干预水平下公司治理综合水平的 0.06、2.17、5%、0.6532。从不同时期和不同地区的政府干预水平下公司治理综合水平的实证检验结果看,公司治理水平对过度投资起到促进作用,而不是约束作用。进一步分析不同的产品市场竞争水平下公司治理综合水平对过度投资的影响后发现,在不同时期的全国产品市场化水平下公司治理综合水平的检验系数、t 值、显著性水平、调整 R^2 分别为 0.06、2.79、5%、0.6194,不同地区的产品市场化水平下公司治理综合水平的检验系数、t 值、显著性水平、调整 R^2 分别为 0.05、1.96、10%、0.6525。从不同时期和不同地区的产品市场化水平下公司治理综合水平的实证检验结果可以看出,公司治理对过度投资具有支持作用,并没有发挥抑制影响。进一步分析不同的要素市场水平下公司治理综合水平对过度投资的影响发现,不同时期的全国要素市场水平下公司治理综合水平的检验系数、t 值、显著性水平、调整 R^2 分别为 0.11、1.95、10%、0.6524,不同地区的要素市场化水平下公司治理综合水平的检验系数、t 值、显著性水平、调整 R^2 分别为 0.10、2.63、5%、0.6550。从不同时期和不同地区的要素市场化水平下公司治理综合水平对过度投资的影响结果可知,公司治理对过度投资产生了正向效应,而不是反向效应。产品市场竞争综合治理水平的检验系数、t 值、显著性水平、调整 R^2 分别为 -0.001、-2.17、5%、0.4934,显示了产品市场竞争治理机制对政治联系下过度投资具有抑制效应;负债水平的检验系数、t 值、显著性水平、调整 R^2 分别为 -0.038、-2.97、5%、0.3617,表明了负债对政治联系下过度投资具有治理功能。具体如表 7-1 所示。

表 7-1　　政治联系下过度投资内外部综合治理效应比较

治理效应	变量名称	变量代码	检验系数	t 值	显著性水平	$ad-R^2$	样本
内部综合治理效应	公司治理水平	$govindex_{t-1}$	0.005	2.13	1%	0.6531	961
	全国政府干预水平下公司治理质量	$qzfgy_{t-1}$ * $govindex_{t-1}$	0.08	2.39	5%	0.6540	961
	全国产品市场化水平下公司治理质量	$qproductlevel_{t-1}$ * $govindex_{t-1}$	0.06	2.79	5%	0.6194	961
	全国要素市场化水平下的公司治理质量	$qyslevel_{t-1}$ * $govindex_{t-1}$	0.11	1.95	10%	0.6524	961
	地区政府干预水平下公司治理质量	$dzfgy_{t-1}$ * $govindex_{t-1}$	0.06	2.17	5%	0.6532	961
	地区产品市场化水平下公司治理质量	$dproductlevel_{t-1}$ * $govindex_{t-1}$	0.05	1.96	10%	0.6525	961
	地区要素市场化水平下的公司治理质量	$dyslevel_{t-1}$ * $govindex_{t-1}$	0.10	2.63	5%	0.6550	961
外部综合治理效应	产品市场竞争综合治理水平	$zhzbl_{t-1}$	-0.001	-2.17	5%	0.4934	961
	负债综合治理水平	$leverage_{t-1}$	-0.038	-2.97	5%	0.3617	961

注：此表由表 5-7、表 5-8、表 5-9、表 5-10、表 5-11、表 5-12、表 6-5、表 6-6、表 6-12、表 6-13 整理而成。

整体上看，公司治理在不同的政府干预水平下、不同的产品市场化水平下、不同的要素市场水平下都对政治联系下过度投资产生了促进效应，公司治理并没有发挥应有的监督和约束功能。究其根源在于政治联系使得民营企业的利益与地方政府及其官员的利益捆绑到一起，这种利益的融合和纠葛削弱了公司治理的独立性，在政治联系的作用下，公司治理反而对政治联系下过度投资产生了正向影响。但是，政治联系下，地方政府及其官员、民营企业都无法左右产品市场竞争，产品市场竞争固有的优胜劣汰功能和破产清算功能对政治联系下的过度投资具有制约作用。不过从民营企业实施了过度投资的结果看，产品市场竞争治理机制并没有对政治联系下过度投资产生实质性的约束效应。究其根源，可能在于政治联系下过度投资能够给民营企业带来超额收益，这种超额收益足以弥补产品市场竞争给过度投资带来的各种损失，导致民营企业过度自信和无视产品市场竞争的约束机制，因此这种间接的利益输送软化了产品市场竞争机制的固有治理属性。负债固有的硬约束功能从理论上讲对民营企业过度投资会具有抑制作用，虽然在政治联系下地方政府及其官员能够给民营企业带来融资效应，但是地方政府及其官员不会替民营企业偿还到期债务的本息，债务的本息最终还是依靠民营企业自己偿还。从民营企业事实上进行了过度投资看，负债固有的治理机制也并没有对政治联系下的过度投资产生实质性制约作用，可能的原因在于政治联系下的过度投资是一种利益交换行为，民营企业以政治联系为通道实施过度投资，能够给自身带来巨额收益，这种巨额收益能够保障企业偿还到期债务本息后还能够有超额收益，所以这种间接的收益软化了负债固有的约束功能。

7.1.2 政治联系下过度投资治理的激励效应比较

通过对民营企业内外部治理效应的实证检验发现，在民营企业的内部治理机制和外部治理机制中，有些治理要素对政治联系下的过度投资不是产生抑制效应，而是产生了促进效应。

从表7-2可知，在民营企业的内部治理机制中，第一大股东的检验系数、t值、显著性水平、调整R^2分别为0.001、1.96、10%、0.6815，前三大股东的检验系数、t值、显著性水平、调整R^2分别为0.002、2.34、5%、0.6528，前五大股东的检验系数、t值、显著性水平、调整R^2分别为0.002、2.38、5%、0.6529，这些检验结果表明大股东对政治联系下的过度投资具有正向影响。其根源在于大股东建立政治联系的根本目的是为了获得经济利益最大化，在经济利益最大化的驱使下，大股东对政治联系下的过度投资行为具有支持效应，显示了股权治理对政治联系下的过度投资治理效果影响有限。独立董事比例的检验系数、t值、显著性水平、调整R^2分别为0.18、2.82、5%、0.42，独立董事人数的检验系数、t值、显著性水平、调整R^2分别为0.02、2.85、5%、0.37，表明独立董事对政治联系下的过度投资具有支持作用，独立董事对政治联系下的过度投资治理没有产生显著影响。董事会次数的检验系数、t值、显著性水平、调整R^2分别为0.005、2.66、5%、0.6541，显示了董事会监督和决策职能在政治联系的影响下并未对过度投资产生制约作用。这根源于政治联系促使政府部门及其官员的利益与民营企业的利益捆绑到一起，董事会的独立性被软化，从而造成董事会的监督职能和决策职能被异化了，董事会治理功能被弱化，失去了对政治联系下的过度投资的约束功能。前三名高管金额自然对数的检验系数、t 值、显著性水平、调整 R^2 分别为 0.04、3.97、1%、0.6500，高管持股比例的检验系数、t 值、显著性水平、调整 R^2 分别为 0.03、2.58、5%、0.6515，这显示出管理层激励并没有制约政治联系下的过度投资。其根源在于高管建立政治联系的根本目的是为了实现经济利益的最大化，在政治联系作用下的过度投资能够给高管带来巨额经济利益的情况下，管理层激励并未能抑制政治联系下的过度投资行为。监事会会议次数的检验系数、t 值、显著性水平、调整 R^2 分别为 0.01、4.44、1%、0.6500，监事会规模的检验系数、t 值、显著性水平、调整 R^2 分别为 0.02、2.89、5%、0.43，表明监事会的职能在政治联系的影响下，并未对政治联系下的过度投资产生制约作用，相反产生了促进效应。通过对内部治理机制中的股权治理、董事会治理、管理层激励、监事会治理的实证检验可知，在政治联系弱化了公司治理的独立性和董事会的独立性后，公司治理机制整体上看并未能够有效约束政治联系下的过度投资行为。

表7-2　　　　政治联系下过度投资治理的激励效应比较分析

治理效应	变量名称	变量代码	检验系数	t 值	显著性水平	$ad-R^2$	样本
内部治理的激励效应	第一大股东比例	$dydbl_{t-1}$	0.001	1.96	10%	0.6815	961
	前三大股东比例和	$qsdbl_{t-1}$	0.002	2.34	5%	0.6528	961
	前五大股东比例和	$qwdbl_{t-1}$	0.002	2.38	5%	0.6529	961
	第一大股东比例平分	$qwdpf_{t-1}$	0.16	2.80	5%	0.6812	961
	独立董事比例	$dldsbl_{t-1}$	0.18	2.82	5%	0.42	961
	独立董事人数	$dldsrsbl_{t-1}$	0.02	2.85	5%	0.37	961
	前三名董事金额自然对数	$dsqsln_{t-1}$	0.03	3.59	1%	0.6632	961
	董事会次数	$dshcs_{t-1}$	0.005	2.66	5%	0.6541	961
	前三名高管金额自然对数	$ggqsln_{t-1}$	0.04	3.97	1%	0.6500	961
	高管持股比例	$ggcgbl_{t-1}$	0.03	2.58	5%	0.6515	961
	监事会会议次数	$jshhycs_{t-1}$	0.01	4.44	1%	0.6500	961
	监事会规模	$jshgm_{t-1}$	0.02	2.89	5%	0.43	961

续表

治理效应	变量名称	变量代码	检验系数	t值	显著性水平	$ad-R^2$	样本
外部治理的激励效应	企业市场规模	$scgm_{t-1}$	0.10	5.93	1%	0.5201	961
	行业市场规模	$hygm_{t-1}$	0.03	1.96	10%	0.4957	961
	行业中的竞争优势	$gmce_{t-1}$	0.02	2.58	5%	0.4902	961
	长期借款的存量	$lloan_{t-1}$	0.135	3.36	1%	0.3625	961
	银行贷款的存量	$bloan_{t-1}$	0.021	2.88	5%	0.3413	961
	长期负债比率	lqx_{t-1}	0.131	3.19	1%	0.3673	961

从表7-2可知，企业市场规模的检验系数、t值、显著性水平、调整R^2分别为0.10、5.93、1%、0.5201，显示出企业产品的市场需求程度对政治联系下过度投资具有激励效应；行业市场规模的检验系数、t值、显著性水平、调整R^2分别为0.03、1.96、10%、0.4957，表明行业中消费者的密集度对政治联系下过度投资具有促进效应；行业中竞争优势的检验系数、t值、显著性水平、调整R^2分别为0.02、2.58、5%、0.4902，表明民营企业在市场中的竞争力越强，越容易在政治联系的影响下实施过度投资。从企业市场规模、行业市场规模和行业中竞争优势三个产品市场竞争中的因素对过度投资的影响分析可知，产品市场竞争治理机制中的每个因素对过度投资的影响是不完全相同的，在产品市场竞争中，市场需求程度和企业竞争优势对政治联系下过度投资产生正向影响。

从表7-2可知，不同的负债来源和债务期限结构对政治联系下过度投资的影响也不同，长期借款的检验系数、t值、显著性水平、调整R^2分别为0.135、3.36、1%、0.3625；银行贷款的检验系数、t值、显著性水平、调整R^2分别为0.021、2.88、5%、0.3413。从长期借款和银行贷款的实证检验结果可知，在政治联系下，民营企业能够获得融资便利性和可得性，当地方政府及其官员能够影响到银行贷款时，银行贷款往往会为实现地方政府及其官员在政治上的投资需求服务，造成银行贷款对政治联系下过度投资具有显著的支持效应。长期债务期限结构的检验系数、t值、显著性水平、调整R^2分别为0.131、3.19、1%、0.3673，显示出民营企业债务期限结构越长，长期债务越能够促进政治联系下过度投资。

整体上看，当民营企业和地方政府及其官员能够直接或者间接对民营企业内外部治理机制中的一些治理因素实施影响时，这些影响因素的治理效应往往会被软化，软化后的治理因素不是抑制了政治联系下的过度投资，而是支持了政治联系下的过度投资，从而导致了民营企业内外部治理机制中的各种治理因素的治理效应产生了差异化。

7.1.3 政治联系下过度投资治理效应的分类比较

在政治联系的影响下，民营企业内外部治理机制中的各个治理因素对政治联系下过度投资的治理效应也存在差异。

从表7-3可知，流通股比例的检验系数、t值、显著性水平、调整R^2分别为-0.07、-2.69、5%、0.2618，显示出民营上市公司中流通股占比越大，流通股越能抑制政治联系下的过度投资；股权制衡度的检验系数、t值、显著性水平、调整R^2分别为-0.004、-3.42、1%、0.6577，表明民营上市公司的股权越分散，次大股东对政治联系下的过度投资的制约越有力；股东会议次数的检验系数、t值、显著性水平、调整R^2分别为-0.01、-2.55、5%、0.6634，表明民营上市公司中股东大会召开的次数越多，对政治联系下的过度投资越会产生负向影响；董事长和总经理兼任的检验系数、t值、显著性水平、调整R^2分别为-0.02、-1.97、10%、0.16，显示了当董事长与总经理由一人兼任时，可能对政治联系过度投资产生的非效率有抑制作用；持有股份的监事比例的检验系数、t值、显著性水平、调整R^2分别为-0.06、-2.86、5%、0.7237，表明监事持股比例情况下，监事往往会更加努力履行监事的职责，往往会对政治联系下的过度投资产生抑制作用。从上述流通股、股权制衡、股东会议、董事长与总经理兼任、监事持股对政治联系下的过度投资产生的制约作用看，这5个治理因素对政治联系下的过度投资的治理效应也存在差异。其中，对政治联系下过度投资具有显著治理效应的是股权制衡度，其次是流通股比例对过度投资也具有显著的治理效应，而股东大会次数、董事长与总经理兼任、监事持股比例虽然对过度投资也具有约束作用，但是没有股权制衡度和流通股比例的约束作用显著。同时可以看出，在公司治理机制的治理因素中，当大股东和高管无法直接影响或者难以完全控制时，反而这些治理因素的治理效应更加显著。

第7章 政治联系下过度投资治理效应的比较分析

表7-3　　　　政治联系下过度投资治理效应的分类比较

治理效应	变量名称	变量代码	检验系数	t值	显著性水平	$ad-R^2$	样本
内部分类治理效应	流通股比例	$ltgbl_{t-1}$	-0.07	-2.69	5%	0.2618	961
	股权制衡度	$gqzhd_{t-1}$	-0.004	-3.42	1%	0.6577	961
	股东会议次数	$gddhcs_{t-1}$	-0.01	-2.55	5%	0.6634	961
	董事长和总经理兼任	$jianren_{t-1}$	-0.02	-1.97	10%	0.16	961
	持有股份的监事比例	$cygfjsbl_{t-1}$	-0.06	-2.86	5%	0.7237	961
外部分类治理效应	企业垄断能力的强弱	pmc_{t-1}	-0.08	-2.65	5%	0.4913	961
	企业产品差异性（企业产品竞争程度）	$cpcy_{t-1}$	-0.07	-2.82	5%	0.5022	961
	行业产品差异（行业产品可替代性）	$hycy_{t-1}$	-0.47	-2.48	5%	0.5013	961
	行业中的产品优势	$cyce_{t-1}$	-0.06	-2.48	5%	0.5004	961
	行业垄断程度	hhi_{t-1}	-0.58	-2.25	5%	0.4796	961
	应付账款	$yfzk_{t-1}$	-0.089	-2.06	5%	0.3623	961
	应付票据	$yfpj_{t-1}$	-0.22	-3.72	1%	0.3705	961
	商业信用的存量	$cloan_{t-1}$	-0.074	-3.14	1%	0.3670	961
	短期负债率	dqx_{t-1}	-0.128	-3.29	1%	0.3678	961

注：本表由表5-7、表5-8、表5-9、表5-10、表5-11、表5-12、表6-5、表6-6、表6-12、表6-13整理而成。

从表7-3可知，企业垄断能力的强弱的检验系数、t值、显著性水平、调整R^2分别为-0.08、-2.65、5%、0.4913，表明企业垄断能力的强弱能够抑制政治联系下的过度投资行为；企业产品差异性的检验系数、t值、显著性水平、调整R^2分别为-0.07、-2.82、5%、0.5022，表明企业产品竞争程度能够约束政治联系下的过度投资行为；行业产品差异的检验系数、t值、显著性水平、调整R^2分别为-0.47、-2.48、5%、0.5013，显示出行业产品可替代性对政治联系下的过度投资行为具有治理效应；行业中的产品优势的检验系数、t值、显著性水平、调整R^2分别为-0.06、-2.48、5%、0.5004，表明行业中的产品优势对政治联系下的过度投资具有约束效应，因为民营企业大都在竞争激烈的行业中发展，这些行业都是竞争白热化的行业，往往对民营企业过度投资产生负向影响；行业垄断程度的检验系数、t值、显著性水平、调整R^2分别为-0.58、-2.25、5%、0.4796，行

·205·

业垄断程度对政治联系下的过度投资具有抑制效应。从上述产品市场竞争机制中的各个治理因素的治理效应看,对政治联系下的过度投资具有显著治理效应的治理因素是企业产品差异性,这说明在产品市场竞争治理机制中,各个治理因素对过度投资的治理效应也存在差异。并且从产品市场竞争治理机制的各个治理因素的治理效应看,当民营企业和地方政府及其官员难以直接影响这些治理要素或者无法间接控制这些治理因素时,这些治理因素能够发挥对过度投资的约束作用。

从表7-3可以看出,应付账款的检验系数、t值、显著性水平、调整R^2分别为-0.089、-2.06、5%、0.3623,表明应付账款这种短期融资方式能够对政治联系下的过度投资产生抑制作用;应付票据的检验系数、t值、显著性水平、调整R^2分别为-0.22、-3.72、1%、0.3705,显示出应付票据这种短期融资方式对政治联系下的过度投资具有显著的制约作用;商业信用的检验系数、t值、显著性水平、调整R^2分别为-0.074、-3.14、1%、0.3670,表明商业信用这种短期融资方式对政治联系下的过度投资具有显著的制约作用;短期负债率的检验系数、t值、显著性水平、调整R^2分别为-0.128、-3.29、1%、0.3678,表明短期债务期限结构对政治联系下的过度投资具有显著的治理效应。从商业信用和短期负债率的实证检验结果看,当负债来源和债务期限结构较少受到地方政府及其官员的直接影响和控制时,这些债务对政治联系下的过度投资具有显著的治理效应,尤其是债务期限越短,对民营企业过度投资的治理效应越显著。

综上所述,民营企业在政治联系的影响下,民营企业内外部治理机制中的各个治理因素对政治联系下的过度投资具有不同的治理效应,不过这些治理因素对政治联系下的过度投资所产生的治理效应都有一个共同特点,即只有地方政府及其官员和民营企业对这些治理因素无法直接控制或者难以直接产生重大影响时,这些治理因素才能够约束政治联系下的过度投资行为。但是,从具有政治联系的民营企业事实上实施了过度投资看,民营企业为了满足地方政府及其官员政治上的投资需求而产生的过度投资行为能够给民营企业带来巨额经济利益时,民营企业内外部治理机制中能够发挥治理效应的治理因素在这种双向寻租下,其治理效应也被弱化和软化了。

7.2 民营企业治理机制对过度投资治理发挥功效的政策建议

经过上述理论分析和实证检验,本书发现,在资源相互依赖和利益相互诉求下,民营企业与地方政府及其官员建立政治联系,为了满足各自的需求和实现各自的目标,民营企业和地方政府及其官员以过度投资的方式,实现利益相互输送的目标,最终实现了各自的利益最大化。政治联系下的过度投资行为虽然实现了民营企业和地方政府之间的利益相互输送,但容易产生严重的腐败问题,也导致了市场缺乏公平竞争机制,这种过度投资行为损害了社会效率和社会福利。在民营企业与地方政府及其官员相互的利益输送过程中,民营企业内外部治理机制被利益相互输送侵蚀,由此造成民营企业内外部治理机制在实质上难以对政治联系下过度投资行为产生有效的治理效应。

在中国转型经济环境下,民营企业内外部治理机制能够对政治联系下的过度投资具有治理效应,需要民营企业、地方政府及其官员、市场等多方面共同努力。本书从以下四个方面提出发挥民营企业内外部治理机制功效的政策建议。

建议一:政府职能进一步转变,简政放权落实到位。

过去数十年,我国地方政府的职能主要体现在发展经济和促进经济增长方面,地方政府既举债投资基础设施,又到处拉投资项目,争着向中央要政策优惠,各地政府都以 GDP 为政绩观。同时,绝大多数的政府官员仍然保留着粗放发展的思维惯性,在这种思维惯性的指导下,依靠政府投资主导经济发展成为过去数十年的特色。政府职能在唯 GDP 政绩观下,绿色 GDP、民生、创新、生态环保、转型升级、和谐社会、科学发展都停留在口头或者书面上,政府职能并没有得到根本性改变。在政府职能没有实质性改变的环境下,地方政府越位、错位现象突出,地方政府官员权力寻租流行,地方政府配置资源的权力越来越大,腐败程度越来越深,不去理解企业作为市场主体能够做什么,这些问题严重违背了中国改革的真谛和本质,造成了许多严重的社会问题和经济问题。中国现有的严重问题倒逼中国需要进一步深化改革,新的形势下政府职能和作用需要重新界定,按照党的十八大的改革规划,未来政府职能主要侧重于市场监管、宏观调控、社会管理、公共服务、保护环境、经济发展的协同。

政府职能进一步转变需要中央和地方政府积极主动的取消一批审批项目。审批项目的取消还需要中央和地方政府区分法律和法规，对于不合时宜的法律可以启动法律修改程序，对于不合时宜的法规可以迅速清除。为了有效落实简政放权，中央和地方政府需要用规则的形式详细规定怎么批、凭什么批、批给谁、由谁来批。只有不断简政放权，减少审批，建立商业与政府分离机制，将"权力关进笼子"；放宽市场准入，强化服务型政府和现代信息技术基础上的智慧政府建设；强化监管的科学化与透明度，健全法律法规，充分发挥市场的主体地位作用；减少政府对市场的干预，政府需要尊重市场规律；把中央的相关权力放给地方，促进贸易和投资便利化。通过简政放权，把该放的权放下去、放到位，激发市场活力、需求潜力和发展的内生动力，这样才能够真正建立市场经济，减少地方政府和企业之间的寻租机会，更好地激发社会投资活力，提高企业投资效率和经济运行效率；可以有力推动结构调整、转型升级，促进以开放带动改革。

政府职能进一步转变需要形成一个决策科学、执行坚决、监督有力的体系，加快促进国家治理体系和治理能力的现代化。这需要推行地方各级政府及其工作部门权力清单制度，依法公开权力运行流程，完善党务、政务和各领域办事公开制度，推进决策公开、管理公开、服务公开、结果公开。这也需要各地政府具有全局观和大局观，不能打"小算盘"和"小九九"，更不能"走过场"和"变戏法"，确保转变政府职能真正到位和见效。政府职能进一步转变需要政府做一个智慧型改革的推动者、资源优化配置型的践行者、改革的探索者、转变发展方式的实践者。

政府职能进一步转变需要清楚认识到地方政府改革是整个政府改革的大头，地方政府直接与企业接触，直接联系人民群众，市场主体和人民群众的权益也主要通过地方政府去实现、维护和发展。在整个政府体系中，地方政府的作用十分重要，政府机构改革能不能达到预期目的，职能转变能不能落实，很大程度上取决于地方政府。

政府职能进一步转变需要改革地方政府及其官员的政绩考核体系，从对GDP增长为核心的考核体系转变到以国家治理体系和治理能力现代化为核心的考核体系上，以市场经济、民主政治、先进文化、和谐社会、生态文明为地方政府政绩考核内容设计地方政府政绩考核指标体系，建立健全地方政府政绩考核机制，切实发挥国家治理现代化下的地方政府政绩考核的导向作用。

政府职能进一步转变需要政府在思想上把非公有制经济放在与公有制经济同等地位上，需要政府正确认识到非公有制经济和公有制经济都是社会主义市场经济的重要组成部分和经济发展的重要基础，政府需要保障各种所有制经济都能够平等、公平、公正、统一地使用生产要素，政府需要为各种所有制经济参与市场竞争、法律保护、市场监管、依法监管、保护产权等方面提供一个平等、公平、公正的环境。

建议二：加快完善现代市场体系和法治建设，努力健全与社会主义市场经济相适应的各方面体制和机制，切实发挥市场在资源配置中的决定性作用。

理论和实践都已经证明市场配置资源是最有效率的，市场决定资源配置是市场经济的基本特征、主要内涵、一般规律，社会主义市场经济同样需要遵循市场决定资源配置的一般规律。

过去数十年，我国政府与市场的关系一直没有扯清楚，政府对资源的配置权力过大，对资源的直接配置过多，资源配置存在体制上的主从次序，宏观调控大都是政府配置资源；在理念上和价值上还没有建立起市场经济总体上的约束性框架，导致诸多条件和原则与市场经济相悖，政府在资源配置中越位、缺位、错位的情况比较普遍；政府职能部门对市场干预过多。这些问题的根源在于市场在资源配置中的基础地位，造成了许多企业陷入政治联系大竞赛和资源争抢大竞赛，而不是效率提升大竞赛和自主创新大竞赛。这严重影响了中国创新力的提升与经济结构转型。

因此，加快推进要素市场改革，破除资源分配中的体制性主从次序，构建公平市场环境、消解政策性歧视，厘清政府和市场的边界，真正让市场机制在资源配置中发挥决定性作用。而市场在资源配置中起决定作用的改革的本质就是不断确立市场的决定性地位，这是中国当代经济社会发展的内在要求。值得庆幸的是中央已经认识到这些问题，明确了政府与市场的新定位，提出要使市场在资源配置中起决定作用。要真正落实市场在资源配置中起决定作用，需要各级政府着力解决市场体系不完善和政府干预过多的问题；需要推动资源配置依据市场规则、市场价格、市场竞争实现效益最大化和效率最优化；需要定好政府的职能和作用，在现代经济中市场及政府的作用同样重要，没有市场或没有政府，经济发展都会孤掌难鸣，政府不越位才能使市场在资源配置中发挥决定性作用，没有市场在资源配置中起决定性作用不行，没有政府的作用也不行，这要求正确认识政府作用于市场作用的内涵；需要处理好政府和市场的关系，政府职能是引导与影响资源配置，而不是直接配置资源，只有使市场在资源配置中起决定性作用才能极大地解放和发展生产力，也才能深化经济体制改革以及引领其他领域改革。

市场在资源配置中发挥决定性作用，需要政府长远地建立"市场化为主手段，辅以政府调节"的政策引导体系，这其中价格体制改革是重要内容。资源产品的价格改革需要积极、稳妥推进，放开竞争性环节价格。市场应该决定大部分资源产品价格，进一步完善主要由市场决定价格的机制，凡是能由市场形成价格的都交给市场，政府不进行不当干预。政府定价范围主要限定在重要公用事业、公益性服务、网络型自然垄断环节，提高透明度，接受社会监督。完善农产品价格形成机制，注重发挥市场形成价格作用。暂时不具备放开条件的，要建立健全全面反映市场供求、资源稀缺程度、生态环境损害成本和修复效益的价格动态调整机制；建立有利于促进节能环保、推动经济转型升级和生态文明制度建设的差别化价格政策体系，更好地发挥价格杠杆作用。因此，从长远看，市场发挥决定性作用的改革进程决定中国未来经济冷暖。

总之，发挥市场在资源配置中的决定性作用，不仅需要政府和企业树立市场经济制度的创新思维和效率精神，更需要政府积极主动适应从计划决定一切资源配置到市场在资源配置中发挥决定性作用的转变。各级政府自觉地从资源配置的决定者身份中退出，并取消不必要的审批项，如果资源需要政府审批，政府需要出台相关文件，具体规定资源分配由谁来批、怎么批、凭什么批、批给谁。同时，全面清理和废除地方税收优惠，让地方税收优惠政策退出中国的经济舞台，这既可以减少地方政府的寻租行为，还可以推动市场在资源配置中起决定作用。

建议三：实现政治联系转型。

我国渐进式改革开放过程中制度的不完善和市场机制的缺陷，一方面，使得相关政府部门未树立为企业服务的制度及观念，依然保留着政府与企业是管理与被管理的关系的思维惯性，常常试图给予企业施加超越了政府自身权限的管辖；另一方面，又使得具有逐利性的企业为了实现企业经济利益的最大化积极主动向政府部门及其官员寻租，政府部门及其官员与企业的双向需求往往促成了企业与政府部门及其官员建立政治联系。因为企业如果不积极主动与政府部门及其官员走近，就难以取得政府掌握的各种资源和支持；

但是如果企业与政府走得太近，企业往往会因为迎合政府的各种需求而丧失经济理性和经营管理的自主性，这会降低企业独立生存的能力，同时也让企业承担司法及道德风险。因此，转型制度背景下的政治联系是以权力依赖作为前提，政治联系让企业承担了难以控制的隐性成本，这些隐性成本相当于企业为了获得经济利益最大化所付出的各种寻租成本和政治成本。这也是企业在制度约束下权衡政治联系的负面效应和正面效应所做出的一种无奈的务实选择，企业只有在资源分配存在体制性主从次序的背景下借助政治联系才能够获取各种廉价的稀缺资源，这容易导致企业陷入依靠关系和资源发展的模式，也容易导致垄断和腐败。更严重的是政治联系侵蚀和削弱了企业的创新能力与竞争力，如果丧失了创新能力和竞争力的企业增多，往往会导致我国宏观经济增长乏力。而这些问题已经在中国发生了，庆幸的是国家管理层已经看到这个问题，并开始着手解决，提出的市场在资源配置中发挥决定性作用的目标就能够有力地解决这些问题。但是市场在资源配置中发挥决定性作用是否能够得到贯彻落实，不但影响到未来改革的成效，也在未来改变着企业与政府部门及其官员的政治联系内涵和形式。在中国新一轮改革大幕拉开之后，中国的民营企业与政府部门及其官员的政治联系怎么建立和维护成为民营企业未来发展必须考虑的问题。

因此，在新一轮改革的大背景下，企业与政府的政治联系也需要转型。通过赋予企业平等的法律地位、平等的权利为契机构建新型政治联系，企业需要从心理上和观念上完成寄生型政治联系向自主型政治联系转变，这种自主型政治联系的核心是政企协作互助，这需要企业和政府共同努力，也需要企业和政府从制度上避免为了各自的经济利益最大化而产生双向寻租行为。政府与市场、政府与企业的关系应该是一直相互扶持、相互依赖、相互竞争的伙伴合作关系。只有政治联系完成从关系博弈转为规则博弈的转变，政治联系转型才算成功，政治联系的双方才能够在制度和规制的约束下实现以相互满足为前提的合作。这种政治联系有助于有效地遏制寻租行为和减少市场交换过程中的交易费用，有利于企业依靠创新能力及提升竞争力实现可持续发展，也促进国家宏观经济可持续增长。从制度上寻找到政治联系产生寻租的根源之后，就需要政府职能的转变和市场在资源配置中发挥决定性作用为政治联系转型提供保障。

建议四：完善企业内外部治理。

我国大型民营企业大股东及其高管建立政治联系的根本目的是为自身经

济利益的最大化，他们与政府部门及其官员具有资源相互依赖性和需求，双方各自的需求和依赖驱使了两方进行双向寻租，完成资源交换，实现各自的目标与满足各自的需求，这导致了双向寻租和利益交换下的政治联系严重侵蚀及削弱了大型民营企业内外部治理机制的独立性。再加上大型民营企业股权集中和大股东控制反而进一步削弱了公司治理及董事会的独立性，使得制度不完善与市场缺乏有效性的环境下民营企业的内部治理机制的治理效应被大大弱化和软化。基于中国制度环境和市场环境现状，从以下三个方面提出完善企业内外部治理机制的建议。

在企业内部治理方面，进一步完善公司治理结构。股权集中和大股东控制是大型民营企业的主要特征，虽然大股东控制能够促进企业发展，但是也容易导致大股东为了私利而掏空企业及向外部相关利益者寻租获利而损坏企业整体利益。因此，首先需要完善现有《公司法》和《证券法》，通过法律形式规避大股东控制或者内部人完全控制，确保上市公司股权治理有效发挥作用，提高企业投资决策效率。其次，增强董事会的独立性，进一步规范董事会构成和董事会工作机制，切实发挥监督和决策职能。最后，确立以投资项目的经济增加值为投资决策的标准，注重投资项目的给企业带来的创新和竞争优势效应。

在企业外部治理方面，首先需要进一步强化产品市场竞争的治理功能。产品市场竞争固有的清算和破产威胁效应之所以对双向寻租、实现共赢的政治联系导致的过度投资行为弱化了治理效应，根源在于双方的资源依赖和资源交换。因此，增强产品市场竞争对政治联系导致的过度投资行为的治理效应，需要政府部门进一步规范产品竞争的市场环境，减少政府干预和垄断行为，切实贯彻落实市场在资源配置中的决定性作用，切断企业与政府部门及其官员的利益交换根源。政府部门及其官员需要坚持正确处理政府与市场、政府与社会的关系，最大限度减少对企业微观事务的管理，让市场优胜劣汰，由企业自负盈亏。只有政府培育和形成了有序的市场竞争环境，企业才能够加大研发投资力度、提高产品技术含量、提升产品市场竞争力，才能够从根源上减少过度投资行为。其次，需要进一步完善债务治理机制。债务自身的还本付息的硬约束对企业过度投资具有相机治理效应，银企关系也应该是一种以资金借贷为核心的双方之间的交易型服务关系，这种关系的本质是一种以契约为基础的信用关系。但是政治联系促使政府部门及其官员间接干预银行信贷行为或者为具有政治联系的企业提供隐性担保，这扭曲了市场经济环境下的银企关系，也促进了债务治理效应的弱化。因此，未来需要以我国利率和汇率的市场化改革为契机，建立真正商业关系的新型银企关系。再其次，优化大型国有商业银行的经营行为，减少大型国有商业银行的垄断经营行为，进一步树立大型商业银行追求独立自主基础上的以质量、效益为经营理念的运用体系。最后，加快建立企业信用体系网络，强化信用违约的惩罚力度和提高信用违约的成本，切实发挥债权人的治理效应。

综上所述，只有根除民营企业与地方政府进行资源交换的土壤，只有阻断民营企业与地方政府双向寻租的路径，民营企业内外部治理机制才能够对政治联系下的过度投资产生制约作用。因此，建立完善的制度是民营企业内外部治理机制发挥治理功效的前提，落实市场在资源配置中的主体功能是民营企业内外部治理机制发挥治理功效的关键，建立公平、公正和平等的市场环境和竞争环境是民营企业内外部治理机制发挥治理功效的根本，改革政府官员的政绩考核体系是民营企业内外部治理机制发挥治理功效的保障，转变政府职能是民营企业内外部治理机制发挥治理功效的保证，建立自主型政治联系是民营企业内外部治理机制发挥治理功效的内在要求，完善民营企业内部治理机制是有效手段。

7.3 本章小结

本章根据第3章的理论分析，依据第4章、第5章、第6章的实证检验结果，分别从政治联系下过度投资治理的综合效应比较、政治联系下过度投资治理的激励效应比较、政治联系下过度投资治理的分类比较三个方面，对政治联系下过度投资的治理效应进行归纳总结。在此基础上，针对民营企业内外部治理机制在双向寻租和利益相互输送下的治理效应被弱化及软化的问题，为了有效发挥民营企业内外部治理机制的功效，本章分别从政府角度、民营企业角度和市场方面提出了具体的政策建议。

第 8 章

研究结论与展望

本章根据前面章节的研究内容,总结主要研究结论,并对政治联系引起的过度投资治理效应被民营企业与地方政府之间的资源交换和双向寻租所弱化及软化的问题,从民营企业和地方政府两个方面提出建议与对策,最后指出本书的研究不足与缺陷。

8.1 研究结论

首先,本书将民营企业和地方政府及其官员同时纳入政治联系下过度投资形成的理论分析框架中,从政治干预、政治联系与民营企业寻租三个方面探讨政治联系引起民营企业过度投资的机理,并选择 2004~2012 年在沪深 A 股上市的民营企业为研究对象进行实证检验;其次,选择民营企业内外部治理机制中最重要的公司治理机制、产品市场竞争治理机制和负债融资治理机制,从理论分析和实证检验两个方面探析民营企业内外部治理机制对政治联系下过度投资的治理效应;最后,比较政治联系下过度投资治理效应,探讨民营企业内外部治理机制在抑制政治联系下过度投资过程中的内在关系。基于此,本书探讨了民营企业内外部治理机制发挥治理功效的机理。在理论分析和实证检验的基础上,得出如下结论。

结论一:民营企业政治联系下的过度投资在本质上是一种利益相互输送的方式。

在中国转型经济背景下,民营企业和地方政府都具有发展的需求,相互存在资源依赖，制度的不完善和市场机制的不健全为民营企业和地方政府实施资源交换及双向寻租提供了制度环境与现实条件，民营企业和地方政府利用过度投资方式满足各自的需求及实现各自的目标，最终实现了合作博弈共赢的目标。

结论二：政治联系削弱了公司治理的独立性和有效性，民营企业的内部治理机制对政治联系下的过度投资基本上不具有治理效应。

政治联系促使了地方政府的利益与民营企业的利益牵扯到一起，政治联系成为影响公司治理独立性的重要因素，地方政府及其官员成为影响公司治理有效性的重要因素。民营企业和地方政府的利益捆绑直接冲击了股东治理机制、董事会治理机制、经理层治理机制等多个核心治理结构，严重软化了公司治理机制的独立性，降低了公司治理的有效性。在民营企业与地方政府的资源交换和双向寻租下，失效的公司治理机制难以对政治联系下过度投资产生抑制作用。

结论三：在民营企业与地方政府进行利益相互输送的情形下，产品市场竞争治理机制对政治联系下过度投资的治理效应被严重弱化了。

产品市场竞争一般较少受到地方政府和民营企业的直接影响，产品市场竞争固有的优胜劣汰及破产清算功能从理论上对民营企业过度投资会产生直接的威慑。但是当民营企业与地方政府相互进行利益输送的条件下，产品市场竞争给过度投资的民营企业带来的损失完全可以通过地方政府给予的各种有形资源和无形资源进行补偿，民营企业大股东及高管一般并不会因为过度投资而使其经济利益受损，相反却能够获得更多的经济利益。这种双向寻租下的利益交换严重削弱了产品市场竞争治理机制的独立性与有效性，产品市场竞争治理机制在民营企业和地方政府相互利益输送的状态下难以发挥应有的治理功效。

结论四：在民营企业与地方政府双向寻租和资源交换的情形下，负债融资治理机制对政治联系下过度投资的治理效应被削弱了。

负债融资对民营企业的治理主要通过到期还本付息这种"硬约束"功能来实现了。一般情况下，企业过度投资之后，投资效率受损，企业收益减少，导致无法到期偿还负债的本息。但是，当民营企业和地方政府通过过度投资方式实施双向寻租和资源交换的时候，民营企业过度投资实质上短期内并没有损失经济利益，不但可以获得各种有形资源，还可以获得各种无形资源，这些资源效应完全可以偿还未来到期的负债，而且还会有超额收益。在这种情况下，负债固有的治理属性对政治联系下过度投资难以产生约束作用。

结论五：民营企业内外部治理机制发挥治理功效依赖于完善的制度、市场在资源配置中的主体地位、政府职能转变、政府官员政绩考核体系的改革、公平市场竞争环境的建立、政企关系的转型。

事实上，在当前制度环境和市场体制下，民营企业内外部治理机制并未完全有效的制约政治联系下的过度投资行为，其根源在于民营企业与地方政府有条件进行资源交换和双向寻租，双方利益的相互输送软化及削弱了民营企业内外部治理机制的治理功效。只有根除民营企业与地方政府之间资源交换的土壤，切断民营企业与地方政府双向寻租的路径，民营企业内外治理机制才能够发挥应有的治理功能。

8.2 研究局限与不足

本书选取具有较强要价能力的大型民营企业会满足政治上的投资需求而导致过度投资行为为研究视角，探究大型民营企业和政府部门及其官员建立政治联系的动机是资源相互依赖下的双向寻租和资源交换，其根本目的是采用过度投资方式实现双方合作博弈的共赢行为，企业内外部治理机制对这种非正式制度导致的过度投资的治理效应被弱化。本书虽然在一定程度上拓展和深化了中国本土环境下的政治联系与企业过度投资问题的研究，但是鉴于精力、时间、能力及其本身知识结构的局限，致使本书不可避免地存在许多局限。

首先，在过度投资的度量上，虽然理查德森（Richardson，2006）的残差度量模型是目前国内外过度投资的主流研究模型，但这种模型依然缺乏充分的理论依据，但在还没有更合理地计量过度投资的模型前提下，如何确定企业最佳投资规模进而计量过度投资行为仍然是一个世界性的巨大难题。

其次，过度投资的动因不同，其具体实现路径也不同，公司内外部治理机制对此过度投资的抑制效应也不同。所以，本书仅仅对政治联系影响大型民营企业的过度投资行为及其治理效应进行了有限解释。

再其次，本书仅研究了大型民营企业政治联系导致过度投资行为及其治理效应，而没有考察广大中小企业政治联系与过度投资问题。

最后，虽然本书的实证分析是借鉴主流过度投资度量模型得出的检验性结论，但是由于本人的认知能力、数据可得性和研究经验等主客观因素的限制，并不能够保证所有重要影响因素都纳入理论分析和实证检验模型中。所以，本书究竟能够在多大程度上解读研究问题的事实真相仍然需要经历后续补充研究（包括其他学者的研究）的考验。

8.3 研究展望

政治联系对民营企业投资决策和行为的影响是一个仍然需要继续推进的研究课题，未来研究政治联系对民营企业投资决策和行为的影响可以从以下几个方面展开。

第一，政治联系在引起大型民营企业和广大中小民营企业过度投资过程中有什么共同特征和差异；政治联系引起民营企业过度投资与委托代理问题、信息不对称问题、管理者认知偏差等因素导致的过度的形成机理和治理机制有什么差异与联系；如何将不同动因造成的过度投资分离出来进行差异研究，探究每一种动因引起过度投资的机理，针对不同动因导致过度投资的机理制订针对性的治理方案和措施。

第二，政治联系引起民营企业过度投资的根源是企业与政府之间存在资源相互依赖和需求，在中国即将开展的市场在资源配置中发挥决定性作用的改革过程中，资源配置不再由政府部门及其官员配置之后，政治联系怎么转变，作为逐利性的民营企业如何面对政治联系转型；政治联系转型之后，民营企业投资行为及其过度投资决策会发生什么变化；针对政治联系转型后的政治联系导致的过度投资行为又将如何有效治理。

第三，在中国政府职能转变和市场化改革进一步深入的环境下，民营企业如何有效利用政治联系，实现有效率的投资决策和行为。

参 考 文 献

[1] 安灵、刘星、白艺昕：《股权制衡、终极所有权性质与上市企业非效率投资》，载于《管理工程学报》2008年第2期。

[2] 巴曙松、刘孝红、牛播坤：《转型时期中国金融体系中的地方治理与银行改革的互动研究》，载于《金融研究》2005年第5期。

[3] 白重恩、刘俏、陆洲、宋敏、张俊喜：《中国上市公司治理结构的实证研究》，载于《经济研究》2005年第2期。

[4] 边艳杰、邱海雄：《企业的社会资本及其功效》，载于《中国社会科学》2000年第2期。

[5] 蔡地、万迪昉：《民营企业家政治关联、政府干预与多元化经营》，载于《当代经济科学》2009年第11期。

[6] 蔡吉甫：《上市公司过度投资与负债控制效应研究》，载于《软科学》2009年第4期。

[7] 蔡吉甫：《双重软预算约束、银行负债与过度投资》，载于《河北经贸大学学报》2012年第1期。

[8] 蔡卫星等：《政治关系、地区经济增长与企业投资行为》，载于《金融研究》2011年第4期。

[9] 曹亚勇、王建琼、于丽丽：《公司社会责任信息披露与投资效率的实证研究》，载于《管理世界》2012年第12期。

[10] 陈德萍、陈永圣：《股权集中度、股权制衡度与公司绩效关系研究》，载于《会计研究》2011年第1期。

[11] 陈冬华、陈信元、万华林：《国有企业中的薪酬管制与在职消费》，载于《经济研究》2005年第2期。

[12] 陈爽英、井润田、龙小宁等：《民营企业家社会关系资本对研发投资决策影响的实证研究》，载于《管理世界》2010年第1期。

[13] 陈爽英等：《民营企业家关系资本对研发投资决策影响的实证研究》，载于《管理世界》2010年第1期。

[14] 陈爽英等：《社会资本、公司治理对研发投资强度影响》，载于《科学学研究》2012年第6期。

[15] 陈信元、汪辉：《股东制衡与公司价值：模型及经验证据》，载于《数量经济技术经济研究》2004年第11期。

[16] 陈艳：《股权结构与国有企业非效率投资行为治理》，载于《经济与管理研究》2009年第5期。

[17] 陈运森、谢德仁：《网络位置、独立董事治理与投资效率》，载于《管理世界》2011年第7期。

[18] 程柯、陈志斌、赵卫斌：《产权性质、独立董事机制与投资效率》，载于《技术经济》2012年第3期。

[19] 程仲鸣、夏新平、余明桂：《政府干预、金字塔结构与地方国有上市公司投资》，载于《管理世界》2008年第9期。

[20] 崔萍：《企业过度投资理论研究综述》，载于《经济经纬》2006年第3期。

[21] 崔向阳、赵卫兵：《关系借款的实证分析——基于上市公司数据的研究》，载于《浙江社会科学》2004年第5期。

[22] 邓建平、曾勇：《政治关联能改善民营企业的经营绩效吗》，载于《中国工业经济》2009年第2期。

[23] 邓新明：《我国民营企业政治关联、多元化战略与公司绩效》，载于《南开管理评论》2011年第4期。

[24] 丁明智、李燕：《危机环境下股权集中和制衡、政府干预与企业绩效》，载于《财经论丛》2011年第1期。

[25] 窦炜、刘星：《所有权集中下的企业控制权配置与非效率投资行为研究》，载于《中国软科学》2009年第9期。

[26] 窦炜、刘星：《债务杠杆、所有权特征与中国上市公司投资行为研究》，载于《经济与管理研究》2011年第2期。

[27] 窦炜、刘星、安灵：《股权集中、控制权配置与公司非效率投资行为》，载于《管理科学学报》2011年第11期。

[28] 杜晓晗：《产权性质、债券融资与过度投资》，载于《经济与管理》2012年第8期。

[29] 杜兴强、郭剑花、雷宇：《政治联系方式与民营上市公司业绩："政治干预"抑或"关系"？》，载于《金融研究》2009年第11期。

［30］杜兴强等：《政治联系、过度投资与公司价值》，载于《金融研究》2011年第8期。

［31］杜兴强等：《政治联系对中国上市公司的R&D投资具有"挤出"效应吗？》，载于《投资研究》2012年第5期。

［32］段云、国瑶：《政治关系、货币政策与债务结构研究》，载于《南开管理评论》2012年第5期。

［33］樊纲：《小企业产权改革与中国体制转轨新阶段》，载于《经济研究》1997年第12期。

［34］樊纲、王小鲁、朱恒鹏：《中国市场化指数》，经济科学出版社2011年版。

［35］方红星、金玉娜：《公司治理、内部控制与非效率投资：理论分析与经验证据》，载于《会计研究》2013年第7期。

［36］封思贤、蒋伏心、肖泽磊：《企业政治关联行为研究述评与展望》，载于《外国经济与管理》2012年第12期。

［37］冯延超：《政治关联成本与企业效率研究》，中南大学博士论文，2011年。

［38］傅道庆：《董事会结构模型及有效性分析》，载于《重庆建筑大学学报》2004年第6期。

［39］高雷、宋顺林：《董事会、监事会与代理成本》，载于《经济与管理研究》2007年第10期。

［40］戈登·塔洛克：《关税、垄断和偷窃的福利成本经济》（李政军译），载于《经济社会体制比较》2001年第1期。

［41］龚光明、刘宇：《负债融资与过度投资的实证分析》，载于《求索》2009年第3期。

［42］古志辉、李斌：《行政联系、政府干预与企业决策：一个概念模型》，载于《中国管理科学》2012年第11期。

［43］郭庆旺、贾俊雪：《地方政府行为、投资冲动与宏观经济稳定》，载于《管理世界》2006年第5期。

［44］郭胜：《上市公司大股东行为与非效率投资研究：一个理论综述》，载于《生产力研究》2011年第7期。

［45］郭胜、张道宏：《大股东控制、非效率投资与上市公司治理》，载于《西北大学学报》2011年第7期。

[46] 郝颖、刘星、伍良华：《基于内部人寻租的扭曲性过度投资行为研究》，载于《系统工程学报》2007年第4期。

[47] 何金耿、丁加华：《上市公司投资决策行为的实证研究》，载于《证券市场导报》2001年第9期。

[48] 何源、白莹、文翘翘：《负债融资、大股东控制与企业过度投资行为》，载于《系统工程》2007年第3期。

[49] 贺炎林、丁锐：《企业政治关联对企业国际化的影响》，载于《广东商学院学报》2012年第3期。

[50] 洪必纲：《我国寻租理论的研究现状与展望》，载于《统计与决策》2009年第7期。

[51] 洪怡甜：《政企关系和银企关系对企业融资约束影响效应研究》，华侨大学博士学位论文，2014年。

[52] 胡国柳、李少华：《董事会勤勉、管理者过度自信与企业过度投资》，载于《科学决策》2013年第1期。

[53] 胡国柳、周德建：《股权制衡、管理者过度自信与企业投资过度的实证研究》，载于《商业经济与管理》2012年第9期。

[54] 胡国柳、周遂：《会计稳健性、管理者过度自信与企业过度投资》，载于《东南大学学报》2013年第2期。

[55] 胡国柳、周遂：《政治关联、过度自信与非效率投资》，载于《财经理论与实践》2012年第11期。

[56] 胡建平、干胜道：《产品市场竞争，自由现金流量和代理成本》，载于《统计与决策》2008年第7期。

[57] 胡旭阳：《民营企业家的政治身份与民营企业的融资便利》，载于《管理世界》2006年第5期。

[58] 胡旭阳、史晋川：《民营企业的政治资源与民营企业多元化投资》，载于《中国工业经济》2008年第4期。

[59] 黄本多、干胜道：《股权制衡、自由现金流量与过度投资研究》，载于《商业研究》2009年第9期。

[60] 黄珺、黄妮：《过度投资、债务结构与治理效应》，载于《会计研究》2012年第9期。

[61] 黄怒波：《中国下一步倒下的最大企业一定是房地产企业》，载于《凤凰财经》，2013-12-23。

[62] 黄乾富、沈红波：《债务来源、债务期限结构与现金流的过度投资》，载于《金融研究》2009 年第 9 期。

[63] 黄晓琴：《政治联系、过度投资与银行借款的相机治理效应》，华侨大学硕士学位论文，2014 年。

[64] 黄新建、唐良霞：《政治关联、股权融资与变更募集资金投向》，载于《软科学》2012 年第 4 期。

[65] 吉余峰、郭双双：《政治关联与中国民营上市公司投资类型效率分析》，载于《经济研究导刊》2013 年第 3 期。

[66] 贾明、张喆：《高管的政治关联影响公司慈善行为吗?》，载于《管理世界》2010 年第 4 期。

[67] 简建辉、余中福、何平林：《经理人激励与公司过度投资》，载于《管理评论》2011 年第 4 期。

[68] 江雅雯等：《政治联系、制度因素与企业的创新活动》，载于《南方经济》2011 年第 11 期。

[69] 姜付秀等：《管理者背景特征与企业过度投资行为》，载于《管理世界》2009 年第 1 期。

[70] 姜宁、黄万：《政府补贴对企业 R&D 投入的影响———基于我国高技术产业的实证研究》，载于《科学学与科学技术管理》2010 年第 7 期。

[71] 蒋琰：《权益成本、债务成本与公司治理：影响差异性研究》，载于《管理世界》2009 年第 11 期。

[72] 孔东民、谭伟强：《最终控制人、政府背景与企业投资》，载于《广东金融学院学报》2011 年第 1 期。

[73] 雷光勇、王文、金鑫：《公司治理质量、投资者信心与股票收益》，载于《会计研究》2012 年第 2 期。

[74] 黎精明、唐霞：《我国国有企业过度投资》，载于《财经理论与实践》2011 年第 7 期。

[75] 李朝霞：《影响中国上市公司融资结构的主要因素分析》，载于《数量经济技术经济研究》2003 年第 10 期。

[76] 李传宪、干胜道、何益闯：《政治关联与企业过度投资行为研究》，载于《上海经济研究》2013 年第 5 期。

[77] 李锦玲、李延喜、栾庆伟：《关系融资、银行信贷与新创企业绩效的关系研究》，载于《国际金融研究》2011 年第 6 期。

[78] 李莉、刘建明、高洪利：《高管变更对民营企业进入高壁垒行业的影响研究》，第六届中国管理学年会——公司治理分会场论文，2011年。

[79] 李丽君、金玉娜：《四方控制权制衡、自由现金流量与过度投资行为》，载于《管理评论》2010年第2期。

[80] 李丽君、马巧梅、高桃丽：《上市公司过度投资行为制约因素分析》，载于《管理学家》2010年第6期。

[81] 李琳、刘凤委、卢文彬：《基于公司业绩波动性的股权制衡治理效应研究》，载于《管理世界》2009年第5期。

[82] 李善民等：《行业机会、政治关联与多元化并购》，载于《中大管理研究》2009年第4期。

[83] 李胜楠：《我国上市公司的公司治理特征与非效率投资》，载于《会计师》2007年第11期。

[84] 李胜楠：《我国上市公司银行贷款与投资行为的关系研究》，载于《管理学报》2011年第3期。

[85] 李维安、姜涛：《公司治理与企业过度投资行为研究》，载于《财贸经济》2007年第12期。

[86] 李鑫：《自由现金流、现金股利与中国上市公司过度投资》，载于《证券市场导报》2007年第10期。

[87] 李云鹤、李湛：《管理者代理行为、公司过度投资与公司治理》，载于《管理评论》2012年第7期。

[88] 连军：《政治联系对民营企业资本配置的影响研究》，重庆大学博士学位论文，2012年。

[89] 连军：《组织冗余、政治联系与民营企业R&D投资》，载于《科学学与科学技术管理》2013年第1期。

[90] 梁莱歆、冯延超：《政治关联与企业过度投资》，载于《经济管理》2010年第12期。

[91] 梁强等：《非正式制度保护与企业创新投入》，载于《南开经济研究》2011年第3期。

[92] 廖理、方芳：《管理层持股、股利政策与上市公司代理成本》，载于《统计研究》2004年第12期。

[93] 廖义刚：《债务治理、高质量审计与自由现金流过度投资》，载于《山西财经大学学报》2012年第9期。

[94] 林毅夫等：《政策性负担、道德风险与预算软约束》，载于《经济研究》2004 年第 2 期。

[95] 刘朝阵：《外部套利、市场反应与控股股东的非效率投资决策》，载于《世界经济》2002 年第 7 期。

[96] 刘凤委、李琦：《市场竞争、EVA 评价与企业过度投资》，载于《会计研究》2013 年第 2 期。

[97] 刘虹等：《R&D 补贴对企业 R&D 支出的激励与挤出效应》，载于《经济管理》2012 年第 4 期。

[98] 刘圻、杨德伟：《民营企业政治关联影响研发投资的实证研究》，载于《财政研究》2012 年第 5 期。

[99] 刘兴云、王金飞：《政府干预下治理结构与过度投资关系的实证研究》，载于《山东社会科学》2013 年第 8 期。

[100] 刘星、安灵：《大股东控制、政府控制层级与公司价值创造》，载于《会计研究》2010 年第 1 期。

[101] 刘星、刘伟：《监督，抑或共谋？———我国上市公司股权结构与公司价值的关系研究》，载于《会计研究》2007 年第 5 期。

[102] 刘星、曾宏：《我国上市公司非理性投资行为：表现、成因及治理》，载于《中国软科学》2002 年第 1 期。

[103] 刘喆、张志勇：《产品市场竞争能否抑制过度投资行为?》，载于《南京财经大学学报》2013 年第 1 期。

[104] 刘志彪、姜付秀、卢二坡：《资本结构与产品市场竞争强度》，载于《经济研究》2003 年第 7 期。

[105] 刘志强、余明桂：《产品市场竞争治理机制研究综述》，载于《云南财经大学学报》2009 年第 2 期。

[106] 陆媛、康进军：《基于公司治理机制的公司非效率投资研究》，载于《青岛大学学报》2012 年第 4 期。

[107] 逯东等：《政府补助、研发支出与市场价值》，载于《投资研究》2012 年第 9 期。

[108] 吕峻：《政府干预和治理结构对公司过度投资的影响》，载于《财经问题研究研究》2012 年第 1 期。

[109] 罗党论、刘晓龙：《政治联系、进入壁垒与企业绩效》，载于《管理世界》2009 年第 5 期。

[110] 罗党论、唐清泉：《中国民营上市公司制度环境与绩效问题研究》，载于《经济研究》2009年第2期。

[111] 罗党论、应千伟、常亮：《银行授信、产权与企业过度投资：中国上市公司的经验证据》，载于《世界经济》2012年第3期。

[112] 罗党论、甄丽明：《民营控制、政治关系与企业融资约束》，载于《金融研究》2008年第12期。

[113] 罗进辉、万迪防、蔡地：《大股东治理与管理者过度投资行为》，载于《经济管理》2008年第9期。

[114] 罗琦、肖文翀、夏新平：《融资约束抑或投资过度——中国上市企业投资—现金流的经验证据》，载于《中国工业经济》2007年第9期。

[115] 马娜、钟田丽：《创业板上市公司负债融资与过度投资的相互关系》，载于《经济与管理研究》2013年第2期。

[116] 马润平、李悦、杨英、张文静：《公司管理者过度自信、过度投资行为与治理机制》，载于《证券市场导报》2012年第6期。

[117] 马迎贤：《资源依赖理论的发展和贡献评析》，载于《甘肃社会科学》2005年第1期。

[118] 梅丹：《我国上市公司固定资产投资规模财务影响因素研究》，载于《管理科学》2005年第5期。

[119] 梅丹：《我国上市公司固定资产投资规模财务影响因素研究》，载于《管理科学》2005年第5期。

[120] 欧阳凌、欧阳令南、周红霞：《股权/市场结构、最优负债和非效率投资行为》，载于《财经研究》2005年第6期。

[121] 潘红波、夏新平、余明桂：《政府干预、政治关联与地方国有企业并购》，载于《经济研究》2008年第4期。

[122] 潘红波等：《政府干预、政治关联与地方国有企业并购》，载于《经济研究》2008年第4期。

[123] 强国令：《管理层股权激励是否降低了公司过度投资》，载于《投资研究》2012年第2期。

[124] 冉戎、刘星、沈崎：《银行对中小企业的最优随机监督强度研究》，载于《管理学报》2011年第7期。

[125] 任凌玉：《产品市场竞争衡量方法综述》，载于《经济问题探索》2009年第1期。

[126] 施东辉：《转轨经济中的所有权与竞争》，载于《经济研究》2003年第8期。

[127] 史曲平、高伟：《民营企业政治关联及其效应研究》，载于《商业研究》2011年第9期。

[128] 斯格特：《组织理论：理性、自然和开放系统》，黄洋等译，华夏出版社2002年版。

[129] 孙永祥、黄祖辉：《上市公司的股权结构与绩效》，载于《经济研究》1999年第12期。

[130] 孙永祥、章融：《董事会规模、公司治理与绩效》，载于《企业经济》2000年第10期。

[131] 孙兆斌：《股权集中、股权制衡与上市公司的技术效率》，载于《管理世界》2006年第7期。

[132] 覃家琦：《战略委员会与上市公司过度投资行为》，载于《金融研究》2010年第6期。

[133] 谭云清、韩忠雪、朱荣林：《产品市场竞争的公司治理效应研究综述》，载于《外国经济与管理》2007年第1期。

[134] 唐清泉等：《企业转型升级与研发投入的外部环境研究》，载于《当代经济管理》2011年第6期。

[135] 唐雪松、周晓苏、马如静：《上市公司过度投资行为及其制约机制的实证研究》，载于《会计研究》2007年第7期。

[136] 陶国庆：《政府寻租行为分析及治理对策》，载于《生产力研究》2011年第6期。

[137] 田利辉：《制度变迁、银企关系和扭曲的杠杆治理》，载于《经济学（季刊）》2005年第10期。

[138] 田伟：《考虑地方政府因素的企业决策模型》，载于《管理世界》2007年第5期。

[139] 佟岩、陈莎莎：《生命周期视角下的股权制衡与企业价值》，载于《南开管理评论》2010年第1期。

[140] 童牧：《关系型融资研究》，西南财经大学出版社2008年版。

[141] 童盼、陆正飞：《负债融资、负债来源与企业投资行为——来自中国上市公司的经验证据》，载于《经济研究》2005年第5期。

[142] 汪德华、周晓艳：《管理者过度自信与企业投资扭曲》，载于

《山西财经大学学报》2007 年第 4 期。

[143] 汪国银等：《企业家社会资本与企业并购的关系研究》，载于《经济与管理》2012 年第 10 期。

[144] 汪健、卢煜、朱兆珍：《股权激励导致过度投资吗?》，载于《审计与经济研究》2013 年第 5 期。

[145] 汪平、孙士霞：《自由现金流、股权结构与中国上市公司过度投资问题研究》，载于《当代财经》2009 年第 4 期。

[146] 王红艳、郭桂花：《产权性质，产品市场竞争与公司的过度投资行为》，载于《新疆农垦经济》2011 年第 6 期。

[147] 王建新：《债务约束与自由现金流的过度投资问题研究》，载于《会计论坛》2008 年第 2 期。

[148] 王建新、刚成军：《公司治理、债务约束与自由现金流过度投资》，载于《科学决策》2009 年第 11 期。

[149] 王俊：《R&D 补贴对企业 R&D 投入及创新产出影响的实证研究》，载于《科学学研究》2010 年第 9 期。

[150] 王立国、鞠蕾：《地方政府干预、企业过度投资与产能过剩：26 个行业样本》，载于《改革》2012 年第 12 期。

[151] 王立清等：《政府干预、政治联系与民营上市公司投资》，载于《电子科技大学学报》2011 年第 1 期。

[152] 王利平、高伟、张学勇：《民营企业政治关联：一个多视角的分析》，载于《商业经济与管理》2010 年第 12 期。

[153] 王鲁平、邹江：《预算软约束下的银行借款对企业投资行为的影响》，载于《系统工程》2010 年第 7 期。

[154] 王霞、张敏、于富生：《管理者过度自信与企业投资行为异化》，载于《南开管理评论》2008 年第 11 期。

[155] 王旭：《非线性视角下民营上市公司的策略性政治关联》，载于《经济经纬》2013 年第 2 期。

[156] 王彦超：《融资约束、现金持有与投资过度》，载于《金融研究》2009 年第 7 期。

[157] 王艳辉、杨帆：《债务结构对上市公司过度投资约束的实证研究》，载于《现代管理科学》2007 年第 3 期。

[158] 王永进、盛丹：《政治关联与企业契约实施环境》，载于《经济

学（季刊）》2012年第4期。

[159] 王永进、盛丹：《政治关联与企业契约实施环境》，载于《经济学（季刊）》2012年第4期。

[160] 韦琳、石华：《制造业股权结构对企业非效率投资的影响研究》，载于《江西财经大学学报》2013年第2期。

[161] 卫武、田志龙、刘晶：《我国企业经营活动中的政治关联性研究》，载于《中国工业经济》2004年第4期。

[162] 魏杰、谭伟：《企业影响政府的轨道选择》，载于《经济理论与经济管理》2004年第12期。

[163] 魏明海、柳建华：《国企分红、治理因素与过度投资》，载于《管理世界》2007年第4期。

[164] 文守逊、幸昆仑：《不对称信息下短视代理人的投资行为》，载于《重庆大学学报（自然科学版）》2003年第7期。

[165] 翁鸣、谢沛善：《科技型中小企业关系型融资博弈分析》，载于《科技管理研究》2009年第2期。

[166] 邬国梅：《上市公司过度投资行为及其治理机制的实证研究》，载于《广东商学院学报》2009年第1期。

[167] 巫景飞等：《高层管理者政治网络与企业多元化战略：社会资本视角》，载于《管理世界》2008年第8期。

[168] 吴文锋、吴冲锋、刘晓薇：《中国民营上市公司高管的政府背景与公司价值》，载于《经济研究》2008年第7期。

[169] 吴周利、邓建平、曾勇：《政治关联民营企业并购的短期财富效应研究》，载于《管理学家（学术版）》2011年第6期。

[170] 夏立军等：《政企纽带与跨省投资》，载于《管理世界》2011年第7期。

[171] 向杨：《政府干预下企业过度投资形成机理研究》，西南财经大学博士学位论文，2012年。

[172] 谢海洋、董黎明：《债务融资结构对企业投资行为的影响》，载于《中南财经政法大学学报》2011年第1期。

[173] 谢军：《第一大股东持股和公司价值：激励效应和防御效应》，载于《南开管理评论》2007年第1期。

[174] 辛清泉、林斌、王彦超：《政府控制、经理薪酬与资本投资》，

载于《会计研究》2007年第8期。

[175] 徐虹：《市场化进程、产权配置与上市公司资产剥离业绩》，载于《南开管理评论》2012年第3期。

[176] 徐业坤、钱先航、李维安：《政治不确定性、政治关联与民营企业投资》，载于《管理世界》2013年第5期。

[177] 许友传、何晓光、杨继光：《关系融资信息分享与银行激励》，载于《系统管理学报》2008年第1期。

[178] 杨华军、胡奕明：《制度环境与自由现金流的过度投资》，载于《管理世界》2007年第9期。

[179] 杨棉之、马迪：《债务约束、自由现金流与企业过度投资》，载于《统计与决策》2012年第2期。

[180] 杨清香、俞麟、胡向丽：《不同产权性质下股权结构对投资行为的影响》，载于《中国软科学》2010年第7期。

[181] 杨兴全：《债务融资、债务结构与公司过度投资行为》，载于《大连理工大学学报》2008年第12期。

[182] 杨兴全、张照南、吴昊旻：《治理环境、超额持有现金与过度投资》，载于《南开管理评论》2010年第5期。

[183] 叶松勤、徐经长：《基于投资效率视角的实证分析——大股东控制与机构投资者的治理效应》，载于《证券市场导报》2013年第5期。

[184] 油晓峰：《我国上市公司负债融资与过度投资治理》，载于《财贸经济》2006年第10期。

[185] 于蔚：《规模扩张和效率损失：政治关联对中国民营企业发展的影响研究》，浙江大学博士学位论文，2013年。

[186] 于文超等：《国有企业高管参政议政、政治激励与过度投资》，载于《经济评论》2012年第6期。

[187] 余华龙、李国志：《三大学派的寻租理论概述》，载于《江西青年职业学院学报》2005年第1期。

[188] 余明桂、潘红波：《政治关系、制度环境与民营企业银行贷款》，载于《管理世界》2008年第8期。

[189] 余明桂、潘红波：《政治关系、制度环境与民营企业银行贷款》，载于《管理世界》2008年第8期。

[190] 余怒涛：《公司治理与盈余质量的关系研究》，西南交通大学博

士学位论文，2009 年。

[191] 俞红海、徐龙炳、陈百助：《终极控股股东控制权与自由现金流过度投资》，载于《经济研究》2010 年第 8 期。

[192] 袁淳、荆新、廖冠民：《国有公司的信贷优惠：信贷干预还是隐性担保？》，载于《会计研究》2010 年第 8 期。

[193] 袁建国、蒋瑜峰、蔡艳芳：《会计信息质量与过度投资的关系研究》，载于《管理学报》2009 年第 3 期。

[194] 袁玲、杨兴全：《股权集中、股权制衡与过度投资》，载于《河北经贸大学学报》2008 年第 5 期。

[195] 曾康霖：《政府干预经济及其在市场经济中角色的确立》，载于《经济学家》2007 年第 1 期。

[196] 翟胜宝、曹学勤：《银行关系、股权激励与民营企业的非效率投资行为》，载于《江汉学术》2013 年第 4 期。

[197] 詹雷、王瑶瑶：《管理层激励、过度投资与企业价值》，载于《南开管理评论》2013 年第 3 期。

[198] 张纯、吕伟：《信息披露、信息中介与企业过度投资》，载于《会计研究》2009 年第 1 期。

[199] 张栋、杨淑娥、杨红：《第一大股东股权、治理机制与企业投资过度——基于中国上市公司 Panel Data 的研究》，载于《当代经济科学》2008 年第 4 期。

[200] 张多蕾、张盛勇：《企业政治关联指数模型构建研究》，载于《财经问题研究》2013 年第 1 期。

[201] 张功富：《产品市场竞争，大股东持股与企业过度投资》，载于《华东经济管理》2009 年第 7 期。

[202] 张功富等：《政府干预、政治关联与企业非效率投资》，载于《财经理论与实践》2011 年第 5 期。

[203] 张光荣、曾勇：《股权制衡可以改善公司治理吗》，载于《系统工程》2008 年第 8 期。

[204] 张会丽、陆正飞：《现金分布、公司治理与过度投资》，载于《管理世界》2012 年第 3 期。

[205] 张建君、张志学：《中国民营企业家的政治战略》，载于《管理世界》2005 年第 7 期。

[206] 张丽平、杨兴全：《管理者权力、管理层激励与过度投资》，载于《软科学》2012年第10期。

[207] 张敏、黄继承：《政治关联、多元化与企业风险》，载于《管理世界》2009年第7期。

[208] 张敏等：《政治关联与信贷资源配置效率》，载于《管理世界》2010年第11期。

[209] 张维迎：《企业寻求政府支持的收益、成本分析》，载于《新西部》2001年第8期。

[210] 张旭辉、叶勇、李明：《次大股东对过度投资影响研究》，载于《管理学报》2012年第10期。

[211] 张翼、李辰：《股权结构、现金流与资本投资》，载于《经济学（季刊）》2005年第4期。

[212] 张兆国、刘亚伟、亓小林：《管理者背景特征、晋升激励与过度投资研究》，载于《南开管理评论》2013年第4期。

[213] 张兆国等：《政治关系、债务融资与企业投资行为》，载于《中国软科学》2011年第5期。

[214] 张宗益、邱婕：《银行贷款对上市公司过度投资的治理效应》，载于《技术经济》2012年第12期。

[215] 赵峰、马光明：《政治关联研究脉络述评与展望》，载于《经济评论》2011年第3期。

[216] 赵景文、于增彪：《股权制衡与公司经营业绩》，载于《会计研究》2005年第12期。

[217] 赵卿：《政府干预、法治、金融发展与国有上市公司的过度投资》，载于《经济经纬》2013年第1期。

[218] 周柏庆：《基于公司治理的过度投资问题研究》，载于《中国市场》2012年第18期。

[219] 周建等：《董事会资本对企业R&D支出的影响研究》，载于《研究与发展管理》2012年第2期。

[220] 周杰：《管理层股权结构对我国上市公司投资行为的影响》，载于《天津商学院学报》2005年第3期。

[221] 周黎安：《晋升博弈中政府官员的激励与合作》，载于《经济研究》2004年第6期。

[222] 周黎安:《中国地方官员的晋升锦标赛模式研究》,载于《经济研究》2007 年第 7 期。

[223] 周伟贤:《投资过度还是投资不足》,载于《中国工业经济》2010 年第 9 期。

[224] 周雪峰、兰艳泽:《债务融资对非效率投资行为的影响作用——基于中国民营上市公司的实证研究》,载于《暨南学报》2011 年第 3 期。

[225] 周中胜:《产权,竞争与证券市场资源配置效率》,载于《山西财经大学学报》2009 年第 9 期。

[226] 朱红军、汪辉:《"股权制衡"可以改善公司治理吗?》,载于《管理世界》2004 年第 10 期。

[227] 朱红军、汪辉:《"股权制衡"可以改善公司治理吗?》,载于《管理世界》2004 年第 10 期。

[228] 朱云欢、张明喜:《我国财政补贴对企业研发影响的经验分析》,载于《经济经纬》2010 年第 5 期。

[229] Aggarwa, R. and Samwick, A., "Executive Compensation Strategic Competition and Relative Performance Evaluation: Theory and Evidence", *Journal of Finance*, 1999, 54: 1999 – 2043.

[230] Aggarwal. R. K., and A. A. Samwick, 2006, "Empire-builders and Shirkers: Investment, Firm Performance, and Managerial Incentives", *Journal of Corporate Finance*, 2006, 12 (3): 489 – 515.

[231] Aghion, P., M. Dewatripont, and P. Rey, "Competition, financial discipline, and growth", *Review of Economic Studies*, 1999, (66): 825 – 852.

[232] Agrawal, A., and Knoeber, C. R., "Do Some Outside Directors Play a Political Role?" *Journal of Law and Economics*, 2001, 44 (1): 179 – 198.

[233] Ahn S., Denis D. J., Denis D. K., "Leverage and Investment in Diversified Firms", *Journal of Financial Economics*, 2006, (79): 317 – 337.

[234] Arrow, K. J., *Economic Welfare and the Allocation of Resources to Invention*, Princeton University Press, 1962.

[235] Aviv, Nevo, "Measuring Market Power in the Ready-to-Eat Cereal Industry", *Econometrica*, 2001, 69 (2): 307 – 342.

[236] Aydin Ozkan, "An empirical analysis of corporate debt maturity

structure", *European Financial Management*, 2000, 6 (2): 197-212.

[237] Bai, C. E., J. Y. Lu, Z. G. Tao, "Property Rights Protection and Access to Bank Loans: Evidence from Private Enterprises in China", *Economics of Transition*, 2006, (14): 611-628.

[238] Barnea A., Robert A. H. and Senbet L. W., "A Rationale for Debt Maturity Structure and Call Provisions in the Agency Theoretic Frame work", *Journal of Finance*, 1980, (35): 1223-1234.

[239] Bartels, L., Brady, H., "Economic Behavior in Political Context", *American Economics Review*, 2003 (93): 156-161.

[240] Bebchuck L. A. and Stole L. A., "Do Short-term Objectives Lead to Under-or Overinvestment in Long-term Projects", *Journal of Finance*, 1993, (48): 719-729.

[241] Bebchuk, Kraakman, Triantis, "Stock Pyramids, Cross-ownership, and Dual Class Equity: The Creation and Agency Costs of Separating Control from Cash Flow Rights", *Working paper from NBER*, 1999.

[242] Beinera. S, Sehmid. M., Wanzenried. G., "Product Market Competition, Managerial Incentives, and Firm Valuation", *Working Paper*, SSRN, 2005.

[243] Bennedsen M., D. Wolfenzon, "The Balance of Power in Closely Held Corporations", *Journal of Financial Economics*, 2000.

[244] Berger A. N., Udell G. F., "Small business credit availability and relationship lending: the importance of bank organisational structure", *Economic Journal*, 2002, 112: 32-53.

[245] Berger. A. N, Udell. G. F., "Relationship lending and lines of credit in small firm finance", *Journal of Business*, 1995, 68: 351-381.

[246] Berle A., Means G., "The Modern Corporation and Private Property", *Revised Edition*, New York: Harcourt, Brace and World Inc, 1932, 55-87.

[247] Bertrand, M., F. Kramaraz, A. Schoar, and D. Thesmar, "Politically Connected CEOs and Corporate Outcomes: Evidence from France. University of Chicago", *Working Paper*, 2006.

[248] Bhagwati, J., "Direct unproductive, profit seeking (DUP) activities", *Journal of Political Economy*, 1982, 90 (5): 988-1002.

[249] Billett, M. T. , J. A. Garfinkel, and Y. Jiang, 2011, "The Influence of Governance on Investment: Evidence from a Hazard Model", *Journal of Financial Economics*, 102 (3): 643 - 670.

[250] Boubakri, N. , et al. "Political connections of newly privatized firms", *Journal of Corporate Finance*, 2008 (5): 654 - 673.

[251] Buchanan James M. , "Rent Seeking, Noncompensated Transfers and Laws of Succession", *Journal of Law&Economics*, 1983, 26 (1): 71 - 85.

[252] Chaney P. , Faccio M. , Parsley D. , "The Quality of Accounting Information in Politically Connected Firms", *Journal of Accounting and Economics*, 2011, 51 (1 - 2): 58 - 76.

[253] Chen, C. J. P. , Z. Li X. Su, and Z. Sun, "Rent-Seeking Incentives, Corporate Political Connections, and the Control Structure of Private Firms", *Journal of Corporate Finance*, 2011, 17 (2): 229 - 243.

[254] Chung H. M. , Hung-Bin Ding, 2011, "Political connections and family business diversification", *Advances in Mergers and Acquisitions*, 9: 135 - 152.

[255] Chung, K. , "Business Groups in Japan and Korea", *International Journal of Political Economy*, 2004 (3): 67 - 98.

[256] Chung, K. H. , Pruit, S. W. , "A Simple Approximation of Tobin's", *Financial Management*, 1994, 23: 70 - 74.

[257] Claessens, S. , E. Feijen, and L. Laeven, "Political Connections and Preferential Access to Finance: The Role of Campaign Contributions", *Journal of Financial Economics*, 2008, 88 (3): 554 - 580.

[258] Conyon, M. & Murphy, K. , "The Prince or the PauPer CEO Pay in the US and the UK", *Economics Journal*, 2000, (11): 68 - 75.

[259] Diamond, D. W. , "Debt maturity and liquidity risk", *Quarterly Journal of Economics*, 1991, (106): 709 - 737.

[260] Diamond, D. W. , "Financial Intermediation and Delegated Monitoring", *Review of Economic Studies*, 1984, (51): 393 - 414.

[261] Diamond, D. W. , "Seniority and Maturity of Debt Contracts", *Journal of financial Economics*, 1993, (33) 341 - 368.

[262] Douglas Goldman E. , J. So, and J. Rochol. , "Political Connections and the Allocation of Procurement Contracts", *SSRN Working Paper 965888*,

2008.

[263] Drew Fudenberg, Jean Tirole, "The Fat-Cat Effect, the Puppy-Dog Ploy, and the Lean and Hungry Look", *The American Economic Review*, 1984, 74 (2): 361 -366.

[264] Elsas. R., "Empirical determinants of relationship lending", *Journal of Financial Intermediation*, 2005, 14 (1): 32 -57.

[265] Epstein, E. S., "A scoring system for probability forecasts of ranked categories", *Journal of Apple Meteorology*, 1969, 8 (12): 985 -987.

[266] Faccio, M., J. J. M. Connel, l and R. W. Masulis, "Political Connections and Corporate Bailouts", *Journal of Finance*, 2006, 61 (6): 2597 -2635.

[267] Fama, E. F., M. C. Jensen, "Separation of Ownership and Control", *Journal of Law and Economics*, 1983, (6): 301 -325.

[268] Fan J., T. J. Wong, and T. Zhang, "Politically Connected CEOs, Corporate Governance, and Post-IPO Performance of China Newly Partially Privatized Firms", *Journal of Financial Economics*, 2007, 84 (2): 330 -357.

[269] Farashahi M. and Hafsi T., "Strategy of firms in unstable institutional environments", *Asia Pacific Journal of Management*, 2009, 26 (4): 643 -666.

[270] Ferdin, Gul A., "Free Cash Flow, Debt - monitoring and Managers", *Journal of Corporate Finance*, 2001, (7): 475 -492.

[271] Ferguson, T., and H. J. Voth, "The Value of Political Connections in Nazi Germany", *Quarterly Journal of Economics*, 2008, 123 (1): 101 -137.

[272] Fershtman, C., and Judd, "K L1Equilibrium incentives in oligopoly", *American Economic Review*, 1987, (77): 927 -9401.

[273] Firth M., Lin C., Wong S., "Leverage and investment under a state-owned bank lending environment: evidence from china", *Journal of corporate finance*, 2008, (14): 642 -643.

[274] Fisman, Raymond, "Estimating the Value of Political Connections", *American Economic Review*, 2001, 91 (4): 1095 -1102.

[275] Francis B. B., et al., "Political connections and the process of going public: Evidence from China", *Journal of International Money and Finance*, 2009, 28 (4): 696 -719.

[276] Francis B. B., Hasan, Xian Sun, "Political connections and the

process of going public: Evidence from China", *Journal of International Money and Finance*, 2009, 28 (4): 696-719.

[277] Friedman, E., S. Johnson, D. Kaufmann, and P. Zoido Lobaton, "Dodging the Grabbing Hand: the Determinants of Unofficial Activity in 69 Countries", *Journal of Public Economics*, 2000, (76): 459-493.

[278] Goergen, Marc and Luc Renneboog, "Investment Policy, Internal Finance and Ownership Distribution in the UK", *Journal of Corporate Finance*, 2001 (7): 257-284.

[279] Goldman. E., J. Rocholl and J. So, "Do Politically Connected Boards Affect Firm Value?" *Review of Financial Studies*, 2009, 22 (6): 2331-2360.

[280] Gomes A and Novaes W., *Sharing of Control Versus Monitoring*. PIER Working Paper, University of Pennsylvania Law School, 2005.

[281] Grossman, S. J. and Hart, O. D., "Corporate financial structure and managerial incentives", in McCall, J. J. (Ed) *The economics of information and uncertainty*, Chicago, IL: University of Chicago Press, 1982.

[282] Grullon, G., Michaely, R., "Corporate payout policy and product market competition", *Working paper*, NBER, 2008.

[283] Grundy, B. D., and H. Li., 2010., "Investor Sentiment, Executive Compensation, and Corporate Investment", *Journal of Banking&Financ*, 34 (10): 2439-2449.

[284] Gugler K., Yurtoglu B. B., "Average, marginal, and the relation between ownership and performance", *Economic Letters*, 2003 (78): 379-384.

[285] Gugler, K., B. B. Yurtoglu, "Corporate Governance and Dividend Pay-out Policy in Germany", *European Economic Review*, 2003, 47: 731-758.

[286] Gugler, K., Mueller D. C., Yurtoglu B. B., "Corporate Governance and the Returns on Investment", *Journal of Law and Economics*, 2004 (47): 589-633.

[287] Hans D., *Investment and Internal Finance: Asymmetric Information or Managerial Discretion*, Erasmus Research Institute of Management Report Series, 2001.

[288] Hart, Oliver. D., "The market mechanism as an incentive scheme", Bell Journal of Economics, 1983, (14): 366-382.

[289] Heinkel Robert and Zechner Josef, "The role of debt and preferred stock as a solution to adverse investment incentives", *Journal of Financial and Quantitative Analysis*, 1990, 25 (1): 1 - 24.

[290] Hillman A. J., et al., "Corporate Political activity: A review and research agenda", *Journal of Management*, 2004, 30 (6): 837 - 857.

[291] Hodgman D. R., "The deposit relationship and commercial bank investment behavior", *Review of Economics and Statistics*, 1961, 43: 257 - 268.

[292] Holmstrom, B., "Moral hazard in teams", *Bell Journal of Economics*, 1982, 13 (2): 324 - 340.

[293] Hou, Kewei, and David T., "Robinson \ Industry Concentration and Average Stock Returns", *Journal of Finance*, 2006, 61 (4): 1927 - 1956.

[294] Jensen, M., 1986., "Agency costs of free cash flow, corporate finance, and takeovers", *American Economic Review*, 1986 (76): 323 - 329.

[295] Jensen, M. C., Meckling, W. H., "The Theory of Firm: Managerial Behavior, Agency Costs and Ownership Structure", *Journal of Financial Economics*, 1976, (3): 305 - 360.

[296] Jensen, M. C., "The Modern Industrial Revolution, Exit and the Failure of Internal Control Systems", *Journal of Finance*, 1993, 48 (3): 831 - 880.

[297] John K., Senbet L. W., "Corporate Governance and Board Effectiveness", *Journal of Banking and Finance*, 1998, (4): 371 - 403.

[298] Johnson S., R. La Porta, F. Lopez-de-Silanes, A. Shleifer., "Tunneling", *American Economic Review*, 2000, (90): 22 - 27.

[299] Kane E. J., Malkiel B. G., "Bank portfolio allocation, deposit variability, and the availability doctrine", *The Quarterly Journal of Economics*, 1965, 79 (1): 113 - 134.

[300] Khanna, T. &K. Palepu, "Is Group Affiliation Profitable in Emerging Markets? An Analysis of Diversified Indian Business Groups?", *Journal of Finance*, 2000 (55): 86 - 89.

[301] Khwaja, A., and A. Mian, "Do Lenders Favor Politically Connected Firms Rent Provision in an Emerging Financial Market", *Quarterly Journal of Economics*, 2005, 120 (4): 1371 - 1411.

[302] Kose John and Lemma W. Senbet, "Limited liability, corporate

leverage, and public policy. Graduate School of Business", University of Wisconsin-Madison, 1988.

[303] Krueger A. O., "The political economy of the rent-seeking society", *The American Economic Review*, 1974, 64 (3): 291 - 303.

[304] Krueger A., "The Political economy of the rent seeking society", *American Economic Review*, 1974, 64 (3): 291 - 303.

[305] Kruse, T., and C. Rennie, "Product Market Competition, Excess Free Cash Flows, and CEO Discipline: Evidence from the U.S. Retail Industry", *Working Paper*, University of Arkansas, 2006.

[306] Laeven, L., Levine, R., "Complex ownership structures and corporate valuations", *Review of Financial Studies*, 2008, 21 (2): 579 - 604.

[307] Lang L., Ofek E., Stulz R. M., "Leverage, Investment and Firm Growth", *Journal of Financial Economics*, 1996, (40): 3 - 29.

[308] Lang L. H. P., stulz R. M., Walking R. A., 1991., "A Test of the Free Cash Flow Hypothesis: The Cost of Bidder Returns", *Journal of Financial Economics*, 1991, (29): 315 - 335.

[309] Lang, L., and Litzenberger, R., 1989., "Dividend Announcements: Cash flow signaling vs. free cash flow hypothesis", *Journal of Financial Economics*, 1985, (24): 181 - 191.

[310] Lehman Erik, Jrgen Weigand, "Does the Governed Corporation Perform Better? Governance Structures and the Market for Corporate Control in Germany", *European Finance Review*, 2000, 4: 157 - 195.

[311] Lensink, R. and Sterken, E., "Asymmetric information, option to wait to invest and the optimal level of investment", *Journal of Public Economics*, 2001, (79).

[312] Li H. B., Meng L. S., Wang Q., Zhou L. A., "Political connections, financing and firm performance: Evidence from Chinese private firms", *Journal of Development Economics*, 2008, 87 (2): 283 - 2991.

[313] Li H., L. Zhou, "Political Turnover and Economic Performance: The Incentive Role of China's Personnel Control", *Journal of Public Economics*, 2005, 89: 1743 - 1762.

[314] Lipton, M., Lorsch, J. W., "A modest proposal for improved cor-

porate governance", *Business Lawyer*, 1992, (48): 59 – 77.

[315] Mace, M. L., *Directors: Myth and Reality*, Harvard Business School Press, Boston, Massachusetts, 1986, 41 – 203.

[316] Maury B., Pajute A., "Multiple large shareholders and firm value", *Journal of Banking and Finance*, 2005, 29: 1813 – 1834.

[317] McConnell J., Henri Servaes, "Equity ownership and two faces of debt", *Journal of Financial Economics*, 1995, (39): 131 – 157.

[318] Muller A., Whiteman G., "Exploring the geography of corporate philanthropic disaster response of Fortune Global 500 firms", *Journal of Business Ethics*, 2009, 84 (4): 589 – 603.

[319] Myers S. C., Majluf N. S., 1984., "Corporate Finance and Investment Decision When Firms Have Information That Investor Do Not Have", *Journal of Financial Economics*, 1984, 13: 187 – 221.

[320] Nachane D. M., Ranade P. P., "Relationship Banking and the Credit Market in India An Empirical Analysis", *The Journal of Applied Economic Research*, 2010, 4 (1): 1 – 23.

[321] Nalebuf, f B., and J. Stiglitz, 1983, "Prizes and incentives: towards a general theory of compensation and competition", *Bell Journal of Economics*, 1983, 1 (14): 21 – 43.

[322] Narayanan, M., 1985., "Managerial Incentives for Short-Term Results", *Journal of Finance*, 1985, 40: 1469 – 1484.

[323] Narayanan, "Debt Verus Equity under asymmetric information", *Journal of Financial and Quantitative Ananlysis*, 1988, 23 (1): 39 – 51.

[324] Nickell, "Competition and corporate performance", *Journal of Political Economy*, 1996, (104): 724 – 746.

[325] Nikos Vafeas, "Board Meeting Frequency and Firm performance", *Journal of Financial Economics*, 1999 (1): 113 – 142.

[326] Okhmatovskiy I., "Performance implications of ties to the government and SOEs: A Political embeddedness perspective", *Journal of Management Studies*, 2010, 47 (6): 1020 – 1047.

[327] Peltzman S., "Toward a More General Theory of Regulation", *Journal of Law and Economics*, 1976, 19 (2): 453 – 465.

[328] Petersen. M. A. , Rajan. R. G. , "The benefits of lending relationships: evidence from small business data", *Journal of Finance*, 1994, 49: 3 – 37.

[329] Pfeffer, Jeffrey, Salanick G P. , "The External Control of Organization", New York: Harper and Row, 1978: 2.

[330] Pindado J. and Torre C. , "A Complementary Approach to the Financial and Strategy Views of Capital Structure Theory and Evidence from the ownership Structure", *Working Paper*, 2005.

[331] Porta, D. , Bullerjahn, G. S. , Durham, K. A. , Wilhelm, S. W. , Twiss, M. R. , McKay, R. M. L. , "Physiological characterization of a Synechococeus sp. (Cyanophyceae) strain PCC 7942 iron-dependent bioreporter for freshwater environments", *Phycol*, 2003, (39): 64 – 73.

[332] Raith. M. , "Competition, risk and managerial incentives", *American Economic Review*, 2003 (93): 1425 – 1436.

[333] Rajan. R. G. , "Insiders and outsiders: the choice between informed and arm's-length debt", *Journal of Finance*, 1992, 47: 1367 – 1400.

[334] Richardson, S. , "Over-invest of Free Cash Flow", *Review of Accounting Studies*, 2006 (11): 159 – 189.

[335] Roberts, Brian E. , "A dead senator tells no lies: Seniority and the distribution of federal benefits", *American Journal of Political Science*. 1990, (34): 31 – 58.

[336] Schmidt, K. , "Managerial incentives and product market competition", *Review of Economic Studies*, 1997, (64): 191 – 213.

[337] Schumpeter, J. A. , "Business Cycles: A Theoretical, Statistical Analysis of the Capitalist Process", *Mc Company*, inc, 1939 – 1095.

[338] Schäfer D. , Schilder D. , "Relationship Financing for Start-ups: An Empirical Analysis of Different Investor Types", *The IUP Journal of Managerial Economics*, 2008 (3): 54 – 65.

[339] Shaker Srinivasan, Ravi Jagannathan, "Does Product Market Competition Reduce Agency Costs", *North American Journal of Economics and Finance*, 1999, 10 (2): 387 – 399.

[340] Sharpe S. A. , "Asymmetric information, bank lending, and implicit contracts: A stylized model of customer relationships", *The Journal of Finance*,

1990, 45 (4): 1069 - 1087.

[341] Shefrin, Hersh, "Behavioral Corporate Finance", *Journal of Applied Corporate Finance*, 2001.

[342] Shleifer, Andrei, Robert Vishny, "The limits of arbitrage", *Journal of Finance*, 1997, (52): 35 - 55.

[343] Shleifer, A., R. W., "Vishny. Large Shareholders and Corporate Control", *Journal of Political Economy*, 1986, 94: 461 - 488.

[344] Shleifer, A., Vishny, R. W., "The Grabbing Hand: Government Pathologies and Their Cures", Cambridge, MA: Harvard University Press, 1998, 81 - 102.

[345] Shleifer. A., Vishny, R., "Politician and Firms", *Quarterly Journal of Economics*, 1994 (109): 995 - 1025.

[346] Smith, C. and R. Wars, "The investment opportunity set and corporate financing, dividend, and compensation policies", *Journal of Financial Economics*, 1993, 32: 263 - 292.

[347] Stein, J. C., "Agency, Information and Corporate Investment", In Constantinides, GM.; Harris, M. and Stulz, R. eds., *Handbook of the Economics of Finance: Corporate Finance*, Volume, Amsterdam: Elsevier, 2003, 58 - 204.

[348] Stigler G. J., "The theory of economic regulation", *The bell Journal of Economics and Management Science*, 1971, 2 (1): 23 - 45.

[349] Stulz R., "Managerial Discretion and Optimal Financing Policies", *Journal of Financial Economics*, 1990, (26): 3 - 27.

[350] S. J. Wallsten., "The Effects of Government - industry R&D Programson Private R&D: The Case of the Small Business Innovation Research program", *The Rand journal of economics*, 2000 (1): 82 - 100.

[351] Verdi, Rodrigo S., "How does financial reporting quality relate to investment efficiency?" *Journal of Accounting and Economics*, 2006,(48): 112 - 131.

[352] Vishny R., "Law and Finance", *Journal of Political Economy*, 1998, (106): 1113 - 1155.

[353] Vogt, "The Cash Flow/Investment Relationship: Evidence from U. S. Manufacturing Firms", *Financial Management*, 1994, (2): 3 - 20.

[354] Wang X., Zhang Y., Luo H., "Relationship Lending and Firm Innovation: The Case of GEM Firms in China", *Working Paper*, 2013.

[355] Willamson. O. E., "The New Institutional Economics: Taking Stock, Looking Ahead", *Journal of Economic Literature*, 2000, 38 (3): 595-613.

[356] Wong, Sonia M. L., Opper, Sonja, Hu, Ruyin, "Shareholding structure, depoliticization and enterprise performance: evidence from China's listed firms", *Economics of Transition*, 2004, (12): 29-66.

[357] Xin, K. R, Pearce, J. L., "Guanxi: Connections as Substitutes for Formal Institutional Support", *Academy of Management Journal*, 1996, 39 (6): 1641-1658.

[358] Xu, N. H., Xu, X. Z, Yuan, Q. B., "Political Connections, Financing Friction, and Corporate Investment: Evidence from Chinese Listed Family Firms", *European Financial Management*, 2011 (5): 1468.

后 记

  本书是在我博士毕业论文的基础上修改而成，主要探究了中国转型经济背景下政治联系对民营企业过度投资行为的影响及其治理效应。

  本书能够顺利完稿，非常感谢我的博士生导师陈金龙教授。陈教授严谨治学的态度、科学又不僵化的学术方法、求实创新的科研精神、思想深邃的学术观点，为我们博士生研究生营造了一个良好的学术研究氛围，使我置身其中潜移默化地接受了全新的科研思想观念，领悟了科研的基本思维方式、掌握了科研方法，这些宝贵的财富令我终身受益。陈教授对本书研究方向的选择、研究思路的梳理及写作方面倾注了大量的心血，并对我研究过程中遇到的疑难问题都给予精心的开解。

  本书能够顺利完稿，也非常感谢活跃在华侨大学这片求学热土上的大批辛勤培育四方学子的孙锐教授、林峰教授、李拉亚教授、吕庆华教授、郭东强教授、张向前教授等。这些学者的言传身教，不但给予了我知识上的启迪，而且还教会我求知、求索的方法。这些教授的课程让我系统学习了管理学的相关知识，接触了很多最新的研究成果与方法，为本书的完成奠定了坚实的基础，对本书的完善起到不可或缺的作用。

  最后，非常感激福建江夏学院会计学院潘琰院长，潘院长为本书能够顺利出版给予了大力支持和资助。

赵 岩
2017年1月12日

图书在版编目（CIP）数据

民营企业政治联系下的过度投资治理效应研究/赵岩著.
—北京：经济科学出版社，2017.7
（福建省社会科学研究基地财务与会计研究中心系列丛书）
ISBN 978-7-5141-8181-4

Ⅰ.①民… Ⅱ.①赵… Ⅲ.①民营企业-资本投资-研究-中国 Ⅳ.①F279.245

中国版本图书馆 CIP 数据核字（2017）第 158004 号

责任编辑：赵 蕾
责任校对：徐领柱
责任印制：李 鹏

民营企业政治联系下的过度投资治理效应研究
赵 岩 著
经济科学出版社出版、发行 新华书店经销
社址：北京市海淀区阜成路甲 28 号 邮编：100142
总编部电话：88191217 发行部电话：88191540
网址：www.esp.com.cn
电子邮件：esp@esp.com.cn
天猫网店：经济科学出版社旗舰店
网址：http://jjkxcbs.tmall.com
北京季蜂印刷有限公司印装
710×1000 16 开 16 印张 270000 字
2017 年 7 月第 1 版 2017 年 7 月第 1 次印刷
ISBN 978-7-5141-8181-4 定价：42.00 元
(图书出现印装问题，本社负责调换。电话：010-88191502)
(版权所有 翻印必究 举报电话：010-88191586
电子邮箱：dbts@esp.com.cn)